D1697701

VENENOS SAGRADOS, EBRIEDAD DIVINA

Diseño de portada: Ediciones Amargord

Maquetación: Ediciones Amargord

© Ediciones Amargord, s. l.
© Del prólogo, Javier Esteban, 2010
© De la traducción, Raquel García Rojas
Ediciones Amargord, s.l.
Los Ermitaños, 15
28770 Colmenar Viejo (Madrid)
info@edicionesamargord.com
www.edicionesamargord.com

ISBN: 978-84-92560-31-8
Depósito legal: M-46155-2010

© Todos los derechos reservados
1.ª Edición: Madrid 2010

PHILIPPE DE FELICE

VENENOS SAGRADOS, EBRIEDAD DIVINA
Ensayo sobre algunas formas inferiores de la mística

AMARGORD
ediciones

INDICE

PRÓLOGO

Los intoxicados de Dios y el lobo blanco.
por
Javier Esteban

El que no ha muerto de su embriaguez es el que no ha ocupado todo su tiempo en la contemplación de la existencia verdadera y no se ha entregado por entero a ella. El que ha vivido sin embriaguez es el que ha vivido para este mundo, el que se ha prestado a este juego, a esta futilidad, a esta vanidad, a este orgullo.

Abdalghanî an Nabolosî

La miseria religiosa es a la vez la expresión de la miseria real y la protesta contra la miseria real. La religión es el suspiro de la criatura oprimida, el sentimiento de un mundo sin corazón, así como el espíritu de una situación sin alma. Es el opio del pueblo.

Karl Marx

Este libro viejo (1936) trata de una vieja historia. Aunque la idea que vincula ebriedad y religión flota en el aire desde el origen de los tiempos, no fue planteada de un modo universal hasta que el profesor, sociólogo y teólogo protestante Philippe de Felice lo hiciera en este escrito que tienes en tus manos. Este solo hecho justifica esta segunda publicación en castellano. Esta obra es la precursora de una idea bastamente difusa hoy.

A simple vista, la parra de la ebriedad trepa por la columna de la religión, pero en realidad es la columna de la religión la que se sostiene sobre la parra de la ebriedad.

A mitades del siglo XIX, en el imaginario europeo se proyectó la idea de que la religión era el opio del pueblo. La genial ocurrencia fue verbalizada en 1844 por uno de los grandes maestros de la sospecha: Karl Marx. No es que Ludwig Feuerbach, Bruno Bauer, Inmanuel Kant y otros muchos ilustrados fueran ajenos a la misma, es que Marx era un imagólogo certero y un propagandista nato. No sabemos qué habría sido del marxismo y de la modernidad si Marx hubiera conocido la nueva física y lo que debajo del átomo acontece, pero hagamos un ejercicio de imaginación: si Marx hubiera vivido la experiencia psicodélica seguramente la historia de la modernidad habría sido muy diversa.

El caso es que el primado de esta sospecha (la religión es el opio del pueblo) comenzó a ser definitivamente apartado del imaginario europeo pasada la mitad del siglo XX, cuando los descubrimientos de la nueva física que ponían el acento en la presencia de un observador subjetivo en los mismos se trasladaron a la nueva espiritualidad a través de las experiencias con LSD entre una cierta elite de literatos, antropólogos, sociólogos y psiquiatras.

La experiencia de la ebriedad y su relación con la espiritualidad fue vista de un modo diferente cuando sus investigadores occidentales experimentaron en carne propia la mística rápida, con presencia del observador en el experimento. No fue el caso del autor de estas páginas, que pasó algunos de sus días tratando con toxicómanos y que, sin embargo, fue el precursor de gran parte de las teorías que luego verían la luz con la extensión de lo que se ha conocido como Contracultura.

Los grandes compiladores de la historia de las religiones, y en particular Mircea Eliade, se mostraban escépticos -quizá debamos decir reprimidos- a la hora de relacionar ebriedad, sustancias y éxtasis. Sin embargo, en los estertores de la modernidad, apenas cien años después de la creación de la imagen marxiana, el mundo comenzó a ser consciente de la sospecha contraria: el opio – y no sólo el opio, sino el hongo, el vino, la coca o el tabaco- constituían parte esencial de la religión del pueblo. Esta idea fue sugerida por primera vez de manera sistemática y planetaria, aunque dogmática, por el autor de estas páginas.

El libro que tienes entre manos pasó relativamente inadvertido hasta que llegaron los años de la llamada conjura pagana y la aparición de la LSD 25. Con el redescubrimiento de los hongos alucinógenos y del mito de Eleusis, la antropología de campo puso las bases para plantearse de nuevo cual era la relación entre la espiritualidad y las drogas, pero también entonces se pasó de puntillas sobre la importancia de esta obra pionera. Tanto es así, que la primera edición española de este libro (ediciones Felmar), allá por el año 75, cometió la osadía y la injusticia de no dedicar ni una sola línea a explicar quién era Philippe de Felice, que no aparecía ni en la solapa. El editor, al socaire de la curiosidad que levantaba la ebriedad y la religión entre los curiosos psicodélicos, quizá prefirió obviar la personalidad "clerical" de su autor. No fue el único, pues el ninguneo a de De Felice fue flagrante a lo largo de muchos años. Ni R.Gordon Wasson (que se conoce por sus aportaciones al vínculo entre los hongos alucinógenos y la religión) ni casi ningún otro intelectual del movimiento psicodélico hace justicia al mismo. Apenas unas citas elogiosas de Aldous Huxley o de Rel Masters y Jean Houston, además de una referencia vaga convertida en un lugar común para otros muchos autores.

Podemos intuir que el ninguneo a De Felice se justifica por la incomodidad que le supondría reconocer en toda su dimensión la obra de un precursor claro y completo de ciertas ideas, que perderían la novedad por el hecho de estar ya enunciadas e investigadas. En el caso de la inteligencia anglo-sajona y alemana, el origen latino (francés) del autor no habrá ayudado demasiado a que sea reconocido. Pero sin duda, existen otras causas que determinan el apartamiento de De Felice que creo se deben reseñar.

El llamado movimiento psicodélico tenía su propia imaginería, que vino a chocar con el autor de estas páginas en algunos de sus puntos de vista que paso a enumerar brevemente:

El neopaganismo de muchos de sus autores psicodélicos era sin duda incompatible con la matriz cristiana protestante de De Felice, deudor de un moralismo que se hace eco de Baudelarie en *Los paraísos artificiales.*

El relativismo panóptico de los años sesenta debió sorprenderse de las partes dogmáticas (no explicativas) de este libro, que parecen tener continuidad y profundización en otras obras posteriores no traducidas al castellano como son *Foules en délire : extases collectives; essai sur quelques formes inférieures de la mystique.* (Paris: Albin Michel 1947) y *L'enchantement des danses et la magie du verbe : essai sur quelques formes inférieures de la mystique.* (Paris : Albin Michel, 1957).

De Felice presupone la existencia de una mística inferior– de la que se trata en este libro- y una superior. Sin embargo, en esta obra no explica razonadamente de donde nace ese grado o cualidad entre las diferentes místicas, tarea que quizá acometa en los dos libros señalados.

El autor de estas páginas iguala con su tratamiento la capacidad de inducir estados místicos de todas las sustancias, rompiendo la idea de que haya unas (enteógenos) más sagradas o espirituales que otras (alcohol o coca), lo que contradice el carácter elitista de la clase culta lisérgica, además de demostrar su desconocimiento empírico de la diferencias entre las diversas sustancias.

Las tesis de De Felice, contrariamente a muchas de las ideas que se pusieron de moda en los años sesenta, no son causalistas ni reduccionistas, en el sentido de otorgar a las sustancias rango causal sobre la religión o el desarrollo de la cultura, al estilo de Terence Mackenna. Más bien tienen un carácter primitivo mediador o sustitutivo durante la modernidad.

El autor no experimentó con los llamados aluci-nógenos ni debió socializar con los miembros de la familia lisérgica. Más bien se dedicaba a cuidar alcohólicos.

Nada, hasta ahora, sabíamos en España del misterioso Philippe De Felice, al que sus cercanos parroquianos llamaban el lobo blanco.

En el día de mi cumpleaños del año 2003, revisando las fichas de la Biblioteca Nacional, escribiendo *El derecho a la ebriedad*, me llamó la atención un título tan sugerente como el de *Venenos Sagrados*. Mi sorpresa fue grande. Al abrir sus páginas vi que había una fuente directa y poco explorada de gran parte de las ideas y usos religiosos de las sustancias. Entonces propuse a mi amigo y editor, José María de la Quintana reeditar este sorprendente y olvidado libro.

De Felice era un religioso protestante que pasó de la Academia a ocuparse de su parroquia. Muchos de sus feligreses padecían la lacra del alcoholismo, lo que le permitió preguntarse por la naturaleza de la drogadicción. Su erudición le hizo consciente del influjo que la ebriedad ejerce en muchas personas. Al intentar fundamentar sus ideas topó con los grandes poetas sufíes y la metáfora del vino, la sangre del éxtasis y bodega del alma de aquellos a quienes Nicholson llamó los intoxicados de Dios. Siguió leyendo y encontró a Teresa de Ávila, a nuestro gran poeta San Juan de la Cruz, y poco después se dio cuenta de la fundamentación de esta ebriedad divina en *El Cantar de los Cantares* y en los textos judíos. A partir de ahí, aplicando la antropología comparativa, observó que el fenómeno de la ebriedad y su relación con las creencias era un hecho universal. El uso de las sustancias era un uso común a la hora de elevar la potencia de las experiencias extáticas y de intentar comunicar con lo divino. Alcohol, Soma, Haoma, Coca... Hasta la ayahuasca fue reseñada de un modo totalmente precursor. Cada sustancia tuvo su uso religioso. Contemporáneamente, las drogas venían a sustituir, para nuestro autor, en medio del vacío racionalista, a las experiencias místicas "de primera clase".

Con los años, De Felice, el lobo blanco, prefirió la projimidad a la gloria, y muchos se aprovecharon de su falta de vanidad cuando se puso de moda descubrir el origen de las religiones y su relación con las drogas. En su parroquia se dedicó a fondo a la obra social y a la prédica, que compatibilizó con sus cargos docentes y sus investigaciones. De Felice cultivaba posiblemente otra forma de ebriedad, y relativizaba la que atormentaba a muchos de sus contemporáneos, pero sin duda abrió un camino por el que toda vía transitamos en busca de explicaciones. Acaso De Felice soñó conocer la sustancia más potente, a la que muchos, siguiendo a Spinoza, llaman simplemente Dios.

AMARG●RD
ediciones

© De esta edición: Ediciones Amargord
Ediciones Amargord, S. L.
C/ Los Ermitaños, 15
28770 Colmenar Viejo - Madrid
Telf: 918 45 45 45 / 918 45 52 05
www.edicionesamargord.com
e-mail: info@edicionesamargord.com
© Colección SOMA
© Texto:
© Diseño y maquetación: María Trueba Alba
ISBN: 978-84-92560-31-8
Depósito legal: M-46155-2010
Todos los derechos reservados
Segunda edición: 2010

VENENOS SAGRADOS, EBRIEDAD DIVINA

Ensayo sobre algunas formas inferiores de la mística

AMARG●RD
ediciones

PRIMERA PARTE:
TOXICOMANÍAS ACTUALES

CAPÍTULO I

LA EBRIEDAD MÍSTICA

El problema de las toxicomanías. Los efectos del alcohol. La ebriedad y el lenguaje místico. La embriaguez y los estados místicos. Un sucedáneo de la religión.

¿Cómo explicar la invencible atracción que ejerce el alcohol sobre tantos de nuestros contemporáneos? ¿Con qué autoridad se hace dueño y soberano de sus deseos y de la vida que llevan? La respuesta a estas preguntas es, quizás, menos sencilla de lo que estaríamos tentados a imaginar.

En efecto, a pesar de las apariencias, no hay que olvidar que al hombre, instintivamente, le repugna el alcohol así como cualquier otro tóxico. Es sin duda «*violentándose o dejándose violentar*» como llega a superar «*este disgusto instintivo*», a vencer sobre esta «*intolerancia fisiológica*». Las consecuencias son, primero, un estado patológico de «*progresiva habituación al alcohol*» y, después, un segundo estado no menos patológico de «*irresistible necesidad*» de consumirlo. Sólo que esto no es sino el final de una actitud patológica, y no su origen.

Asistimos al desarrollo de un drama interior, cuyo comienzo se nos escapa. ¿Cuál ha sido el punto de partida de una pasión que, poco a poco, se apodera de un ser humano y lo lanza contra sí mismo para hacerlo el artífice de su propia decadencia?

Una pregunta como ésta, cuando se reflexiona sobre ella, trae inmediatamente otras muchas, ya que el alcohol, por muy extendido que esté su uso, no es el único tóxico que se consume a nuestro alrededor. ¿Cómo se explica, por ejemplo, que haya al lado de vulgares bebedores, adictos al éter, a la morfina o cocainómanos? ¿A qué se debe que se fume opio, hachís, o incluso el tabaco? En resumen, ¿a qué responde esta necesidad de excitantes, estupefacientes o narcóticos, que se encuentra por todas partes?

Si queremos comprender el significado profundo de esta cuestión, es importante que enunciemos los términos en todo su rigor. Supongamos que nos invitan a beber un veneno cualquiera o a respirar un gas mortífero, con el riesgo, demasiado evidente, de poner en peligro nuestra salud, o incluso morir. ¿No parece evidente que el omnipotente instinto de conservación nos impedirá entregarnos a tal locura? Parece evidente he dicho... y, sin embargo, los hechos demuestran, si tenemos en cuenta a multitud de nuestros semejantes, que esta certeza es errónea, pues es contraria a los datos que nos ofrece la experiencia. En realidad, los venenos y los gases nocivos han tenido, y tienen todavía, innumerables amantes que, a fin de tomar unos o de respirar otros, no vacilaron en el pasado y menos vacilan hoy en jugarse la vida.

Así, hemos formulado en toda su amplitud el problema que nos ocupa, un problema humano universal cuyas consecuencias materiales, morales, individuales y sociales son incalculables: ¿por qué el hombre, en lugar de evitar ciertas intoxicaciones, contra las que protesta su organismo, no solamente las acepta, sino que las busca? ¿Por qué, ya que hablamos del alcohol en este momento, su consumo mundial se cifra en cientos de millones de litros? ¿Por qué solamente en nuestro país[1], y sin hablar aquí de otros, los documen-

---

[1] Se refiere, por supuesto, a Francia. [Nota del editor]

tos oficiales han registrado en 1930 la existencia de 473.704 tiendas de licores? ¿Por qué yo mismo he podido contar hasta ochenta en una calle miserable, donde solamente cuatro panaderías cubrían la demanda de pan? Estas cifras no revelarán nada nuevo a aquellos que conocen los barrios más poblados de nuestras grandes ciudades y que se preocupan, no sin motivo, por los peligros del alcoholismo, pero no disminuyen el carácter perturbador de la pregunta que hemos planteado sobre las causas profundas del poder del alcohol.

Y creo que para intentar responderla no hay mejor medio que examinar a los propios bebedores y determinar cuáles pueden ser los diversos efectos de las bebidas que consumen. La observación clínica ha demostrado que el alcohol ralentiza la digestión, la respiración, la circulación y la nutrición, bien porque paraliza directamente los elementos anatómicos de nuestros órganos, o bien porque altera su funcionamiento a través del sistema nervioso, sobre el que ejerce asimismo una acción paralizante. De hecho, el alcohol es, ante todo, un potente anestésico. Tras un corto periodo de excitación, más aparente que real, provoca en el organismo una depresión más o menos acentuada, que se acompaña de descoordinación en los movimientos, entorpecimiento de la lengua y dificultad al caminar, y que va desde el simple embotamiento hasta el sueño o el coma. No menos importantes son las alteraciones que provoca en las funciones psíquicas. También en este aspecto el bebedor está sometido a una verdadera anestesia. Pasa de la vigilia a un estado de ensoñación. Su atención se debilita y pronto pierde toda agudeza. Al mismo tiempo, desaparece en él la capacidad habitual para reflexionar sobre las realidades que le rodean o la existencia que lleva. La interrupción del contacto vital con el medio exterior dispensa a su voluntad de permanecer despierta y permite que se adormezca. Exentas de todo control, libres de toda obligación, su imaginación, su memoria y la confusa turba de sus pulsiones, reprimidas normalmente en el ámbito de lo inconsciente, pueden fluir libremente. Intervienen en el psiquismo con una facilidad desconcertante, afluyendo el desasosiego en el pensamiento, anonadando la razón, desechando de un golpe, que puede llegar a ser furioso, toda disciplina intelectual, social o moral, hasta que el alma, completamente desequilibrada, naufraga y se oscurece en la inconsciencia.

Este es el último estadio de la ebriedad alcohólica. Pero, antes de llegar hasta aquí, el bebedor ha experimentado una euforia singular durante la cual, enajenado de sí mismo y alejado del mundo, se ha abandonado, bajo el imperio de la bebida, al poder de las ilusiones y las quimeras que surgían de las profundidades de su ser y dominaban su cerebro. Si queremos entender lo que siente entonces, no hay más que observar con un poco de atención al verdadero bebedor, es decir, aquél que bebe más a gusto solo que en compañía y que se dedica a ello con tal gravedad que casi podría creerse que está celebrando un ritual. Nuestro hombre tiene la mirada vaga. Parece inmerso en una beatífica serenidad. Asiste al largo desarrollo de un sueño, sin principio ni fin, que lo lleva muy lejos de sus preocupaciones o de su miseria. Ese momento es para él una gran anestesia, el oscuro sentimiento de una liberación, de felicidad indefinible, pero total. Ha dejado de ser él mismo. Ha escapado de los límites de su pobre existencia entregada a las duras necesidades del trabajo cotidiano. Se ha evadido más allá de los estrechos límites de su propia personalidad para perderse en no se sabe qué éxtasis, que lo pone en comunión con un incognoscible inmenso y misterioso...

¿Cómo podríamos denominar el estado en que se encuentra? Busco un adjetivo que se le pueda aplicar y, por extraño que parezca en un primer momento, sólo encuentro uno que se adecúe a esta realidad: es un estado *místico*.

En efecto, si todas las formas de la mística, desde las más humildes a las más sublimes, tienen en común la pretensión de liberar el alma de sus ligaduras y proporcionarle una evasión hacia algún mundo más allá de lo terrenal, y si lo propio de la experiencia mística, tanto de la más elemental como de la más refinada, es precisamente el sentimiento de una liberación y de una iluminación interior fruto de un contacto directo con fuerzas que exceden lo humano, ¿no podríamos entonces calificar de místico el estado del bebedor, al que el extraordinario poder del alcohol ha subyugado, para liberarlo de sí mismo y abrirle las puertas de un paraíso artificial?

Para aquellos que se asombren de que este calificativo pueda aplicarse a algo que no parece ser más que el lamentable resultado de un vicio degradante, es fácil responder que los mismos místicos, lejos de repudiar esta relación entre ebriedad y éxtasis, la convierten, por el contrario, en uno de sus temas favoritos. Sin duda, cuando estos místicos tratan de expresar lo inefable se ven obligados a recurrir a la imagen o la metáfora, y que disponen de un número bastante limitado. Pero esto no es suficiente para explicar su predilección por aquéllas que les sugiere el uso y los efectos de las bebidas embriagantes. En este caso, como en el del lenguaje erótico del que se sirven también tan a menudo, hay en verdad más que un simple simbolismo.

El ejemplo más contundente del empleo de términos báquicos para describir los transportes del alma nos lo dan los sufíes, esos místicos musulmanes que buscan, por diversos ejercicios de devoción, la unión perfecta con la divinidad. La viña, el vino, la copa y la ebriedad son palabras que no cesan de repetirse en sus expresiones de piadoso entusiasmo.

«*Bebe a grandes tragos el vino del anonadamiento* —escribe uno de ellos—. *Bebe el vino que te liberará de ti mismo y hará que se funda con la totalidad del océano la individualidad de la gota de agua*».

Otro sufí, el poeta árabe Ibn Al Faridh, dijo a propósito de Alá: «*Cuando está ausente, mis ojos lo ven en todo cuanto es hermoso, gracioso y encantador. En la armonía del laúd y de la flauta, cuando estos dos instrumentos unen sus acordes. En los prados y en los valles de gacelas, en la frescura del alba y el atardecer. Allá donde cae el rocío sobre una alfombra de verdor brillante de flores. Cuando el céfiro arrastra el borde de sus vestidos y trae al amanecer el más perfumado de los soplos. Y cuando mi boca, pegados los labios a la copa, aspira el jugo del vino en un lugar pintoresco*».

Ibn Al Faridh compuso un poema de elogio al vino (*Al Khamriya*), en el que muchos rasgos pueden inducir a confusión entre la bebida espiritual que se supone que alaba y el simple zumo de la parra. Juzguémoslo por estos pasajes:

«*Hemos bebido en memoria del Bien Amado un vino que nos ha embriagado antes de la creación de la viña.*

Nuestro vaso era la luna llena. Él, él es un sol…

Sin su perfume, yo no hubiera encontrado el camino de sus tabernas…

La sola vista del distintivo colocado sobre las jarras bastó para embriagar a los convidados.

Si regasen con este vino la tierra de una tumba, el muerto reencontraría su alma y su cuerpo volvería a la vida.

Tendido bajo la sombra del muro de su viña, el enfermo ya agonizante encontraría enseguida la fuerza.

Cerca de sus tabernas, el paralítico camina y los mudos comienzan a hablar al recordar su sabor.

Si el aliento de su aroma se exhala en Oriente, un hombre privado de olfato se vuelve capaz de sentirlo en Occidente...

Un ciego de nacimiento que lo recibiera en su corazón recobraría la vista de inmediato. El murmullo de su destilación hace oír a los sordos [...].

Si el más estúpido de los hombres pudiese rozar con los labios el borde de su cántaro, llegaría a comprender el significado de sus perfecciones...

Es limpidez y no es agua, fluidez y no es aire, una luz sin fuego y un espíritu sin cuerpo[...]

Se dice "Tú has pecado bebiéndolo".

– No, en verdad, sólo he bebido de lo que hubiese sido pecaminoso privarse.

Antes de mi pubertad he conocido su embriaguez y aún permanecerá en mí cuando mis huesos sean polvo.

Tómalo puro, este vino; no se ha de mezclar más que con la esencia del Bien Amado; cualquier otra mezcla sería pecaminosa.

Está a tu disposición en las tabernas. Ve a tomarlo en todo su esplendor. ¡Qué bueno es beberlo al son de los instrumentos!

Pues él no habita jamás en ninguna parte con la tristeza, como no habitan jamás juntas las penas y la música.

Si tú te embriagas de este vino, aunque sólo sea por una hora, el tiempo será tu dócil esclavo y tendrás poder.

No ha vivido aquí abajo quien haya vivido sin ebriedad, y aquél que no muere de su embriaguez no tiene juicio.

Que llore por él mismo quien haya dejado pasar la vida sin tomar su parte».

Aunque podamos preguntarnos si los sufíes, o al menos algunos de ellos, no han infringido deliberadamente la prohibición coránica que pesa sobre el vino, es evidente que este poema no debe tomarse al pie de la letra. Hay en él algunas alegorías que han sido interpretadas por distintos comentaristas.

«*El vino* –dice Abdalghanî an Nabolosî– *representa la bebida del Amor Divino, que resulta de la contemplación de los trazos de sus hermosos nombres*[2]. *Pues ese amor engendra la embriaguez y el olvido completo de cuanto existe en el mundo.*

«*Y es este vino, además, la luz que brilla en todas partes y el vino de la existencia verdadera.*

«*Las tabernas* –siempre según el mismo comentarista– *son las presencias de la sustancia más elevada, los diferentes nombres y atributos más altos* –o también– *las asambleas de los seguidores de las ciencias divinas, compañeros de la certidumbre y del conocimiento.*

«*La cubierta de las jarras es la huella de la irradiación divina en el corazón de su siervo.*

«*El que ha vivido sin embriaguez es el que ha vivido para este mundo, el que se ha prestado a este juego, a esta futilidad, a esta vanidad, a este orgullo. No se ha embriagado de este vino, lo que lo hubiera salvado de estas cinco cosas; su vida no ha sido digna de un hombre.*

«*El que no ha muerto de su embriaguez es el que no ha ocupado todo su tiempo en la contemplación de la existencia verdadera y no se ha entregado por entero a ella*».

Vemos entonces cómo, en su *Khamriya*, Ibn al Faridh no describe los bajos placeres que procura la bebida, sino los

---

[2] Al-Asmā' al-Husnà (◉◉◉◉◉◉◉ ◉◉◉◉◉◉), en árabe, «los nombres más hermosos», también llamados los noventa y nueve nombres de Dios son las formas de referirse a Dios en el Islam. [Nota del editor]

goces supremos a los que pueden aspirar las almas. A través de los símbolos que utiliza, es fácil adivinar una profunda experiencia mística.

Lo mismo ocurre en estos versos de otro sufí, el poeta persa Jalâl addîn Roûmi:

> *«Cuando por primera vez el Dador de racimos acogió mi corazón solitario,*
> *el vino colmó mi seno y corrió por mis venas.*
> *Pero cuando Su Imagen poseyó mi corazón por entero, se escuchó una voz desde lo alto:*
> *Basta, oh, Soberano Vino, oh Copa Incomparable».*

Estos hombres están ebrios de Dios; están *«God-intoxicated»* como dijo a propósito de uno de ellos un especialista en mística musulmana, R. A. Nicholson.

¿Pero son los únicos en estarlo o en haberlo estado? ¿Cuando hablan de sus éxtasis, son los únicos en usar ciertos términos que evocan otra ebriedad totalmente distinta? ¿No se encuentra en otros lugares el vocabulario báquico que ellos emplean con tanta frecuencia?

Los místicos judíos hablaban también de un vino anterior a la creación del mundo y conservado en el paraíso, un vino del que beberían los justos con las copas llenas en el momento de la resurrección y que han probado en la tierra no solamente Isaac y Jacob, sino también otros hombres *«que sufrieron por este motivo el exilio y la prisión»*. Los rabinos se entregan a curiosas especulaciones sobre los grandiosos racimos que producía en otro tiempo la Tierra Prometida, así como sobre diversos textos bíblicos donde la viña y el vino están dotados, según ellos, de un significado oculto y un carácter sobrenatural. Los místicos cristianos tampoco vacilaban en servirse de imágenes semejantes a las que encontramos en los sufíes. Incluso se puede decir que han sido movidos a ello por ciertos pasajes de los Evangelios y del Antiguo Testamento, e incluso por el simbolismo de la Última Cena. Nos proponemos volver más tarde sobre este segundo punto. Pero mientras tanto, ¿no se puede constatar que desde los comienzos del cristianismo, la narración del Pentecostés y la Epístola a los Efesios establecen al mismo tiempo una comparación asombrosa y una clara oposición entre los efectos de las bebidas embriagantes y la acción del Espíritu Santo? ¿No conviene resaltar, por otra parte, que algunos fieles de la Iglesia primitiva encontraban en los ágapes eucarísticos la ocasión de entregarse a una ebriedad que no tenía nada de espiritual y de la que el apóstol Pablo se indignaba tanto más cuanto que a ellos no parecía extrañarles en absoluto?

Por tanto, no hay que asombrarse de que el lenguaje místico cristiano se haya servido de ciertas metáforas en las que la bebida será el tema central. Nos limitaremos a citar algunos ejemplos de aquí y de allá. San Juan de la Cruz, inspirándose en el Cantar de los Cantares, habla de los embalsamados perfumes que exhala un vino de esencia divina, y expresa así el fervor del alma que ha podido probarlo:

> «En la interior bodega
> De mi amado bebí, y cuando salía
> Por toda aquesta vega
> Ya cosa no sabía
> Y el ganado perdí
> Que antes seguía».

No hace falta decir que se trata aquí de una embriaguez totalmente espiritual. El comentario a su *Cántico*, del propio San Juan de la Cruz, explica esta estrofa afirmando que Dios se comunica con el alma sustancialmente y que la penetra por completo, de igual modo que la bebida se esparce por todos los miembros del cuerpo. Mientras el alma sacia su sed con este brebaje divino, olvida todas las cosas del mundo; el conocimiento que de ellas tenía antes de «beber de su Dios» le parece ahora pura ignorancia[3].

Contemporánea de San Juan de la Cruz, Santa Teresa ha encontrado también en el Cantar de los Cantares imágenes que le han servido para exponer sus propias experiencias a las religiosas de la orden que había fundado. He aquí cómo se expresa a propósito de un estado místico que ella llama «oración de unión» o también «la quinta morada del Castillo interior del alma»:

> *«Yo considero el centro de nuestra alma como una bodega en la que Dios nos hace entrar cuando a él le place, y como a él le place por esta admirable unión, a fin de embriagarnos ahí, santamente, de este vino delicioso de su gracia, sin que nosotros podamos contribuir en nada más que con la entera sumisión de nuestra voluntad a la suya, mientras que nuestras potencias y todos nuestros sentidos quedan a la puerta como dormidos...»*

En sus *Pensamientos sobre el amor de Dios*, donde trata del «matrimonio espiritual» o «séptima morada del Castillo interior del alma», Santa Teresa retoma la misma comparación:

---

[3] «Porque así como la bebida se difunde y derrama por todos los miembros y venas del cuerpo, así se difunde esta comunicación de Dios substancialmente en toda el alma, o por mejor decir el alma se transforma en Dios; según la cual transformación bebe el alma de su Dios según la sustancia de ella y según sus potencias espirituales [...] La razón es, porque aquella bebida de altísima sabiduría de Dios que allí bebió, le hace olvidar todas las cosas del mundo, y le parece al alma que lo que antes sabía y aun lo que sabe todo el mundo en comparación de aquel saber es pura ignorancia».

«Al decir que su Esposo la hace entrar en esta bodega llena de un vino celestial, ella [la Esposa] *muestra que él le permite beber hasta caer en una feliz y santa embriaguez. Porque este gran Rey no honra a un alma con tan extremo favor para hacerlo inútil. Él le permite beber tanto como ella quiera de estos vinos deliciosos y embriagarse con estas alegrías inconcebibles que la arrebatan en la admiración de sus grandezas. Este santo transporte la eleva tan por encima de la debilidad de la naturaleza, que en lugar de aprender a perder la vida sirviendo a su divino Esposo, ella desearía morir en este paraíso de delicias...*

«El alma en este estado no conoce si ama, de tal modo está como dormida, como embriagada, pero, ¡qué feliz este sueño! ¡Qué deseable esta embriaguez! Su divino esposo viene en su ayuda. Él hace que en este adormecimiento y esta especie de muerte en todas sus potencias, el amor que ella le tenga sea tan vivo que aunque ella no comprende nada del modo de obrar de él la une tan íntimamente a su esposo, el cual es el amor mismo y su Dios, que ella se convierte en una sola cosa con él, sin que los sentidos, ni el entendimiento, ni la memoria, puedan poner obstáculos, y solamente la voluntad comprende algo de lo que pasa».

Estas citas, tomadas de los dos representantes más importantes de la mística española del siglo xvi, podrían ser suficiente. Sin embargo, para no exponernos al reproche de habernos atenido sólo a autores en quienes la preocupación por la forma literaria puede haber atenuado la espontaneidad de sus testimonios, pensamos que no es inútil añadir algunos otros que encontramos, por ejemplo, en las producciones, un tanto ingenuas, de una humilde secta rusa, la de los *Khlysty* o *Hombres de Dios*. El ayuno, el canto de himnos y sobre todo una especie de danza religiosa, que ellos llaman *Radénijé*, son los medios que emplean para entrar en éxtasis. La *Radénijé* hace que descienda el Espíritu Santo al alma de los fieles. Éstos, mientras danzan, le dirigen oraciones en las que resuena por momentos el grito «*¡Jewojé! ¡Ewo-é! ¡Ewoi!*», que recuerda extrañamente los gritos de las antiguas bacantes. Juzguemos el tono de estas invocaciones por este ejemplo:

> «*¡Oh, Espíritu!, ¡Oh, Espíritu!, ¡Oh, Espíritu!*
> *¡Desciende!, ¡Desciende!, ¡Desciende!*
> *¡Oi Jega!, ¡Oi Jega!, ¡Oi Jega!*
> *Él desciende, él desciende*
> *El Espíritu Santo, el Espíritu Santo*
> *El Espíritu del Rey, ¡el Espíritu del Rey!*
>
> *¡Oh, yo ardo! ¡Yo ardo!*
> *¡El Espíritu arde, Dios arde!*
> *¡La luz está en mí! ¡La luz está en mí!*
> *¡El Espíritu Santo! ¡El Espíritu Santo!*
> *¡Oh, yo ardo, ardo, ardo!*
> *¡Espíritu! ¡Oi Jega!*
> *¡Oi Jega! ¡Oi Jega! ¡Oi Jega!*
> *¡Jewojé!*
> *¡Espíritu Jewoi! ¡Espíritu Jewoi! ¡Espíritu Jewoi!*»

El ritmo, cada vez más rápido, que arrastra a los danzantes, los temblores que los sacuden, los espumarajos que brotan de sus labios, la postración con la que terminan sus rituales, son para ellos signos exteriores de la acción del Espíritu Santo. Pero éste toma también posesión de las almas, que ilumina interiormente con su presencia. Para describir sus estados místicos, los *khlysty* recurren también a comparaciones basadas en la bebida y la ebriedad como elementos principales.

Veamos con qué términos, un tanto estrafalarios, expresan las alabanzas del poder divino que desean recibir sobre sí mismos:

«*Tonel, oh tú, tonel*
¡Tonel de plata!
En torno a ti, tonel,
Hay anillos de oro,
Pequeñas cubas sagradas.
En ti, tonel,
Se encuentra una bebida espiritual.

Dejadnos, amigos,
Vaciar el tonel
Y beber el brebaje…»

Otro de sus cánticos comienza así:

«*¡Oh, ¿quién ha elaborado la cerveza?,*
¿quién la ha mezclado?
Es el mismo Dios quien ha elaborado la cerveza,
Es el Espíritu Santo quien la ha mezclado,
Es la Madrecita [la Virgen María] *quien la ha escanciado.*
Son los Santos Ángeles quienes la han llevado,
Los Querubines quienes la han repartido,
Los Serafines quienes la han ofrecido».

De este brebaje espiritual, los *khlysty* esperan «la embriaguez», una embriaguez que les hace semejantes a Pedro y los apóstoles el día que recibieron al Espíritu Santo. «*¡Oh, esta querida cerveza!* –dice uno de los miembros de la secta– *el hombre, en verdad, no la bebe con sus labios de carne, pero cuando está ebrio de ella, ¡entonces vive!*».

Por extrañas que parezcan estas piadosas elucubraciones, ¿no recuerdan, al menos en el modo de concebir los embelesamientos del éxtasis, a los escritos de Santa Teresa y de San Juan de la Cruz? Por otra parte, ¿no se encuentra un simbolismo casi tan singular como el de los *khlysty*, entre un gran número de escritores o predicadores místicos? En el siglo xvi algunos de ellos, en los Países Bajos y en Alemania, no creyeron suficiente llamar a Jesús «nuestra viña» y decir que Él era «*el racimo rojo por su humanidad y el racimo blanco por su divinidad*»; además glorificaban en él la ebriedad que buscaban para sí mismos. En este sentido se expresa en una ocasión Jeremías:

«*Soy como un hombre borracho, como un hombre tomado por el vino*»[4].

Y, para mayor edificación de los lectores, un libro de piedad proclama que, igual que el Patriarca Lot, Él se ha sumido en la embriaguez a fin de engendrar entre los judíos y los paganos las dos nuevas razas de los elegidos.[5]

Todos estos ejemplos, y muchos otros que podríamos añadir, muestran sin duda que los creyentes no han tenido el menor escrúpulo en asemejar el estado del alma sumida en

---

[4] Jeremías, 23:9 (Contra los falsos profetas)
«A los profetas:
Se me parte el corazón en el pecho,
se aflojan todos mis huesos;
soy como un hombre borracho,
como un hombre vencido por el vino,
a causa del Señor
y a causa de sus santas palabras».
[5] El autor de esta inverosímil comparación es Kaspar Schwenkfeld (muerto en 1561). [Nota del autor]

los transportes más sublimes, al del bebedor intoxicado por el alcohol.

¿Pero se trata simplemente de comparaciones y de imágenes, impuesta de algún modo su necesidad por la imposibilidad manifiesta de encontrar términos más adecuados para expresar lo inefable? No. Las palabras empleadas aquí no son solamente palabras. Corresponden a la realidad. De hecho, las perturbaciones de orden psicológico y fisiológico que preceden y acompañan a los éxtasis místicos no dejan de tener analogías con las que provoca el abuso de bebidas alcohólicas.

Basta, para darse cuenta, echar un vistazo a las diferentes etapas que los místicos recorren antes de alcanzar los deleites más supremos.

Para elevarse desde una oración mental ordinaria hasta el «matrimonio espiritual», punto culminante en el que se estabiliza la vida mística, el alma, según Santa Teresa, debe superar tres estados.

El primero es «la oración de quietud», esto es, «un recogerse las potencias dentro de sí [el entendimiento, la memoria y la voluntad] para gozar de aquel contento con más gusto; mas no se pierden ni se duermen; sola la voluntad se ocupa de manera que, sin saber cómo, se cautiva; sólo da consentimiento para que la encarcele Dios, como quien bien sabe ser cautivo de quien ama».

Santa Teresa ha podido advertir, recordando sus propias experiencias, que tal estado psíquico entraña algunas perturbaciones orgánicas, entre las que destacan una ralentización de la respiración y de la circulación, la neblina que inunda los ojos, el entumecimiento de los miembros, la torpeza de la lengua y, en general, una especie de plácida somnolencia.

De la oración de quietud el alma se eleva a «la oración de unión». Esta es «como un sueño de las tres potencias, entendimiento, memoria y voluntad, en el que aun sin estar del todo dor-

midas, no saben ya cómo obran [...] *En una oración tan sublime, el alma siente un gozo más allá de toda palabra; y este gozo no parece ser otra cosa sino un morir a todas las cosas del mundo para no conocer sino a Dios; es la única manera de la que puedo explicarlo. El alma no sabe entonces lo que hace, no sabe siquiera si habla o si calla; ni si ríe o si llora. Es una gloriosa extravagancia, una celestial locura, donde aprende la verdadera sabiduría de manera que se llena de un consuelo inconcebible».*

A la oración de unión sucede, de modo más o menos repentino, «la oración de elevación» o «de éxtasis».

«Estando así el alma buscando a Dios, siente con un deleite grandísimo y suave casi desfallecer toda con una manera de desmayo que le va faltando el huelgo y todas las fuerzas corporales, de manera que, si no es con mucha pena, no puede aun menear las manos; los ojos se le cierran sin quererlos cerrar, o si los tiene abiertos, no ve casi nada; ni, si lee, acierta a decir letra, ni casi atina a conocerla bien; ve que hay letra, mas, como el entendimiento no ayuda, no la sabe leer aunque quiera; oye, mas no entiende lo que oye. Así que de los sentidos no se aprovecha nada, si no es para no la acabar de dejar a su placer; y así antes la dañan. Hablar es por demás, que no atina a formar palabra, ni hay fuerza, ya que atinase, para poderla pronunciar; porque toda la fuerza exterior se pierde y se aumenta en las del alma para mejor poder gozar de su gloria».

Si es difícil juzgar la duración de este estado, puesto que se ha perdido toda consciencia, Santa Teresa reconoce que *«a mi parecer por largo que sea el espacio de estar el alma en esta suspensión de todas las potencias, es bien breve: cuando estuviese media hora, es muy mucho; yo nunca, a mi parecer, estuve tanto. Verdad es que se puede mal sentir lo que se está, pues no se siente; mas digo que de una vez es muy poco espacio sin tornar alguna* potencia en sí. La voluntad es la que mantiene la tela, mas las otras dos potencias presto tornan a importunar. Como la voluntad está queda, tórnalas a suspender y están otro poco y tornan a vivir.

«En esto se puede asar algunas horas de oración y se pasan. Porque, comenzadas las dos potencias a emborrachar y gustar de aquel vino divino, con facilidad se tornan a perder de sí para estar muy más ganadas, y acompañan a la voluntad y se gozan todas tres. Mas este estar perdidas del todo y sin ninguna imaginación en nada -que a mi entender también se pierde del todo- digo que es breve espacio; aunque no tan del todo tornan en sí que no pueden estar algunas horas como desatinadas, tornando de poco en poco a cogerlas Dios consigo».

Durante «la oración de elevación» o de éxtasis, «el cuerpo está como muerto y lo más a menudo sin poder obrar de ninguna manera».

Es natural que el ser humano, después de una experiencia tan intensa, tenga dificultades para recuperar el equilibrio. «Cuando el arrebatamiento ha sido grande —escribe Santa Teresa—, las potencias se encuentran un día o dos y hasta tres días después que ha pasado tan abismadas en Dios y como embriagadas del gozo de poseerlo que parecen estar fuera de sí».

Cuando Santa Catalina de Sena volvía en sí después de sus éxtasis, su espíritu, según dice Ramón de Capua, entraba de tan mala gana en la vida corporal, que daba la sensación de continuar durmiendo y parecía una ebria que no puede despertar de su sueño y que sin embargo no está totalmente dormida.

Al examinar estos distintos testimonios y tratar de analizar los hechos de los que surgen, ¿no estamos obligados a admitir que entre los trances extáticos y la intoxicación alcohólica hay semejanzas evidentes? Se sobreentiende que, al señalar estas analogías, no pretendemos enjuiciar el valor de las experiencias místicas ni, mucho menos, confundirlas con los desvaríos de los bebedores. Nos limitamos simplemente a constatar, en uno y otro caso, una sucesión de fenómenos fisiológicos y psicológicos cuya similitud es innegable.

Es preciso suponer entonces que ciertos rituales de devoción y ejercicios mentales, a los que han recurrido los místicos para llegar al éxtasis, producen en el organismo y en la vida psíquica efectos comparables a los del alcohol. Que los estados en que de esta manera se sumergen preparan su alma para recibir sugestiones y pulsiones interiores o exteriores, que en condiciones normales no franquearían posiblemente ni el umbral de la consciencia, nos parece un hecho incontestable. ¿Por qué la inspiración habría de ser una mera palabra en el terreno religioso, cuando no lo es en el ámbito de la estética? ¿No sería engañarse el imaginar que no hay misterio en el mundo de las fuerzas que nos influencian?

Por otra parte, es imposible negar que el consumo de bebidas embriagantes también procura al hombre una especie de éxtasis, de carácter inferior, sin duda, pero que responde de alguna manera a la necesidad que siente de trascenderse a sí mismo. Tal es la conclusión a la que llega William James:

«*El dominio que ejerce el alcohol sobre la humanidad* —escribe— *se debe, sin lugar a dudas, a su poder para excitar las facultades místicas de la naturaleza humana, reprimidas normalmente por la frialdad y la sequedad de la vida diaria. El espíritu sobrio dice no, analiza, empequeñece; la ebriedad dice sí, sintetiza, engrandece. Es el mayor estimulante de la función del Sí en el hombre; lo hace pasar de la fría apariencia exterior al radiante y acogedor corazón de la realidad; lo convierte por*

un momento en poseedor de la verdad. Los hombres no la bus-
can únicamente por perversidad. Para los pobres o los iletrados,
cumple la función de un concierto sinfónico o de la literatura.
Es parte del profundo misterio y la tragedia de la vida que el
destello de algo tan excepcional, a muchos de nosotros sólo se
nos ofrezca en los primeros momentos de lo que, al final, es un
envenenamiento tan degradante. La ebriedad es una pequeña
parte de la experiencia mística y nuestra opinión al respecto
debe encuadrarse en este contexto más amplio».

James H. Leuba, basándose en los resultados de numerosas experiencias y en ejemplos de la historia de las religiones,
afirma también el carácter místico de los efectos psicológicos
de la ebriedad, sea ésta debida al alcohol o a cualquier otra
droga. Tendremos ocasión de detenernos, a lo largo de este
trabajo, en varios de los hechos que él menciona. Bergson,
por último, constata que los primeros pasos de los hindúes
y los griegos hacia lo que él llama «la religión dinámica», es
decir, el misticismo, se manifestaron en la búsqueda de una
«ebriedad divina» que unos y otros creyeron poder encontrar en primer lugar en algunos brebajes alcohólicos. Deja
entender que *«esta ebriedad puede ser considerada retrospectiva-*
mente, a la luz del misticismo una vez aparecido, como precursora
de ciertos estados místicos».

Después de haber referido estas opiniones de psicólogos
y filósofos, nos dirigimos a los bebedores de nuestro tiempo
para tratar de averiguar los motivos que los han arrastrado
a la bebida. Las personas a las que hemos interrogado en los
barrios más poblados no pensaban, sin duda, en obtener de
la ebriedad una inspiración religiosa. Pero cuando les hemos
preguntado: *«¿Por qué bebe usted?»*, muchos responden sin
vacilar: *«Para ahogar las penas»*. Y detrás de esta expresión
común no nos ha resultado difícil descubrir el intento de

huir de sí mismos, de olvidar su miseria, de consolarse de sus duelos, de esperar en alguna parte, no importa dónde, la tranquilidad y la dicha. ¿En cuántos casos la causa primera del vicio no ha sido el dolor?

No puedo dejar de transcribir aquí un fragmento de las notas que tomé en el curso de esta encuesta:

«*En el cementerio de Ivry, al borde de la fosa común. Acaban de bajar un ataúd junto a los demás. En el fondo de la zanja en la que están alineados, y de donde se desprende un penetrante olor a muerte, resuena una voz, la del sepulturero: "¡Los pies!". Hubiera podido decir también: "¡La cabeza!". Pero la posición del ataúd precedente hacía necesario que fuesen los pies por delante. Se oye caer la tierra llena de escombros. Allí hay un hombre con algunos amigos, sacudido por violentos sollozos. ¿Es su mujer o quizás su hijo quien acaba de desaparecer en el ancho agujero? Ni un sacerdote, ni una palabra de consuelo o de esperanza, ni una oración ante misterio tan espantoso... ¡Un entierro atroz!... ¡Pero no, me equivoco! Hay un sacerdote allí, bajo la apariencia de un amigo piadoso. Habla. Murmura la frase consagrada que conduce al afligido hacia el Dios consolador: "¡Vamos, amigo mío –le dice– vamos a tomar una copa!"*».

Quizás estemos ahora más cerca de la solución al problema que hemos enunciado al principio del capítulo. ¿Por qué puede haber en una calle miserable cuatro panaderías y ochenta establecimientos de bebidas? Es porque, como reza el viejo texto bíblico, no sólo de pan vive el hombre. ¿Por qué el alcohol goza de semejante prestigio entre la multitud? Porque apaga, a su manera, la gran sed de las almas. ¿Por qué los bebedores sacrifican a su pasión su salud y su bienestar? Porque son devotos de una particular especie, que cumplen inconscientemente ciertos ritos destinados a abrirles las puertas de otro mundo, un mundo sobrenatural. ¿Por qué, en fin, tantos seres humanos se exponen deliberadamente al peligro de los tóxicos? También aquí intervienen necesidades, deseos, tradiciones y experiencias que, como van a demostrarnos los hechos, tienen carácter religioso.

CAPÍTULO II

LA RELIGIÓN DEL OPIO

El uso del opio. El opiómano y «el ídolo oscuro». Opio y taoísmo. La morfina.

Acabamos de ver cómo el alcohol puede ofrecer a las masas un sucedáneo de la religión.

Pero hay otros venenos más sutiles que desempeñan un papel idéntico para nuestros contemporáneos. No hablar aquí de ello sería desatender uno de los hitos fundamentales del problema que los hechos actuales nos obligan a plantearnos.

Entre las sustancias tóxicas cuyo uso se ha extendido hasta el punto de convertirse en un auténtico peligro social, es preciso citar en primer lugar el opio y la morfina.

Cuando se realiza una incisión longitudinal en el opecarpo de la adormidera –antes de que madure completamente–, éste segrega un jugo lechoso que se deja secar y del que, mezclándolo con otros elementos, se obtiene una especie de tortas. Este jugo así recogido y trabajado es el opio.

Ya en este estado puede estar listo para el consumo. Pero también es posible hacer infusiones o extraer una tintura que se llama láudano. Por último, se puede, después de haberlo cocido y filtrado, preparar una especie de pasta llamada «chandoo», de la que una bolita, convenientemente expuesta al fuego y colocada en la cazoleta de una pipa, desprenderá un humo aromático que el opiómano aspirará voluptuosamente.

La acción que el opio ejerce sobre la mente y sobre el organismo se debe a los numerosos alcaloides que contiene. El más importante es la morfina.

Las virtudes, a la vez narcóticas y excitantes, del jugo de la adormidera se han conocido desde la más remota antigüedad. El hombre de finales del Neolítico, ¿recurría ya a la droga para satisfacer sus deseos de sueño y de ilusión? Es posible, puesto que se han descubierto en los restos de los palafitos de Suiza e Italia cabezas de adormidera aparentemente manipuladas por el hombre.

En cualquier caso, es cierto que en los albores de la historia el uso del opio debió estar ya muy extendido. La primera referencia escrita a esta planta la encontramos ya en la *Odisea*. Veamos en qué circunstancias: en el transcurso de un banquete ofrecido a Telémaco, el rey Menelao acababa de evocar el recuerdo de Ulises y todos los invitados estaban sumidos en una profunda melancolía, entonces «*Helena tuvo un propósito: una droga, de pronto, echó al vino que estaban bebiendo, contra el llanto y la ira, que hacía olvidar cualquier pena; todo aquel que gustaba de ella mezclada en su crátera no podía verter una lágrima en todo aquel día, pese a que hubiese visto morir a su padre y su madre, o delante de él y ante sus propios ojos le hubiesen degollado con armas de bronce a un hermano o un hijo. Tales drogas tenía la hija de Zeus, ingeniosas y muy buenas, que le dio la esposa de Ton, Polidamna, en Egipto; allí muchas la gleba del trigo produce y la mezcla de unas es buena, y la de otras nociva; allí todos son médicos, nadie en el mundo es más sabio porque allí del linaje de Peón todos descienden*»[6].

Esta pócima mágica que quita la pena y que Homero designa bien con el término general de *farmacon* (φαρμακον:

---

[6] Homero. Odisea. Canto IV, v. 219-232.

remedio, medicamento) o con el más preciso de *nepenthés* (νηπενθες: que disipa el dolor), ¿qué puede ser sino alguna preparación opiácea?

Se sabe, por otra parte, el lugar destacado que la adormidera ocupa en la Antigüedad clásica. Es utilizada por los médicos y cantada por los poetas. Interviene en las leyendas y desempeña en la religión un papel cuya importancia posiblemente no se ha subrayado lo suficiente. Es el atributo natural del dios del sueño y también de Deméter, que la lleva entre las espigas de su diadema. Según la mitología, fue esta diosa quien la descubrió cerca de la ciudad de Mekone, en el Peloponeso, de donde tomaría su nombre (μηκων, mekon: adormidera) y que más tarde se llamaría Sicyon, y gracias a los atributos de esta planta de cápsulas bienhechoras pudo olvidar su pena. También la adormidera es la insignia de sus sacerdotisas y decora sus altares. Podemos deducir entonces que se empleaba en su culto y más especialmente en sus rituales, donde serviría sin duda para la elaboración de las mezclas y los brebajes que se hacían tomar a los iniciados.

No vamos a ocuparnos aquí de la geografía de la cultura de la adormidera ni de las vías por las que se propagó a través del continente asiático el uso del opio. Tampoco es nuestra intención reconstruir la dolorosa y cruenta historia de la droga, ni enumerar las diferentes medidas que se han tomado o se han previsto con el fin de reducir su consumo.

Lo que realmente llama nuestra atención es la actitud de los opiómanos hacia el objeto de su pasión y la naturaleza de los estados en que los sumerge. Sin temor a exagerar, en este momento se puede hablar, en efecto, de una verdadera religión del opio.

Esto lo demuestran, en primer lugar, los sentimientos y las ideas que la droga despierta en sus *creyentes*. La convierten en un culto rendido a un poder misterioso, concebido literalmente como una especie de divinidad.

En sus *Confesiones de un comedor de opio inglés*, Thomas de Quincey, después de haber relatado cómo los sufrimientos de un organismo arruinado por una vida miserable lo arrastraron a tomar dosis masivas de láudano, invoca así al veneno del que no puede prescindir:

> «¡*Oh, justo y sutil y poderoso opio! Tú que brindas a los corazones de pobres y ricos por igual, para las heridas incurables y para los tormentos que tientan al espíritu con rebeliones, un bálsamo apaciguador. ¡Oh, elocuente opio! Tú que arrebatas con tu retórica potente los propósitos de la ira; y que devuelves al culpable, por una noche, las esperanzas de su juventud y sus manos limpias de sangre; tú que al orgulloso concedes breve olvido de "los daños sin compensar y las ofensas impunes"; y que al tribunal de los sueños convocas falsos testigos para que triunfe la inocencia vejada; y que engañas al perjuro y reviertes las sentencias de los injustos jueces: tú construyes sobre el regazo de la oscuridad, con las fantásticas imágenes del cerebro, templos y ciudades superiores al arte de Fidias y Praxíteles, superiores al esplendor de Babilonia y Hekatómpylos, y desde la anarquía del sueño profundo a la soleada luz invocas las caras de bellezas enterradas hace tiempo y los benditos rostros familiares, liberados de los agravios de la tumba. Sólo tú le das al hombre estos regalos y sólo tú posees la llave del Paraíso, ¡oh, justo y sutil y poderoso opio!*».

¿No se siente cómo recorre esta admirable invocación y estas entusiastas acciones de gracias un aliento comparable al que anima las oraciones más ardientes de todas las liturgias?

Después de esto no nos sorprenderá que otros amantes de la esencia de la adormidera hayan podido hablar a su vez del «santo y divino opio» o incluso del «dios opio», que concede a sus fieles dones de un carácter sobrenatural y que se impone a ellos de tal manera que se les hace intolerable sustraerse a sus lazos, como lo demuestran las angustias del hombre *nhgien*, es decir, al que se le ha privado del veneno.[7]

Algunos incluso llegan a atribuirle «*una vida, una conciencia misteriosa, una fuerza oculta y activa*», y hasta hacen de él «*uno de esos entes desconocidos, supraterrenales cuyo poder, favorable o nefasto, se manifiesta en ciertos momentos, en circunstancias innegablemente inquietantes pero que no somos capaces de especificar*».

Cuando se leen afirmaciones de este tipo y, sobre todo, cuando se escuchan los cantos de adoración que se elevan hacia «el ídolo oscuro», se explica que un autor contemporáneo, Jean Cocteau, haya podido escribir algo como esto: «*El opio se parece a la religión en la medida en que un ilusionista se parece a Jesús*».

La opiomanía se ha convertido en una verdadera religión, no sólo por las creencias que ha hecho surgir, sino también por los ritos que ha instituido.

«*El humo es un rito para sus adeptos* –escribe Louis Laloy–. *No tiene más que un efecto pasajero y dudoso en los curiosos que lo prueban ocasionalmente y deja insatisfechos para siempre a los sacrílegos que lo tratan sin respeto. Pero al fiel que lo acoge regularmente como a un venerado visitante, le otorga a cambio un espíritu renovado. No hay arado que remueva más profundamente ese campo invisible. La cantidad importa poco; por el contrario, el tiempo es eficaz, especialmente lo que*

---

[7] Se refiere al síndrome de abstinencia. [Nota del editor]

pueda durar sin interrupción. Las partículas materiales que el organismo asimile pueden ser pocas… Pero es indispensable el silencio, el reposo, la certidumbre de la tranquilidad; lo que importa para el ritmo de la existencia es el retorno periódico de estas pausas, estas vacaciones abiertas como mares de calma en la maraña de las ocupaciones».

Un *pastor de almas*, recomendando a una de sus *ovejas* ejercicios espirituales y retiros periódicos, indispensables para la vida del espíritu, no se expresaría de otro modo.

El opio tiene instituidos sus ritos de tal modo que, si se me permite decirlo, tiene sus sacerdotes, su alta Iglesia[8]. Todavía creo oír a un viejo fumador de opio indignarse ante mí de que se pueda aspirar la sutil esencia de la adormidera lejos de un cuadro apropiado, y tratar con soberano desprecio a los que lo fuman sin importarles dónde ni cómo. Sin duda habría suscrito estas líneas de otro amante de la droga, Antoine Brebion: *«El opio no se fuma bien ni produce deleite más que en casa, en el recogimiento silencioso de una estancia privada, oratorio en el que sólo penetra un pequeño cenáculo de íntimos. Es un gran señor que necesita un hogar digno de él. Para recibirlo es necesario una puesta en escena, rodearlo de un decorado artístico, crear para él un verdadero santuario. Fumar es ofrecer un sacrificio. Cumplir los misterios de un ritual».*

Los ritos del opio conciernen en primer lugar al material de fumar, es decir, la pipa, con sus accesorios de agujas y raspadores, y la lámpara de aceite sobre cuya llama se quemará

---

[8] No soy el primero en usar este término referido a la opiomanía. Thomas de Quincey ya lo ha empleado en sus *Confesiones…* : *"This is the doctrine or thetrue church on the subject of opium: of which church I acknowledge myself to be the Pope…"* [Nota del autor]

con mil precauciones la bolita de *chandoo*. Rigen igualmente lo que podría llamarse *la composición de lugar*, el acondicionamiento de la habitación, donde debe reinar un religioso silencio, y que por sus esteras, cojines y tapices favorezca a la vez el adormecimiento del cuerpo y la ensoñación del alma. Por último, la posición del fumador e incluso su forma de vestir están también determinados según reglas tradicionales.

Al lado de quienes otorgan a estos ritos la mayor importancia, están los que parecen no preocuparse demasiado por todos estos detalles. Son los disidentes, que sólo desean satisfacer su necesidad.

¿Pero es verdad que para ellos, tal como se les acusa, *«el opio no representa una religión igual que para los más entusiastas adeptos de esta droga»*?.

Aceptar esto sería olvidar las razones profundas que arrastran al hombre, sea quien sea y en cualquier ambiente, a consumir de un modo u otro el jugo tóxico de la adormidera.

La opiomanía, en efecto, es en cualquier caso una religión, sobre todo porque procura a quienes se entregan a ella una sensación de evasión, de trascendencia de sí mismos, porque les ofrece la ilusión de ser elevados hacia mundos supraterrenales.

Llegan, en primer lugar, las revelaciones, los apocalipsis, las visiones inspiradas que surgen en el cerebro del hombre dominado por el opio. Releamos en este sentido las páginas que Thomas de Quincey ha consagrado a sus ensoñaciones. Unas veces se trata de esplendores arquitectónicos, fantásticos despliegues de ciudades y palacios como jamás los ojos despiertos han visto sino en las nubes. Otras veces, son lagos translúcidos, brillantes como espejos, que crecen hasta el infinito hasta convertirse en mares y océanos.

Después, se manifiesta en estas fantasías una obsesión muy particular que el autor inglés llama *«la tiranía del rostro humano»*.

«*Entonces, sobre las ondulantes aguas del océano, comenzó a verse el rostro del hombre; el mar se me apareció como pavimentado de innumerables cabezas que miraban al cielo; rostros furiosos, suplicantes, desesperados, se pusieron a bailar sobre la superficie, por millares, por miríadas, generaciones y siglos enteros; mi agitación se hizo infinita y mi espíritu empezó a saltar y a balancearse como las olas del océano*».

¿No parecen los vaticinios de un visionario, arrebatado y fuera de sí por el demonio del opio? No obstante, éste hace algo más que invitar a sus adoradores a la contemplación de sus fantasmagorías. Los sumerge en un estado que casi podría calificarse de estado de gracia. Este es, sin duda, el efecto más importante de esta droga y la causa principal de su poderoso atractivo. Su influencia relaja el cuerpo y lo deja en una beatífica postración donde parece diluirse en la nada. Al mismo tiempo, introduce en las facultades mentales «el orden más exquisito». Inspira al hombre una completa indiferencia hacia todo aquello que normalmente lo distrae, inquieta o asusta. Nada puede ya arrebatarle su serenidad, ni siquiera la amenaza de la muerte. El opiómano se cree transportado a un plano superior a las duras contingencias de la realidad; «*siente que lo más divino de su naturaleza domina el resto*». Por tanto, no hay que asombrarse de que la vida social y las múltiples obligaciones que ésta comporta no le interesen en absoluto. Se esconde de ella, como se desentiende de cualquier otra obligación. Incluso en compañía de sus semejantes, el fumador de opio es necesariamente un solitario, y es en el seno de esa soledad en la que se encierra voluntariamente donde cree unirse, por encima de las apariencias fugitivas y engañosas, con la armonía del universo.

La frecuencia de estos estados, de un carácter místico tan marcado, no puede dejar de transformar totalmente la existencia. En el fondo, el devoto de la adormidera se distingue del resto de los hombres casi tanto como el clérigo, en algunas religiones, se distingue del seglar. Louis Laloy ha dicho con razón: «*Así como hubo en el pasado un estilo de vida órfica o pitagórica, y aún en nuestros días una vida monástica, se pueden determinar exactamente las características de una vida entregada al opio*». Ésta obedece al ritmo que le es propio y se desarrolla en un mundo distinto al mundo natural.

A causa de su carácter religioso, junto con el extraordinario acogimiento que encontró en China, la opiomanía ha sido vinculada de forma especial al Taoísmo. ¿Se justifica tal relación? Señalemos, en primer lugar, que el consumo del opio no se extendió realmente en el Imperio del Mediodía hasta el siglo xvii, hacia el fin de la dinastía Ming y a causa de la prohibición que pesaba sobre el tabaco. Pero si bien se implantó en China tardíamente, parece que encontró un terreno que especialmente favorable, donde pudo extenderse y asentarse más que en cualquier otro sitio. Es en este punto donde interviene la influencia del Taoísmo. Y como no sólo puede iluminarnos sobre las causas del éxito de la opiomanía, sino también sobre la cuestión más general del empleo religioso de los tóxicos, es indispensable que nos detengamos en ello un momento.

Normalmente se hace remontar el origen del Taoísmo a las enseñanzas y a los libros de ciertos sabios. Uno de ellos sería Lao-tsen o Lao-tan, cuya existencia misma se ha puesto en duda. Según se dice, habría vivido en el siglo v antes de Cristo. Cuenta una leyenda que Confucio fue en una ocasión a pedirle consejo y que lo comparó «*al dragón que cabalga el viento sobre las nubes y se eleva hasta el cielo*». A él, o también al emperador mítico Houang-ti, se le atribuye una obra extremadamente oscura, realmente intraducible, que se presenta como una especie de breviario destinado a los iniciados, el Tao-të-King o el libro de Tao-të.

Después de Lao-tan, figura entre los «Padres del Taoísmo» Tchouang-tseu o Tchouang-Tcheou, un personaje realmente histórico, aunque no sepamos nada de él excepto que vivió en el siglo IV antes de nuestra era.

El Taoísmo doctrinal de estos antiguos pensadores parte de una noción que no es en absoluto única de su pensamiento, la del Tao. El primer significado de esta palabra es «camino», pero en realidad sirve para designar todo un conjunto de ideas entre las que se encuentran las de «Orden, Totalidad, Responsabilidad y Eficacia».

En suma, el Tao es una especie de potencia impersonal indefinible, indeterminada, indiferenciada y vacía, que se extiende por todas partes y que está considerada «como el principio inmanente de la ley natural universal». El hombre debe unirse a esta potencia para poseer a la vez la sabiduría y la fuerza, y para gozar de una larga vida. ¿Cómo puede llegar el hombre al Tao? Sumergiéndose en la sencillez y la inocencia naturales, huyendo de las imposiciones sociales, dando la espalda a los vanos estudios y a las estériles agitaciones del mundo, evitando cualquier apego a los seres y las cosas; en fin y sobre todo, recurriendo al éxtasis que le procura un concienzudo entrenamiento y que es lo único que puede conservar intacta en él la esencia de la vida. Este éxtasis lo sitúa *«en una luz difusa que es la del alba, la visión de una independencia solitaria»*. *«Entra en un estado que no es vivir, ni morir»*. *«Dejando caer el cuerpo y los miembros, desterrando el oído y la vista, separándose de toda apariencia corporal y eliminando toda ciencia, se une a lo que penetra por todas partes y da continuidad al Universo»*. *«Se une al Tao»*.

El Taoísmo de los Maestros llegó así a una especie de «quietismo naturalista» que resulta de la unión mística, no con una entidad trascendente, un absoluto divino, sino con un «infinito inmanente».

«¡*Acércate!* –dice Tchouang-tseu– ¡*Voy a decirte qué es el Tao supremo! Retiro, retiro, oscuridad, oscuridad; ¡he aquí el apogeo del Tao supremo! Crepúsculo, crepúsculo, silencio, silencio: ¡no mires nada, no escuches nada! Retén abrazada tu potencia vital, permanece en la quietud: ¡*[que]* tu cuerpo *[no pierda]* su corrección [innata]! Conserva la quietud, conserva tu esencia y gozarás de larga vida. ¡Que tus ojos no tengan nada que ver! ¡Tus oídos nada que escuchar! ¡Tu corazón nada que saber! ¡Tu potencia vital conservará tu cuerpo, tu cuerpo gozará de larga vida! Vigila tu interior, ciérrate a lo exterior: saber muchas cosas es nocivo*».

«*Tratad conmigo* –continúa Tchouang-Tseu– *de alcanzar el Palacio de Ninguna Parte, y allá donde las cosas son idénticas, llevad vuestras discusiones al infinito. Tratad conmigo de practicar la inacción [es decir, la supresión del esfuerzo, la pasividad, para permitir que el Tao obre en nosotros], en la que reposaréis, inmóviles, indiferentes y felices. Porque en estas condiciones el espíritu se convierte en una abstracción. No vaga, y sin embargo no tiene conciencia de estar en reposo. Va y viene sin tener en cuenta las barreras. Avanza y retrocede sin tener fin. Alcanza y abandona las regiones del infinito que ninguna ciencia puede alcanzar*».

De hecho, la doctrina de los escritores taoístas está ligada a las concepciones religiosas más antiguas de los chinos. La noción de Tao sobre la que se basan, despojada de los términos filosóficos en los que está aquí envuelta, bien podría ser muy cercana a la del «maná», que se encuentra en las sociedades primitivas. En cuanto a los métodos místicos de los Padres del Taoísmo, se encuentran también en un conjunto de técnicas que existía antes que ellos y que constituía «*el arte de la larga vida*». En particular, esto puede observarse en el éxtasis *que ellos preconizan. Ésta era una práctica corriente en los lugares donde ofrecían sus enseñanzas y «no difiere en modo alguno de los trances y los viajes mágicos, gracias a los que los hechiceros chinos, herederos de un antiguo chamanismo, aumentaban su santidad, alargaban su vida o purificaban su esencia».*

Me parece que no hay razón para establecer, como se hace a menudo, una distinción radical entre el Taoísmo filosófico de los Maestros y el Neo-Taoísmo, lleno de «burdas supersticiones» y «profundamente degenerado» que le habría sucedido. El Taoísmo antiguo, tanto por sus principios como por sus métodos, no hacía más que «mantener y acrecentar el prestigio de todos los saberes inspirados por la magia». No se diferenciaba tanto como se suele pensar del Taoísmo vulgar, que reina aún en China y cuyo objetivo principal es cultivar el «arte de no morir», esto es, la búsqueda del desarrollo de la vitalidad mediante el empleo de ciertos procedimientos con fuertes tintes de magia y de alquimia.

Una colección de recetas taoístas, cuya existencia está atestiguada desde el siglo iv antes de nuestra era, nos proporciona datos muy curiosos sobre todos estos procesos. Éstas comprenden entrenamiento atlético, gimnasia respiratoria, gimnasia sexual y reglas dietéticas.

Solamente este último aspecto debe ocupar aquí nuestra atención. En el régimen alimenticio que prescriben, los platos ligeros y elaborados son sustituidos por alimentos fuertes y pesados. Se recomienda el uso abundante de bebidas embriagantes, ya se trate de cerveza o más probablemente de alcohol de arroz y de mijo, porque estos brebajes permiten absorber directamente la esencia o espíritu de los cereales y producen la ebriedad que, como la danza, lleva al éxtasis, a la comunión con el Tao. Por último, se presta una amplia atención a las sustancias venenosas, entre las que figuran un «champiñón de la vida» y diversas composiciones químicas, tales como el oro potable a base de sulfuro. No se trata tanto de desafiar al veneno, como de sumergirse, por medio de estudiadas intoxicaciones, en estados de un carácter anormal y sobrenatural.

Se comprende fácilmente que prácticas de este género y los objetivos que persiguen hayan predispuesto a los chinos a consumir opio y, en particular, a fumarlo. Respirando la esencia sutil de la adormidera, saboreando la embriaguez extática y beatífica que procura, ¿no se eleva el hombre hacia esta vida, considerada más intensa y, por tanto, más santa, que sueña conquistar?

Y al mismo tiempo, ¿no consigue la independencia solitaria y la indiferencia serena que recomendaban los Padres del Taoísmo? ¿No llega a fundirse en ese infinito inmanente que necesita encontrar por encima de las apariencias cambiantes del mundo?

Es incontestable que la opiomanía y el taoísmo tienen entre sí profundas afinidades. Esto explica que China haya llegado a ser para esta droga una verdadera tierra de referencia, hacia la que no cesan de volver, si no en sus oraciones al menos en su pensamiento, todos los fervientes devotos del opio.

Como tendremos ocasión de ver, el caso de China no es aislado. Hay otros hechos que permiten de igual modo llegar a la conclusión de la existencia de lazos estrechos entre las tradiciones religiosas de ciertos pueblos y el uso que hacen de uno u otro tóxico. Limitémonos por el momento a constatar estas relaciones en el caso que nos ocupa, el de China. Estas relaciones confirman lo que creímos poder adelantar cuando hablábamos de una «religión del opio». Nos muestran que la búsqueda de la intoxicación y, en general, el empleo de procesos materiales para llegar al éxtasis apuntan, en realidad, a una sola y única mística: esa que podríamos llamar la mística del inmanente, cuyo objetivo es sumergir al hombre en una especie de inconsciencia que diluye su personalidad y le sirve a la vez de anestesia física y ataraxia moral.

La morfina, aunque no sea otra cosa que un alcaloide de la adormidera, merece, no obstante, una mención especial. Se puede decir, en efecto, que se opone al opio como la herejía se opone a la ortodoxia. El opiómano convencido ve en el morfinómano un individualista impenitente que se ha sublevado contra las tradiciones más venerables y que, pretendiendo poner sus propias reglas al culto que se debe rendir a esta droga, se permite con su dios una familiaridad excesiva. ¿No lo tiene siempre a su disposición en la jeringa de Provaz, gracias a la que, sin tener que preocuparse por el momento ni el lugar, podrá inyectarse una dosis?

Simplificada hasta ese punto, sin exigir ninguna escenografía ni operación preliminar, la comunión con la potencia superior parece vaciarse de todo carácter sagrado. Se da una disminución sensible, por no decir una total desaparición, del valor religioso del acto que se realiza. Es una especie de laicización, análoga a las que se producen en muchos otros ámbitos y que no cesan de enriquecer el mundo profano con ciertas prácticas y ciertos objetos que originariamente le eran extraños.

Añadamos a esto que, a los ojos de los puristas, a la morfina siempre le faltará, por ser una sustancia química fabricada en nuestros laboratorios, ese algo de exótico y misterioso del que las almas se muestran extrañamente ávidas y que desempeña un papel primordial en sus deseos.

Sin embargo, aunque la morfina esté así despojada de todo aparato litúrgico, responde igualmente a esa necesidad de evasión, que es el gran tormento del hombre. Vale la pena recordar que las diferentes guerras que se han sucedido a partir de la segunda mitad del siglo xix han tenido entre sus consecuencias un súbito aumento de la adicción a la morfina. Evidentemente, el empleo medicinal de este veneno ha contribuido a ello, puesto que ha provocado, en muchos heridos que habían sido tratados con morfina para el dolor, la imperiosa necesidad de seguir consumiéndola. ¿Pero es ésta la única explicación que se podría dar al auge de una desviación que se quiere en exceso justificar por el deseo de huir de un mundo de dolor y refugiarse en la serenidad de los sueños?.

A la morfina, como al opio, se le ha pedido no sólo un efecto anestésico, sino también una dichosa liberación de las miserias de la realidad. A través de la morfina, igual que con el opio, se ha buscado el acceso al paraíso perdido.

El alcaloide extraído de la droga, al igual que la droga misma, procura a las almas inefables momentos de éxtasis. Pero este gozo tiene, sin duda, un carácter artificial y provisorio. No es, en el fondo, más que ilusión y engaño. Tarde o temprano llega el momento en el que el morfinómano se da cuenta de que, lejos de elevarse, se precipita hacia la peor decadencia, de que lejos de liberarse se entrega a la más implacable de las servidumbres. Su organismo exige dosis cada vez más fuertes y más frecuentes del veneno que lo está matando.

¿Pero seguro que antes no sabía nada de los sombríos días que le esperaban? ¿Nadie le previno de los peligros a los que se exponía? El verdadero problema reside en el hecho innegable de que el hombre busca el tóxico sin ignorar los riesgos que corre. Si estos riesgos, tan evidentes, no lo disuaden de la fatal experiencia, es que en este caso, como en otros, está dispuesto a sacrificarlo todo para obtener, aunque sólo sea por un tiempo, y bajo la apariencia de una vitalidad acrecentada y de un bienestar físico total, la trascendencia de sí mismo que su interior reclama y que será siempre el mayor bien que pueda desear.

CAPÍTULO III

LA COCAÍNA Y LA COCA

La cocainomanía. El papel sagrado de la Coca. El culto más antiguo en Perú. La condición del coquero.

¿Hace falta una prueba más de la necesidad de evasión que atormenta a la especie humana y no cesa de mortificar a nuestra civilización? Esta prueba se encuentra fácilmente en la aparición y el desarrollo de nuevas toxicomanías que se superponen a las antiguas, sin por ello eliminarlas.

Una de las más recientes –no decimos la más reciente, porque ya se ven apuntar otras– es la cocainomanía[9]. Esta adicción nos interesa aquí tanto por sus manifestaciones actuales como por sus orígenes.

En primer lugar nos sirve para constatar una vez más que no se puede considerar el consumo de sustancias tóxicas como una simple perversión del juicio y los sentidos de algunos individuos enfermos o depravados. Se trata, en realidad, no de un fenómeno esporádico, sino de un problema mucho más general cuya causa debe buscarse fuera de la alteración accidental de ciertos temperamentos. La cocainomanía es una verdadera epidemia que empezó a extenderse en los comienzos del siglo XX por Estados Unidos y por India y que

---

[9] Recordemos que el autor escribe esta obra en la década de 1930. [Nota del editor]

durante los años posteriores a la guerra de 1914 se extendió por toda Europa de manera considerable. Su expansión coincidió con la crisis económica, los disturbios sociales y los trastornos morales que se produjeron como consecuencia del conflicto mundial.

Así, en Alemania y en Austria, se ha podido establecer una estrecha correlación entre *«la adicción a esnifar cocaína y el periodo revolucionario de los años 1918-1919»*. *«El estado neuro-psicopático que se apoderó de toda la población, principalmente en las grandes ciudades, creó un terreno favorable e hizo nacer la necesidad de narcóticos; por otra parte, tenemos la prueba en el enorme aumento del consumo de alcohol que se observó a pesar de la gran miseria».*

Pero los demás países tampoco escaparon a esta lacra, que se extendió aún más en Francia, donde había llegado en 1912, y a Inglaterra, Rusia, Suiza, España, Italia, etc.

Actualmente, a pesar del precio casi prohibitivo de la cocaína y de los riesgos que conlleva el tráfico clandestino, tanto el vendedor como el comprador se exponen a ser perseguidos judicialmente[10], la cocaína, bajo los diversos nombres de argot con los que se la conoce (coca, perico, pasta, blanca nieves, polvo blanco, nieve, farlopa, farla, blanca, dama blanca, etc.)[11], encuentra siempre numerosos aficionados, y no sólo en los bajos fondos, sino también entre las clases sociales más elevadas.

---

[10] En ese momento en Francia regía la ley de 12 de julio de 1916, que prohibía la importación, el comercio, la posesión y el consumo de sustancias venenosas, y explícitamente del opio, la morfina y la cocaína. [Nota del editor]

[11] Se han adaptado los términos del original francés al argot castellano actual, para una mejor comprensión del sentido por parte del lector. En Francia se conocía a la cocaína entonces como: *coco, came, neige, respirette, reniflette,* etc., que son los términos que utiliza el autor. [Nota del editor]

Sucede lo mismo en el extranjero, donde las redadas policiales y los informes médicos dan fe de los estragos que causa. En 1922, la isla de Java exportó 1.283.503 kilos de hojas secas de la planta de la coca, y no ha sido la única en proporcionar esta materia prima a las industrias químicas. Es evidente que el uso estrictamente farmacéutico de esta planta no absorbe toda esa cantidad.

¿Qué se pide a la cocaína? Algunos médicos han tratado de establecer una clasificación de aquellas personas que no pueden resistir la poderosa tentación. Unos serían enfermos que buscan alivio; otros, neuróticos en busca de sensaciones raras; otros más, especialmente artistas e intelectuales, buscarían una exaltación de su personalidad y una expansión de su capacidad creativa; y unos últimos, sobre todo mujeres, que utilizan el tóxico como excitante sexual.

En realidad, los diversos motivos a los que responden los cocainómanos, ¿no coinciden todos en el oscuro deseo de trascenderse a uno mismo, que ya hemos constatado en los casos del alcohol y del opio? La cocaína también lo busca a su manera. Debido a la acción que ejerce sobre las células cerebrales, hace igualmente pasar al hombre del estado de vigilia al de ensoñación. Lo sumerge bruscamente en un mundo de fantasmagorías, gracias a las alucinaciones visuales, auditivas, táctiles y cenestésicas que provoca. Suspendiendo las inhibiciones que normalmente lo controlan y lo atan, le da la impresión de que posee una gran vitalidad y de que es capaz de realizar una actividad más intensa. A veces, el cocainómano se imagina que sus miembros se alargan de un modo desmesurado y que su cuerpo está dotado de una ligereza sobrenatural. Puede ocurrir incluso que, si la influencia del veneno es muy prolongada, su personalidad se desdoble, dando como resultado ciertas perversiones sobre cuya naturaleza es inútil insistir. Un último rasgo caracteriza a la embriaguez inducida por la cocaína. El que se entrega a ella puede buscarla, sin duda, en compañía de sus semejantes, pero a menudo prefiere permanecer en solitario y encuentra en su mismo aislamiento todas las satisfacciones físicas y psíquicas que desea. La desvinculación a la que llega hace que se baste a sí mismo en su soledad, porque se siente rodeado de una especie de compañía invisible. Los «viajes» que puede experimentar a través de entes misteriosos, cuya imagen ha construido a partir de las profundidades de su propia conciencia, otorgan al cocainómano, en el mundo de los intoxicados, su propia y especial fisonomía.

Estamos convencidos de que los trastornos que experimenta, y que no son más que el comienzo de la decadencia y la locura que le aguardan, es razón suficiente para considerar la cocaína un veneno místico.

Tal conclusión se revela aún más evidente a poco que se quieran buscar los orígenes remotos del mal que nos ocupa y cuya gravedad actual acabamos de señalar.

Se sabe que la cocaína es un alcaloide extraído de las hojas de la planta de la coca, cuyas variedades más significativas son la *Erythroxylon Coca* y la *Erythroxylon novogranatense*. El cultivo de estos arbustos se introdujo en Ceilán, India y sobre todo en Java. Su hábitat primitivo, sin embargo, se encuentra en Perú y, si hay un hecho incontestable, es el papel religioso que la coca ha tenido en este país.

Desde el pasado más remoto que podamos imaginar, en la incierta época que precede al establecimiento del culto al sol por parte de los Incas, figura entre los tótem de los indios quechuas.

El carácter sagrado que posee persiste aun después de la institución de nuevos ritos. Se emplea en los sacrificios y, durante la gran fiesta del solsticio de invierno, se ofrece en fumigaciones al Astro divino, padre de los Incas.

Sin duda, y tendremos ocasión de volver sobre esto, vale la pena recordar que la religión solar utiliza además una bebida fermentada, una cerveza de maíz llamada *chicha*, para hacer sus libaciones. El papel que le corresponde en las ceremonias parece consecuencia de la transformación económica de Perú bajo la influencia «civilizadora» de los colonizadores, que fueron, como se sabe, los promotores de la agricultura entre las poblaciones sometidas a su aplastante dominación.

En cualquier caso, por lo demás, la chicha no ha desbancado a la coca que, evidentemente a causa de sus misteriosas virtudes, ocupa en la veneración de los peruanos una posición inexpugnable, incluso mayor que la religión oficial.

Aunque el cultivo y el consumo de la planta hayan estado, en principio, estrictamente reglamentados, la costumbre de mascar las hojas estaba muy extendida, no sólo entre los jefes y sacerdotes, sino incluso entre el pueblo. Prueba de ello es este pasaje del Inca Garcilaso, cuya madre perteneció a la familia de los Incas y que nació en Perú en 1560.[12]

> *«No será razón dejar en el olvido la hierba que los indios llaman cuca y los españoles coca, que ha sido y es principal riqueza del Perú para los que la han manejado en tratos y contratos. Antes será justo se haga larga mención de ella, según lo mucho que los indios la estiman por las muchas y grandes virtudes que de ella conocían antes y muchas más que desde entonces acá los españoles han experimentado en cosas medicinales.*
>
> *«El padre Valera, como más curioso y que residió muchos años en el Perú y salió de él más de 20 años después que yo, es-*

---

[12] El autor no especifica la fuente de la que ha sacado este dato pero, en realidad, la fecha del nacimiento del Inca Garcilaso es 1539. [Nota del editor]

cribe de unas y de otras como quien vio la prueba de ellas. Diré llanamente lo que su paternidad dice y adelante añadiré lo poco que dejó de decir por no escribir largo, desmenuzando mucho cada cosa. «Dice, pues:

"La cuca es un cierto arbolillo del altor y grosor de la vid. Tiene pocos ramos y en ellos muchas hojas delicadas —del anchor del dedo pulgar y el largo como la mitad del mismo dedo— y de buen olor pero poco suave, las cuales hojas llaman cuca indios y españoles.

Es tan agradable la cuca a los indios que por ella posponen el oro y la plata y las piedras preciosas. Plántanla con gran cuidado y diligencia y cógenla con mayor, porque cogen las hojas de por sí con la mano y las secan al sol y así seca la comen los indios. Pero no la tragan: solamente gustan del olor y pasan el jugo. De cuánta utilidad y fuerza sea la cuca para los trabajadores, se colige de que los indios que la comen se muestran más fuertes y más dispuestos para el trabajo. Y muchas veces, contentos con ella, trabajan todo el día sin comer.

La cuca preserva el cuerpo de muchas enfermedades y nuestros médicos usan de ella, hecha polvos, para atajar y aplacar la hinchazón de las llagas, para fortalecer los huesos quebrados, para sacar el frío del cuerpo o para impedirle que entre, para sanar las llagas podridas llenas de gusanos. Pues si a las enfermedades de afuera hace tantos beneficios con virtud tan singular, en las entrañas de los que las comen ¿no tendrá más virtud y fuerza?

Tiene también otro gran provecho. Y es que la mayor parte de la renta del obispo y de los canónigos —y de los demás ministros de la iglesia de la catedral del Cozco— es de los diezmos de *las hojas de la cuca. Y muchos españoles han enriquecido y enriquecen con el trato y contrato de esta hierba. Empero algunos, ignorando todas estas cosas, han dicho y escrito mucho contra este arbolillo movidos solamente de que en tiempos antiguos los gentiles (y ahora algunos hechiceros y adivinos) ofrecen y ofrecieron la cuca a los ídolos. Por lo cual, dicen, se debía quitar y prohibir del todo.*

Ciertamente fuera muy buen consejo si los indios hubieran acostumbrado a ofrecer al demonio solamente esta hierba. Pero si los antiguos gentiles y los modernos idólatras sacrificaron y sacrificaban las mieses, las legumbres y frutos que encima y debajo de la tierra se crían, y ofrecen su brebaje y el agua fría y la lana y los vestidos y el ganado y otras muchas cosas —en suma, todo cuanto tienen— y como todas no se les deben quitar, tampoco aquélla. Deben doctrinarles que, aborreciendo las supersticiones, sirvan de veras a un solo Dios y usen cristianamente de todas aquellas cosas".

«Hasta aquí es del padre Blas Valera. Añadiendo lo que falta, a mayor abundancia decimos que aquellos arbolillos son del altor de un hombre. Para plantarlos echan la semilla en almácigo, como las verduras. Hácenles hoyos como para las vides, echan la planta acodada como la vid. Tienen gran cuenta con que ninguna raíz por pequeña que sea quede doblada, porque basta para que la planta se seque.

«Cogen la hoja tomando cada rama de por sí entre los dedos de la mano, la cual corren con tiento hasta llegar al pimpollo. No han de llegar a él, porque se seca toda la rama. La hoja de la haz y del envés en verdor y hechura es ni más ni menos que la del madroño, salvo que tres o cuatro hojas de aquéllas, por ser muy delicadas, hacen tanto grueso como una de las del madroño [...]

«*Cogida la hoja la secan al sol. No ha de quedar del todo seca, porque pierde mucho el verdor (que es muy estimado) y se convierte en polvo, por ser tan delicada. Ni ha de quedar con mucha humedad, porque en los cestos donde la echan para llevarla de unas partes a otras se enmohece y se pudre. Han de dejarla en un cierto punto que participe de lo uno y de lo otro[...]*

«*Cógese aquella hierba de cuatro en cuatro meses, tres veces al año. Y si escardan bien y a menudo la mucha hierba que con ella se cría de continuo, porque la tierra en aquella región es muy húmeda y muy caliente, se anticipa más de 15 días cada cosecha. De manera que viene a ser casi cuatro cosechas al año [...]*

«*De la fuerza que pone al que la trae en la boca se me acuerda un cuento que oí en la tierra a un caballero en sangre y virtud, que se decía Rodrigo de Pantoja. Y fue que caminando del Cozco a Rimac topó a un pobre español (que también los hay allá pobres, como acá) que iba a pie y llevaba a cuestas una hijuela suya de dos años. Era conocido del Pantoja y, así, se hablaron ambos.*

«*Díjole el caballero: "¿Cómo vais así cargado?" Respondió el peón: "No tengo posibilidad para alquilar un indio que me lleve esta muchacha por eso la llevo yo".*

«*Al hablar del soldado, le miró Pantoja la boca y se la vio llena de cuca. Y como entonces abominaban los españoles todo cuanto los indios comían y bebían, como si fueran idolatrías —particularmente por comer la cuca por parecerles cosa vil y baja—, le dijo: "Puesto que sea así lo que decís de vuestra necesidad, ¿por qué coméis cuca como hacen los indios, cosa tan asquerosa y aborrecida por los españoles?"*

*«Respondió el soldado: "En verdad, señor, que no la abomi-
naba yo menos que todos ellos, mas la necesidad me forzó a imitar los indios y traerla en la boca. Porque os hago saber que si no
la llevara no pudiera llevar la carga. Que mediante ella siento
tanta fuerza y vigor que puedo vencer este trabajo que llevo".*

*«Pantoja se admiró de oírle y contó el cuento en muchas par-
tes. Y de allí adelante daban algún crédito a los indios que la
comían por necesidad y no por golosina. Y así es de creer, porque
la hierba no es de buen gusto».*

Este *horror* de los conquistadores por las prácticas de sus
súbditos se tradujo primero en una serie de medidas destinadas a impedir el uso de la coca. A mediados del siglo XVI,
el segundo Concilio de Lima prohibió su consumo, por con-
siderarlo una manifestación de los vicios y las supersticiones
indígenas. Del mismo modo, el 18 de octubre de 1569, un
real decreto la prohibió. La coca, proclama este documento,
*«no es más que una idolatría y una obra del diablo. No fortifica más
que en apariencia, por la voluntad del maligno. No posee ninguna
virtud o cualidad beneficiosa, sino que, al contrario, cuesta la vida
a muchos indios».*
Las decisiones de las autoridades eclesiásticas y civiles
terminaron, no obstante, fracasando en su propósito. Se en-
caraban, por una parte, con el poder de una costumbre inve-
terada, y, por otra, con intereses que tentaban en gran medida a los propios españoles.
De hecho, la costumbre de masticar el *acullico*, una bolita compuesta por una mezcla de hojas de coca, cal y ceniza
vegetal, se ha mantenido hasta nuestros días en las diversas
regiones del antiguo Imperio de los Incas.
He aquí algunos testimonios que no dejan ninguna duda
al respecto. Edouard Poeppig, que de 1827 a 1832 recorrió

diversas comarcas de América del Sur, afirma que «*la coca es para el peruano fuente de las mayores alegrías, porque bajo su acción siente disiparse su tristeza mientras que su imaginación, liberándose de todo obstáculo, le ofrece imágenes de las que no goza jamás en estado normal*».

Después de haber establecido una comparación muy sugestiva entre la coca y el opio, Poeppig continúa diciendo: «*Es un hecho observable que los pueblos primitivos no se contentan con medios de excitación simples, sino que inventan otros artificiales que se distinguen por su violencia, por sus efectos repulsivos y perversos. Cuanto más rudimentario es un pueblo desde el punto de vista intelectual, más groseros son los medios de excitación en los que se complace, y más violentos aquéllos a los que recurre para engañar a su conciencia y sofocar el sentimiento vago y oscuro que tiene de su vida interior*».

Estas observaciones merecen que nos detengamos un momento en ellas. Aunque sean discutibles en algunos aspectos, especialmente en lo que concierne a la diferencia que parecen querer señalar entre la actitud de los *salvajes* y la de los *civilizados* frente a los tóxicos, no dejan de dar una explicación profunda de los motivos que arrastran al hombre hacia los paraísos artificiales.

Otro viajero, J. J. Tschudi, escribió unos diez años más tarde:

«*Para el indio de Perú, la coca representa algo misterioso. Tuvo un papel muy importante en la religión de los Incas: en las ceremonias bélicas y religiosas se empleaba ya fuera como incienso para los grandes sacrificios o como objeto de sacrificio en sí misma. Durante los rituales, los sacerdotes masticaban coca, y no se podía obtener favores de las divinidades si no era ofreciéndoles estas hojas, o acercándose con el acullico en la boca. Ningún trabajo podía tener éxito si no comenzaba con la* masticación de hojas de coca y el mismo arbusto era adorado como una divinidad.

«A pesar de una propaganda de tres siglos, el cristianismo no ha conseguido acabar con estas supersticiones, y todavía hoy se encuentran por todas partes huellas de la fe en la acción misteriosa de esta planta. Aún en nuestros días, los mineros de Cerro de Pasco escupen coca masticada en los filones metálicos más duros, creyendo que esto los hace más fáciles de trabajar. Se puede explicar sin dificultad esta costumbre, cuyos orígenes son anteriores al indio de nuestros días, si se piensa que en la época de los Incas existía la creencia de que las divinidades de los metales, las Coyas[13], sólo hacían las montañas penetrables si se les volvía favorables con el olor de la coca. Todavía hoy, los indios ponen en la boca de sus muertos hojas de coca, a fin de asegurarles una acogida favorable en el otro mundo, y a cada espíritu que encuentra en su camino, el indio de Perú, con temerosa piedad, ofrece en sacrificio algunas hojas de esta planta».

Las costumbres funerarias que Tschudi menciona aquí deben de tener un origen antiquísimo. En efecto, se ha descubierto en la vieja necrópolis india de Arica, en la costa occidental de América del Sur, una curiosa serie de petacas de

---

[13] Coya era en realidad el nombre con el que se conocía a la primera esposa o esposa legítima del Inca. Es posible que el autor, Tschudi, o sus fuentes, hayan confundido los términos quechuas *quya* (reina, esposa del Inca) y el fonéticamente próximo *qhuya* (mina), y que de esa confusión haya resultado en la obra de Philippe de Félice esta identificación errónea de las Coyas con las divinidades de los metales. La figura más próxima a una divinidad o espíritu de la minería en la mitología inca es el *Anchanchu*, mientras que a los dioses de las montañas los denominaban de diversas maneras: *apus*, *wamanis* o *awkillu*, entre otras. [Nota del editor]

coca que habían sido enterradas con los muertos, y algunas incluso contenían aún hojas del arbusto sagrado. Estos saquitos, de forma característica y de una decoración a menudo muy elaborada, se remontan a la época en la que la civilización de los Incas se extendía hasta las orillas del océano Pacífico.

A las observaciones de Poeppig y de Tschudi, que visitaron Perú y las regiones vecinas durante la primera mitad del siglo xix, podemos añadir otras mucho más recientes acerca del lugar que todavía ocupa la coca en las costumbres y las representaciones religiosas de los indios.

En 1924, el explorador Erland Nordenskiöld publicó una obra en la que relata su expedición por la región de los Andes. En esta obra, constata la pervivencia entre los indígenas de antiguas prácticas e ideas paganas, que se han asociado extrañamente al cristianismo. *«Estas gentes –escribe– no pueden vivir sin coca, y no son capaces de efectuar largas marchas cuando están privados de ella. Necesitan la coca para todos sus sacrificios. Esta planta sagrada desempeña un papel extraordinario en la vida de los indios de la montaña. Según Basilio, fue la Virgen, María Santísima, quien inventó la masticación de la coca, después de haber encontrado esta planta en el bosque. En cuanto a Cristo, jamás habría podido acostumbrarse a su uso. El principal vicio de estas gentes –añade Nordenskiöld– consiste en masticar coca. Es su forma de complacencia, su religión».*

La misma costumbre existe entre los indios Campas, que viven en la selva virgen, en la vertiente oriental de la Cordillera. En el relato que hace de su viaje entre estos indígenas en 1920, Otto Nordenskjöld menciona, además del uso general de la coca, una curiosa costumbre en la que está implicada. Los Campas se deshacen de los ancianos, los enfermos y los niños que son demasiado débiles arrojándolos al río después de haberles puesto un lastre y haberles atado de pies y manos. Al mismo tiempo, los hombres lanzan al agua hojas de coca y las mujeres ramas y puñados de tierra, *«y todo el mundo les grita adiós y buen viaje»*.

De todo lo que acabamos de ver, ¿no se puede concluir que el culto más antiguo y duradero que Perú ha conocido es el de la Coca? ¿Y no es extraño que el antiguo fervor con que los indios la honraban antaño haya sobrevivido a todos los cambios políticos y religiosos por los que han pasado? Por poderosa que pudiese parecer en la época de los Incas, la religión del Sol ha tenido su crepúsculo y se ha perdido en la noche. A decir verdad, algunos de estos soberanos que se consideraban hijos del astro cegador, parecían prever ya un declive sin gloria. Según el Inca Garcilaso de la Vega, el Inca Tupac Yupanqui tenía la costumbre de decir:

«Hay algunas personas que creen que el sol está vivo y que es el creador de cuanto se ve en este mundo. Pero me parece que quien hace algo, necesariamente debe estar presente, y como hay muchas cosas que se hacen en ausencia del sol, no es él quien las hace todas. No vive –continúa–, puesto que hace su camino en el cielo sin fatigarse jamás, porque si estuviese vivo, se cansaría como nosotros; si tuviese plena libertad iría a los lugares del cielo donde no va jamás. Se puede decir de él que es como un animal atado, que hace siempre el mismo recorrido, o como una flecha que sólo vuela donde la lanza el arquero, sin que le sea posible moverse por sí misma».

Del mismo modo, el Inca Huayna Capac respondió el Gran Sacerdote que le había reprochado la excesiva insolencia con que había mirado al sol:

«Sólo te haré dos preguntas por toda respuesta: siendo el Rey, ¿alguno de mis súbditos llevaría su temeridad hasta obli-

garme a dejar el trono por su gusto y hacerme emprender un viaje corriendo sin cesar?. Sin duda –le respondió el sacerdote–, tal hombre estaría loco. Y prosiguió el Inca: ¿Habría entre mis vasallos alguno tan rico y tan poderoso que fuera tan osado como para no obedecerme si le ordenase ir en postas hasta Chile?. Me consta que si tú lo ordenas –le respondió el sacerdote– te obedecerán hasta la muerte. Pues si esto es así –continuó el Inca–, el Sol nuestro Padre debe, por tanto, depender de un señor más poderoso que él, quien le ordena correr sin detenerse jamás. Porque si el Sol, nuestro Padre, fuese soberano de cuanto hay en el mundo, descansaría a veces, pero está obligado a obrar de otro modo».

El dios Sol de los Incas se ha visto abandonado por la mayor parte de sus adoradores, pero la hoja de coca debe a sus virtudes ocultas haberlos conservado de siglo en siglo y haber ganado otros nuevos en regiones cuya existencia ni siquiera imaginaban los antiguos peruanos. Es cierto que lo que importa en el terreno religioso no es tanto aquello que impresiona la mirada como lo que sustenta el impulso místico del alma. Lo divino no está ni en el fuego que devora, ni en el huracán que destruye, sino en la fuerza oscura y sutil que, insinuándose en el hombre, lo arrastra irremediablemente más allá de sí mismo.

Este es, en efecto, el principal efecto del consumo de la coca para quienes se entregan a él. La acción que ejerce es más compleja que la de la cocaína, pues la planta contiene además otros alcaloides, cuyas combinaciones en el laboratorio impenetrable de la naturaleza viva escapan a todo análisis.

No obstante, es cierto que también proporciona una plácida anestesia, como lo demuestra la resistencia de los indios a la fatiga y al hambre. No es menos evidente su efecto eufórico, así como su poder alucinatorio. Los testimonios recogidos entre aquéllos que la consumen son prueba de ello. Les provoca una exaltación que les permite olvidar las miserias de la vida. Les inspira también extraordinarias visiones, en palabras de Tschudi, «*tanto indescriptiblemente bellas y atractivas como horribles y espantosas, lo que es más propio de quienes se retiran a las oscuras ruinas de pueblos destruidos o a los cementerios donde están enterrados sus ancestros*»[14].

Un italiano, Mantegazza, que publicó en 1859 una obra *Sobre las propiedades higiénicas y medicinales de la coca*, describe así sus propias experiencias (citado en la obra de Maïer): «*Llevado por las alas formadas por dos hojas de coca, he recorrido 77.348 mundos, unos más magníficos que otros. El buen Dios se ha equivocado arreglando las cosas de modo que el hombre pueda vivir sin masticar coca. Preferiría diez años de vida con coca a dos mil siglos sin ella*».

En fin, lo que para nosotros es de un interés capital, es la actitud del entusiasta de la planta sagrada, o dicho de otro modo, del coquero, frente a los demás hombres. Todos cuantos los han observado coinciden en reconocer la imperiosa necesidad de soledad que experimentan. No pueden soportar ni la conversación, ni siquiera la presencia de sus semejantes. Su orgía ha sido llamada con razón *una orgía solitaria*. Para entregarse con total comodidad, se refugia en la oscuridad del bosque o en las regiones desiertas. Poco le importan las tinieblas de la noche o las tormentas. Permanece inmóvil en el lugar que ha elegido, postrado en la plácida ebriedad que le permite esperar una de esas «*resplandecientes calmas rodeadas por la tempestad*» de las que habla el poeta Paul Valéry.

---

[14] Citado en la obra de Maïer, que también menciona un caso relatado por Poeppig: un masticador de coca le hacía «*magníficas descripciones de las visiones que se le aparecían en el bosque durante la noche y de los nobles sentimientos que éstas le inspiraban*». [Nota del autor]

Cuando un blanco se hace coquero, huye también de su sociedad, vuelve a la vida salvaje y se sumerge en ella hasta el punto de transformarse en un «*verdadero hombre de los bosques*». Si se le lleva a la fuerza entre los suyos, siente «*una nostalgia irremediable del bosque y un odio profundo por la vida ordenada y convencional de la ciudad*». A la primera oportunidad, su pasión volverá a poseerlo y lo arrastrará de nuevo lejos de la sociedad humana.

Este carácter aislante y antisocial de la coca merece ser estudiado. En primer lugar, esto no ha disminuido en nada el papel místico que desempeñó entre la población peruana. Más bien, encontramos aquí una razón más para plantear una pregunta a la que no pensamos responder por el momento, pero cuya importancia no sabríamos cómo subrayar suficientemente. ¿Cómo se explica que, en muchos casos, el punto culminante del estado religioso sea sustraerse a la vida colectiva y encerrarse en un aislamiento absoluto?

¿No es oportuno resaltar la extraordinaria vigencia de este tóxico generador de soledad, precisamente en un país como Perú? En efecto, si hay una región del mundo donde las obligaciones sociales se hayan ejercido con un rigor sin piedad, ha sido en el imperio de los Incas. El régimen que había instaurado su dominio era una especie de socialismo de Estado, que se basaba en el colectivismo agrario. Se ha llegado a definir como «un ensayo de racionalización de la sociedad». Según Baudin, en este sistema político, cuidadosamente regulado hasta los menores detalles y que no toleraba, en principio, ninguna transgresión del plan general, «*los individuos estaban condenados a no ser más que números*».

«*Los indios del pueblo debían tener la misma lengua, el mismo alimento, los mismos vestidos, el mismo modo de vida, la misma religión; sólo algunas insignias diferentes, según las*

provincias o el rango social, rompían esta uniformidad. Era, pa-
ra la masa del pueblo, una verdadera nivelación».

Así, haciendo realidad, hace siglos, los sueños de futuro
de ciertos teóricos modernos que creen innovar algo, el antiguo Imperio de los Incas, fundado sobre la total aniquilación
de cualquier iniciativa original y de toda libertad, redujo a
la humanidad al estatus de los insectos y *«tomó como ejemplo
la colmena o el hormiguero, símbolo del individuo colectivo, cuyas
celdillas serían cada uno de los seres vivos».*
Un régimen así sólo podía conducir a un envilecimiento
general, tanto más irremediable cuanto que no se preveía, y
allanaba fatalmente el camino al pequeño grupo de aventu-
reros sin escrúpulos que, en 1531 y conducido por Francisco
Pizarro, antiguo porquero, se apoderaría de Perú.
Sin embargo, en el seno de la exasperante monotonía de
un despotismo mecánico que ahogaba hasta la menor voluntad de independencia individual, la coca ofrecía a estos seres
esclavizados una especie de escapatoria, la embriaguez, en la
que tenían la ilusión de encontrarse y pertenecerse a sí mismos, y cuando la conquista española sustituyó la opresión
de los Incas por una nueva forma de esclavitud, la coca se
convirtió en el último refugio de una población miserable,
a la que ya nada podía despertar del insuperable entorpecimiento en que había sido sumergida por los métodos políticos y sociales de quienes se llamaban Hijos del Sol.
¿No es significativo que la planta que destila el misterioso
alcaloide, cuyo poder parece separar al hombre de las ataduras colectivas, haya visto extenderse su reino por el mundo
moderno? ¿Será esto lo que llaman su efecto liberador? Es
demasiado cierto que nuestra civilización, que nos doble-
ga cada vez más bajo el implacable dominio de la máquina,
nuestros regímenes políticos, que hacen pesar sobre las élites

la ley fatal de la mayoría, y nuestro materialismo práctico, que da a los valores comerciales preeminencia sobre los valores del corazón y el espíritu, tienden a convertirse en una especie de engranaje monstruoso que la propia humanidad, en su locura, ha fabricado para demoler lo más grande que ha creado a lo largo de la historia; es decir, las personalidades libres y fuertes que consiguió a fuerza de lucha y dolor. Podemos suponer que por una especie de reacción instintiva contra ese peligro hay gente que, para conjurarlo, prueban todo, incluso el veneno.

CAPÍTULO IV

TOXICOMANÍAS Y OTRAS «DIVERSIONES MÍSTICAS» DE NUESTRO TIEMPO

Los barbitúricos. El elemento positivo en la toxicomanía. «Diversiones místicas». Toxicomanía y vida religiosa.

Aunque el consumo del alcohol, el opio y la cocaína esté tan extendido, estas sustancias no bastan para calmar la sed de tóxicos que atormenta a tantos de nuestros contemporáneos. Respondiendo a necesidades cada vez más numerosas y urgentes, adelantándose incluso a los deseos que saben cómo inspirar, mediante una hábil publicidad, la ciencia y la industria no cesan de proporcionar a los amantes de las drogas nuevos medios de satisfacer su pasión, tal y como apunta en su obra el doctor Lewis[15]. Así, encuentran a su disposición todo un surtido de sustancias químicas, entre las que se pueden citar el éter, el cloroformo, ciertos derivados de la morfina, como la codeína, la dionina, la heroína, etc., y los diversos barbitúricos. Estos últimos, conocidos por sus

---

[15] *«Los esfuerzos hechos para restringir el consumo de sustancias narcóticas ecuentran un serio obstáculo en la actividad de algunos fabricantes de productos químicos, que tienen a su servicio todo un estado mayor de médicos e incluso de filólogos. Su literatura de propaganda, renovada sin cesar y a veces incluso redactada en latín y citando a poetas romanos, está hecha, sin duda, para influenciar a los médicos y hacerles recetar nuevos hipnóticos, de los que se afirma sin cesar que no son tóxicos, o que su "no toxicidad es considerable"».* [Nota del autor]

propiedades sedantes y su efecto somnífero, incluso se venden libremente en las farmacias gracias a su supuesta inocuidad[16].

Afortunadamente, los médicos comienzan a centrar su atención en los peligros que representa el consumo indiscriminado de estos hipnóticos. De hecho, podemos agrupar bajo el mismo cuadro clínico las consecuencias de la adicción a los barbitúricos y las resultantes del consumo prolongado del veronal, el gardenal, el somnifene, el dial, etc., pues su composición química y sus efectos son bastante similares.

Ya se trate de estos productos farmacéuticos, erróneamente considerados anodinos, o de otros estupefacientes declarados nocivos, al final son los mismos problemas físicos y mentales, la misma esclavitud y la misma decadencia lo que espera a quienes se abandonan a su control.

Pero si es necesario afirmar que cualquiera de estas diversas toxicomanías conduce a consecuencias igualmente desastrosas, también lo es reconocer que todas tienen, en su origen, un punto de partida idéntico. Desde siempre, y en todas partes, lo que crea un vínculo indisoluble entre la droga y el hombre es que éste encuentra en el sosiego, en el olvido, en el sueño, una satisfacción que corresponde a la fase de excitación provocada por la ingestión de tóxicos y que se designa con el término general de *euforia*. Se trata de un estado de bienestar físico y psíquico, que proporciona al sujeto una sensación de libertad y una exaltación de su personalidad y que le llena al mismo tiempo de paz y de confianza. «*El*

---

[16] En la fecha en la que escribe el autor, la venta de derivados barbitúricos había sido regulada en Inglaterra y Alemania, y respecto a los argumentos a favor de una regulación semejante en Francia nos remite a consultar la obra de Le Guillant, *La toxicomanía barbitúrica* (1930). [Nota del editor]

Somnifene –dirá un enfermo– *aleja mis obsesiones, mis dudas, mi angustia; es mi consuelo»*.

Uno de los pacientes del doctor Pierre Janet, después de haber sido tratado con éter, dijo haber tenido una iluminación espiritual: «*He tenido una impresión terrible y magnífica; quien no ha estado bajo los efectos del éter no sabe lo que es el cielo, no sabe lo que puede ser la vida»*.

Estos momentos de optimismo, que caracterizan todas las intoxicaciones, ¿qué son en realidad sino la experiencia de una evasión y una trascendencia de sí mismo, fruto de la comunión inmediata, con la ayuda de ciertas sustancias, con un mundo misterioso de energías sobrehumanas? Es imposible ignorar el carácter místico de una experiencia como ésta.

Por tanto, podemos afirmar una vez más que la respuesta a la cuestión de las intoxicaciones voluntarias debe buscarse en el terreno religioso. La observación clínica de los toxicómanos no hace sino confirmar, a este respecto, lo que ya nos ha revelado nuestro análisis: en primer lugar, hemos constatado, además de unas curiosas coincidencias en la forma de expresarse, una innegable semejanza entre la ebriedad de los iluminados y la embriaguez de los alcohólicos; luego, la existencia de una verdadera religión del opio; por último, el renacimiento en la adicción a la cocaína de un culto que ya rendían a la planta de la coca los antiguos indios de Perú.

Pero, antes de seguir avanzando, nos gustaría sacar una primera conclusión que concierne a nuestro tiempo, a partir de algunos fenómenos que hemos estudiado hasta aquí. Desde hace algunos años, hay observadores superficiales que defienden que, gracias a la acción combinada del materialismo filosófico y el naturalismo literario, movimientos ambos que supieron explotar en provecho propio las teorías científicas más de moda en el siglo xix, toda propensión al misticismo ha sido desterrada del alma de nuestros contemporáneos.

Algunos han proclamado con gusto que la religión está muerta y apenas le conceden el derecho de sobrevivirse. Sabemos cómo las clases populares, siempre dispuestas a dejarse arrastrar a los extremos, acogieron estas afirmaciones perentorias y cuáles han sido las consecuencias, en particular en la historia de nuestro país. Quizás se recuerden aún las rotundas declaraciones de ciertos escritores y políticos, que relegaban a un pasado abolido para siempre los sueños y las esperanzas con que un mundo ingenuo pudo ilusionarse una vez, pero que acababan de disipar, como si fueran humo, las conquistas de la ciencia y los progresos de la democracia.

¿Ha llegado el momento de celebrar el fin de estas aspiraciones hacia lo invisible y lo eterno, que levantaron las Pirámides sobre las arenas del desierto, que hicieron surgir el Partenón de la roca de la Acrópolis y sembraron de florecientes catedrales el árido territorio de la Europa bárbara?

¿Podemos gloriarnos de haber herido de muerte los viejos entusiasmos que inspiraron a tantos héroes, profetas y sabios y que llevaron a la humanidad más allá de los simples trabajos pragmáticos, hacia el ideal y la belleza, el amor y el sacrificio? Sobre todo, ¿se puede cantar victoria tan pronto? Esta ansia de trascendencia que los hombres han sentido durante milenios y sin la que no hubiesen evolucionado jamás del estado de bestialidad, ¿ha desaparecido en nuestra generación? Incluso admitiendo que tal mutilación del alma sea posible, se debería al menos dudar que, para llegar a ello, bastasen las ambiciones de un partido político o de un movimiento de opinión.

Por otra parte, podríamos preguntarnos si el sentimiento religioso, lejos de desaparecer, no habrá sido simplemente desviado de su objeto primitivo, abocado a buscar su satisfacción en otros lugares.

El análisis de algunos acontecimientos, que ya han tenido lugar en otras ocasiones en el pasado, nos hace suponer que esta necesidad ha podido encontrar una especie de satisfacción alternativa en los progresos técnicos de nuestro tiempo. Del mismo modo que, en el pasado, un arma o un instrumento se podía convertir en objeto de un verdadero culto, gracias a su eficacia, y hacer creer a quienes lo poseían que eran dueños de un poder sobrenatural, hoy, la máquina despierta en el hombre moderno una sensación de poder ilimitado que puede quizás satisfacer su necesidad de mística. Por las posibilidades de acción que le proporciona, por la embriaguez de velocidad en la que lo sumerge, por las prodigiosas energías que pone a su servicio, lo eleva por encima de sí mismo, lo engrandece a sus propios ojos y lo lleva a imaginar que se aproxima a cumplir su destino. Parece que lo conduce hacia un mundo sobrenatural, del que la propia máquina sería como una emanación. De ahí, sin duda, el irresistible atractivo que ejercen sobre los niños esas maravillas de la mecánica que son el automóvil, el avión o los barcos de guerra. De ahí también el auténtico frenesí, casi se podría decir el sagrado entusiasmo, con el que algunos pueblos, que han conocido más tarde estos aspectos de la civilización occidental, tratan de equiparse industrialmente. De ahí, en fin, lo que Victor Boret ha llamado, en el caso de Rusia, *«la mística del plan quinquenal»*[17].

---

[17] *«Por otra parte, se ha creado una especie de mística de la maquinaria agrícola, y especialmente del tractor, que ayuda a mantener el celo de los campesinos por el partido. No se podría imaginar hasta qué punto el tractor ocupa un lugar importante en el pensamiento soviético. Está casi divinizado… Fe ingenua de niños grandes que descubren esta civilización mecanizada, de la que en occidente empezamos ya a estar hastiados».* Víctor Boret, *Un mois en Russie soviétique*, «Le Matin» de 27 de septiembre de 1932. A esta cita me sería fácil añadir otras. Cierto ingeniero, que ha vivido mucho tiempo en Rusia, dice que el fervor con el que se construyen las fábricas recuerda al de los constructores de catedrales, y cierto escritor no vacila en afirmar que *«las máquinas han reemplazado los iconos del Antiguo Régimen».* [Nota del autor]

Quizás podamos relacionar con el mismo origen casi religioso la entusiasta afición por los deportes, y especialmente el fervor singular con el que las masas rodean a los campeones y sus proezas, fervor que resucita, bajo una nueva forma, el antiguo culto hacia los héroes. ¿No tenían los atletas griegos una estatua en las plazas públicas como si fuesen semidioses? Parece que también entonces existía ese concepto de humanidad superior, aquélla a la que ascienden ciertos seres excepcionales y que se convierte en la máxima ambición de quienes no sabrían, o no podrían, someterse al duro adiestramiento del alma y del espíritu.

Sin duda, el hombre siempre puede *engañarse* recurriendo a ciertos procedimientos que, si bien no le sirven para convertirse en parte de esa «*humanidad superior*», al menos tienen el efecto de llevarlo fuera de sí mismo. ¡Cuántas formas de huir, de experimentar la ilusión de que ya no se es uno mismo! Entregarse a la trepidante vida de las grandes ciudades, para aturdirse con el ruido y el movimiento; embeberse en los negocios, en las especulaciones o en el juego; abandonarse febrilmente a ciertos placeres, como la danza; apasionarse con la política, sufrir la fascinación de los programas utópicos y la tiranía colectiva de los partidos hasta perder toda libertad de razonamiento; perderse en las multitudes que deliran de entusiasmo ante un personaje cualquiera convertido en su ídolo, porque ven en él la representación de sus odios y sus pasiones[18]; o, sencillamente, probar todas las formas de vértigo que las diversas atracciones de las ferias proponen a

---

[18] «*En estos tiempos confusos, sobre las ruinas de las viejas religiones reveladas, surgen modernos profetas de religiones nuevas: Lenin, Mussolini, Hitler, ¿y, por qué no, Mustafá Kemal, "el Ghazi"?*» E. F. Gautier, en el prefacio a la obra *Mohamet*, en su traducción francesa de Mohammed Essad Bey (1934). [Nota del autor]

los curiosos: he aquí muchas maneras de proporcionar una fácil distracción al impulso instintivo por el que queremos llegar más allá de nuestras limitaciones individuales.

¿No se ha llegado incluso a decir, muy juiciosamente, que hay mujeres que van a buscar en los grandes almacenes lo que otras encuentran en las iglesias, y que en medio de ese mundo de objetos tornasolados, que despiertan sus deseos y sus sueños, y en esa atmósfera cargada de efluvios que aspiran como si fuese incienso, experimentan una especie de transporte de un carácter extraño y voluptuoso, al que se abandonan sin darse cuenta?[19].

Por último, entre lo que llamaríamos sin problemas *diversiones místicas* de nuestro tiempo, entendiendo la palabra *diversión* desde su sentido etimológico, no podemos olvidar la música. El lugar que ésta ocupa en la vida moderna ha crecido de modo extraordinario y, que yo sepa, no se ha prestado a este hecho toda la atención que merece. No sólo se han multiplicado los conciertos, sino que gracias a los fonógrafos y a los aparatos de radiodifusión, no hay casi nadie que no pueda rodearse a cada instante de ritmos y melodías. ¿Quién

---

[19] Francis Ambrière, autor de *La vie secrète des grands Magasins*, cita al doctor Paul Dubuisson, médico responsable del asilo de Santa Ana: «*He conocido a una mujer que, saliendo apenas de una enfermedad grave, no quiso abstenerse de su peregrinación habitual y murió. No porque tuviera algo que comprar, sino porque le hacía falta la atmósfera del gran almacén y la contemplación de tantas cosas bellas. Ya no era capricho, era necesidad; ya no era por distracción, era un culto. [...] Esta seducción tan imperiosa de la que las mujeres sienten placeres más o menos vivos, que van desde el simple gozo a la exaltación frenética, esta seducción, decía, actúa sobre las más débiles como una droga, devora cuanto pudiese oponerse a su triunfo, sentido de la moral, respeto a la situación social, miedo al peligro... hay en ella un poder anestésico muy similar al de los estupefacientes, y los grandes almacenes —no es éste su aspecto menos curioso— pueden clasificarse entre los paraísos artificiales*». [Nota del autor]

no se ha sentido aturdido, a veces incluso harto, por todos los sonidos que retumban día y noche, y que han puesto fin, hasta en los pueblos más pequeños, a ese silencio del campo del que se presumía en el pasado? No hace falta decir que aquí no queremos juzgar el valor de esta música, tan liberalmente distribuida a los cuatro vientos. Su calidad no importa mucho; lo que nos parece esencial, en cambio, es su efecto psíquico. ¿No es cierto que proporciona a las almas una posibilidad de evasión? ¿No es un hechizo cautivador que las distrae de sí mismas o, al menos, de la existencia en la que corren el riesgo de esvararse? Y si verdaderamente esta es su función, ¿es extraño que acudan a ella para buscar un pasaje hacia algún misterioso más allá?

En una sugestiva comparación entre la música oriental y la occidental, se ha llegado a decir que la primera es esencialmente un «*sistema de encantamientos*», que «*su mecanismo favorito, la repetición, es un proceso mágico*», y que en ella la melodía tiene el efecto de «*sumergirnos en un cierto estado de desprendimiento, de beatitud, muy parecido a la embriaguez*». La segunda, por el contrario, ha conseguido «*subordinar a la melodía todos los demás elementos: ritmo, timbre, armonía, llegando así, de algún modo, a intelectualizarlos y a neutralizar su acción directa e hipnótica*». Del mismo modo, habría una diferencia radical entre la actitud del espectador oriental y la del occidental con respecto a la música. El primero «*se deja invadir por ella*»; mientras, el segundo reacciona y se esfuerza en comprenderla.

Sin embargo, el autor de este paralelismo reconoce que «*la música europea tiene también algo de magia, es decir, elementos (principalmente rítmicos y armónicos) que actúan directamente sobre nuestro sistema nervioso*». Añade que «*el público de nuestros conciertos está formado en su mayor parte no de personas que sólo escuchan, sino de gente cuya actitud es, en el fondo, bastante orien-*

tal; aspiran a ser sometidos, quieren experimentar la música para adentrarse hasta el fondo de sí mismos, para replegarse, para soñar, y la alegría que sienten no difiere en esencia de la que podría proporcionarles el hachís»[20]. Suscribimos de buen grado estas observaciones, limitándonos a destacar que la mayor parte de la gente que escucha lo que se les transmite, o lo que se ha grabado para ellos, por encima de los muros de las salas de conciertos, son en realidad los que sólo aspiran a entregarse a la magia de los ritmos y los sonidos, sin tratar de ir más lejos.

En realidad, la música, cualquiera que sea, ejerce sobre nosotros una incuestionable influencia de orden místico. Es así, en primer lugar, porque es liberadora. Descendiendo al centro de la esencia, a un estado de sentimiento puro, la música *«rompe las ataduras de las limitaciones físicas, de los condicionamientos lógicos y verbales, que la encierran por lo general como en una estrecha red. [...] Libera las potencias afectivas y nos las restituye con todo su dinamismo interno»*.

Al mismo tiempo, la música es una revelación *«de un mundo interior que los acontecimientos cotidianos de la vida nos hacen abandonar»*. Nos descubre innumerables posibilidades en nosotros mismos y, ante este desconocido que hace surgir de nuestras profundidades más recónditas, nos sumerge en una especie de sonambulismo lúcido, en un sueño infinito que soñamos despiertos, un sueño del que todos los elementos han sido tomados de la misteriosa realidad de nuestro subconsciente, pero que sigue siendo sólo un sueño porque no se puede aprisionar en los estrechos límites de la consciencia clara.

Basta con reflexionar acerca de este poder de mantener a las almas en la vaguedad de un sueño sin fin, para explicarse

---

[20] *«En la música, la mayoría de las personas* –dice Igor Strawinsky– *buscan una droga, un dopaje»* Citado por Schloezer, 1932. [Nota del autor]

que tantos busquen en ella un *quietismo musical*, que sustituye al que hubiera podido proporcionarles la contemplación religiosa de las luces celestes.

¿Quiere esto decir que todos estos diferentes medios que han empleado nuestros contemporáneos para satisfacer sus aspiraciones místicas han bastado para eliminar en ellos el tormento de la trascendencia? Para creerlo, haría falta olvidar lo que queda del hombre cuando el espejismo de sus ilusiones se disipa, cuando se encuentra solo frente a sí mismo, cuando sufre, cuando esta bulliciosa multitud de distracciones se ve rota por las preocupaciones, las angustias, las penas. Entonces, queramos o no, la sed de evasión se despierta. La diferencia es que muchas personas, en lugar de apagar esta sed en las fuentes puras de la meditación, de la fe y de la piedad, lo hacen en aguas contaminadas, en los tóxicos y las drogas.

A aquéllos que buscan olvidar su miseria o sus penas, escapar de las estrechas fronteras de la existencia que llevan, huir del vacío interior de su propia personalidad, el alcohol de variados colores, de sabores innumerables, de etiquetas falaces, les prodiga sus éxtasis consoladores. A los que desean liberar su pensamiento de las trabas de la materia y volar por encima de las mediocridades terrenas, en la serenidad de la contemplación beatífica, el opio y la morfina les abren las perspectivas ilimitadas de las visiones y los sueños. A quienes se sienten oprimidos por los condicionamientos sociales y desean parecerse a los ermitaños, a los solitarios, a los monjes encerrados en sus celdas, para recibir libremente, lejos de los hombres, inefables revelaciones, la cocaína aporta a la vez el aislamiento que desean y los placeres de una misteriosa exaltación.

De este modo, se ve aparecer y continuar bajo la forma de las múltiples toxicomanías de la actualidad, y a despecho de las impurezas que la deshonran, una gran corriente de aspiraciones místicas que conserva el espíritu religioso de la humanidad. Y si es cierto que, en los casos de los que nos ocupamos, este espíritu no se manifiesta sino bajo formas morbosas o degeneradas, tampoco podemos dejar de reconocer que conserva siempre suficiente fuerza como para arrastrar a los hombres, por encima de los convencionalismos admitidos y de las costumbres heredadas, y a pesar de los peligros, demasiado evidentes, a los que se exponen conscientemente, en su búsqueda –a cualquier precio–, de experiencias más profundas y personales.

Cerca de uno de los santuarios más venerados de Moscú, los soviéticos han hecho grabar sobre el muro esta inscripción: «*La religión es el opio del pueblo*». ¿No sería más apropiado decir que el opio, la cocaína, el alcohol, etc., ocupan el lugar de la religión para aquéllos que no creen en otra?

Juzguen ahora por las siguientes líneas, escritas por una viajera a su regreso de Rusia (Titayna, *La Caravane des Morts*, 1930): «*Por casualidad –dice– conocí durante una conversación en una tienda a una joven estudiante de Nijni Novgorod, que pasaba sus vacaciones en el sur. Con ella me adentré en el ámbito de la juventud intelectual. No encontré por ninguna parte esa llama de idealismo de la que había oído hablar sino, por el contrario, un completo escepticismo. Todo el misticismo de la raza, rechazado por una incredulidad para la que no están preparados, impulsa a estos chicos de veinte años hacia una especie de exasperación de la perversión... Las mujeres jóvenes, en este ambiente intelectual, llevan, por intelectualismo, una vida de prostitutas: "es necesario conocerlo todo, ¿no?", dicen con orgullo. Buscan su luz en el frenesí de los sentidos, frecuentan los cuartuchos chinos donde encuentran opio, se procuran morfina en secreto y, cuando ya están ebrias de una droga cualquiera, discuten sobre los filósofos y sobre Lenin. Siento por ellas y por sus compañeros una piedad que no comprenderían*».

Cuántas veces he sentido yo esa piedad, tanto por los bebedores de los barrios pobres, en los que cada puerta se abre a una taberna, y donde se buscaría en vano una librería, como por los desgraciados toxicómanos que me confesaban su pasión, o de quienes lo había adivinado a pesar de sus reticencias.

De todos modos, los testimonios que hemos citado y otros que sería fácil añadir, ¿no confirman los hechos que hemos señalado?

Éstos demuestran, primero, que en el terreno religioso no basta con cubrir el suelo de ruinas para suprimir las profundas necesidades que han hecho nacer a la misma religión. Prueban, de igual modo, que si se priva al hombre del alimento espiritual que necesita, éste se dirige fatalmente a buscar productos de sustitución, entre los que destacan los tóxicos. Esta es la principal causa del desgarrador drama que han provocado en tantas existencias quienes se creían autorizados a destruir en las masas las creencias del pasado, sin preocuparse de saber si tenían algo mejor que proponer a cambio. ¿Se dan cuenta de que, lejos de haber conducido a sus semejantes al camino del progreso, en realidad los han hecho retroceder a prácticas que tenían un papel esencial en la vida religiosa de los pueblos primitivos? El hecho de que esos antiguos procedimientos, combatidos y rechazados por el esfuerzo milenario de la espiritualidad cristiana, hayan vuelto a ganar terreno en nuestro mundo moderno, tal vez defina más de lo que se piensa una civilización, la nuestra, que sólo ha tenido en cuenta las conquistas materiales y que, en lugar de enriquecer al mismo tiempo las almas, parece, al contrario, haberse propuesto dejarlas más desesperadamente vacías e insatisfechas que nunca.

SEGUNDA PARTE:

LAS INTOXICACIONES RELIGIOSAS EN LOS PUEBLOS PRIMITIVOS

CAPÍTULO I

LOS VENENOS ENTRE LOS PRIMITIVOS

Venenos de caza y de guerra. Venenos de prueba o de ordalía. Venenos místicos.

A lo largo de los capítulos precedentes, hemos señalado cómo algunos de los tóxicos más de moda en la actualidad ya habían entreabierto a los humanos, desde tiempos inmemoriales, el acceso a ciertos paraísos artificiales. Y es que en este terreno, como en muchos otros, los *civilizados modernos* no han inventado nada, sino que se han limitado a seguir, aun sin saberlo, ejemplos de un pasado extremadamente lejano.

En efecto, por mucho que nos remontemos en la Historia, siempre encontramos que los más diversos pueblos no sólo conocieron distintos tipos de veneno, sino que dieron también pruebas de una singular habilidad al utilizarlos. Será la prehistoria, gracias a los objetos descubiertos en las excavaciones, la primera época de la que tenemos valiosos indicios a este respecto. Una ciencia similar de las sustancias venenosas y un arte muy parecido de emplearlas para múltiples usos se encuentran hoy entre aquéllos que designamos con el término, por otra parte discutible, de *primitivos*. Resulta asombroso que no se haya tenido en mayor consideración este hecho al tratar de su psicología; se habría visto que estos hombres, cuya supuesta inferioridad intelectual se proclama tan alegremente, han adquirido, al menos en relación a esto, un dominio sorprendente.

En el prefacio a la obra de los señores Perrot y Vogt, titulada *Poissons de flèches et poissons d'epreuve*, el Dr. Gley, miembro de la Academia de Medicina y profesor en el *Collège de France*, escribe: «*¿No es curioso constatar que los principales venenos que se utilizan en las flechas son sustancias que paralizan el corazón o anulan el sistema nervioso cerebro-espinal, bien provocando convulsiones violentas o paralizando los centros nerviosos o nervios motores? Un ejemplo de los primeros podría ser la estrofantina; de los segundos, la estricnina y también el curare que, entre otros efectos, paraliza el diafragma y, como consecuencia, la respiración. Así, se puede decir que los venenos más característicos que se usan en las flechas provocan la muerte por la paralización del corazón o de la respiración, o bien por agotamiento del sistema nervioso. Estos ejemplos bastan para mostrar lo hábiles que fueron como fisiólogos, sin saberlo, los desconocidos salvajes que utilizaron por primera vez los extractos de las plantas cuyos principios activos aislaría después la química del siglo XIX*».

Por su parte, Perrot y Vogt alaban «*la ingeniosidad*» y «*la constante voluntad*» del hombre primitivo en su esfuerzo por establecer, entre las plantas venenosas, una selección que correspondiese a los efectos que deseaba obtener. «*Se ha constatado —dicen— que en casi todos los lugares en los que se estableció el uso de venenos en las flechas, éstos tenían como base las plantas más tóxicas de la flora local. En el extremo norte, por ejemplo, las únicas plantas que tienen una acción tóxica son las anémonas y por eso los nativos de estas regiones se sirven de ellas para hacer que sus armas sean más peligrosas. En las regiones predesérticas de los países tropicales, los nativos utilizan, a falta de plantas venenosas, especies xerófilas que, por sus cualidades irritantes, provocan llagas, si no mortales, al menos muy dolorosas, que merman considerablemente las posibilidades de defensa del animal o del enemigo herido, y permiten así capturarlos con mayor facilidad. En otras partes se ha recurrido únicamente a venenos de origen animal o a sustancias en estado de putrefacción. A veces, y es sin duda un hecho muy curioso, se embadurnan las armas con auténticos cultivos naturales de microbios (vibrión séptico, bacilo del tétanos, etc.)».*

Es innegable que estas observaciones de personalidades tan competentes nos plantean ciertos problemas acerca de la mentalidad primitiva. Si bien es cierto que los *salvajes* son incapaces de dar una explicación científica de los efectos del veneno, debe reconocerse que los han descubierto por sí mismos y saben sacarles partido. ¿Cómo lo han conseguido? ¡Cuántas observaciones precisas, cuántas rigurosas deducciones les habrán hecho falta! ¿O quizás se trata de una especie de misterioso instinto que les revela las propiedades nocivas de ciertas sustancias? En ese caso, ¿por qué no evitarlas y huir de ellas, como sería natural, en vez de utilizar estas peligrosas drogas?

Es esta utilización voluntaria la que, por todo aquello que implica, no puede dejar de ser para nosotros un motivo de asombro.

Hay que tener en cuenta que este uso responde a varias intenciones. El primitivo emplea el veneno, en primer lugar, para hacer que sus armas sean más letales. También recurre a él en ceremonias de carácter jurídico-religioso, cuyo fin es discernir la culpabilidad o la inocencia de alguna persona sospechosa de haber cometido un crimen. Por último, no duda en exponerse a peligros que seguro no ignora y toma con gusto los tóxicos más temibles para llegar a sentir la embriaguez del éxtasis.

Así, no por su naturaleza, sino por su uso, los venenos pueden clasificarse en tres grupos: venenos de caza y guerra, venenos de prueba u ordalía y venenos místicos.

Es importante, sin embargo, no olvidar que los diversos resultados que el primitivo espera son en realidad, a sus ojos, las manifestaciones de una sola y única energía que actúa de distinta manera según las circunstancias. El término que mejor expresa esa noción de un poder misterioso, inherente al veneno, es la palabra *mana*, utilizada entre los melanesios para designar una especie de fuerza sagrada en el universo. Esta misma fuerza puede estar dotada de cierta personalidad; se convertirá entonces en un espíritu cuya presencia se demuestra por el efecto que la sustancia produce.

De todo esto se desprende que la actitud del salvaje frente a la fuerza que ha aprendido a desencadenar es siempre en el fondo una actitud religiosa. El tóxico participa en lo sagrado y lo divino y, en algunos casos, es su puerta de acceso. Por tanto, no debe asombrarnos que estas sustancias puedan estar rodeadas, ya desde su origen, de un verdadero culto, ni que ciertos ritos más o menos complicados acompañen su preparación o que ésta se confíe con frecuencia a hombres que se consideran especialmente cualificados para semejante tarea por su carácter o su función en la comunidad.

Sólo nos referiremos brevemente a los venenos de caza y de guerra. Subrayemos en primer lugar que su uso se remonta a los tiempos más remotos. Desde el final del periodo paleolítico, en la época magdaleniense, el hombre tallaba en las puntas de sus jabalinas, flechas y arpones surcos destinados seguramente a albergar sustancias venenosas. Se ha llegado incluso a suponer que una de las causas de la desaparición del reno en la región pirenaica fue la invención de las armas envenenadas.

Por supuesto, la antigüedad clásica también conoció estos artilugios. Lo prueba, de hecho, la propia etimología de la palabra *tóxico*, que deriva del griego *toxon*, utilizada por los antiguos para denominar las puntas de flecha y, por extensión, el veneno que se aplicaba en ellas. A este primero se añade el testimonio de los textos escritos. Es cierto que, desde los cantos homéricos, los autores antiguos censuran de manera unánime el empleo de las flechas envenenadas. Sin embargo, la mitología transmite el recuerdo de un tiempo en el que este uso no se había convertido en objeto de vituperio, puesto que refleja su existencia en el mundo de los héroes y los dioses.

Esto que los griegos, y más tarde los romanos, no vacilaban en reprobar como una villanía y una perfidia era una práctica corriente entre los pueblos bárbaros. Los celtas, los germanos, los dacios y los escitas sabían hacer sus flechas particularmente peligrosas, gracias a las sustancias venenosas con las que las embadurnaban.

Los actuales primitivos superan en este aspecto a los lejanos antepasados de las razas europeas. Es justo añadir que la propia naturaleza se encarga de proporcionar a muchos de ellos agentes destructores de eficacia incomparable, pero no lo es menos reconocer que estos hombres son capaces de escogerlos con un discernimiento capaz de sorprender a cualquiera. Allí donde es posible, los indígenas recurren a plantas (*Strophantus*, *Acokanthera*, *Strychnos*, *Antiaris*, *Aconit*), que encierran alcaloides cuya acción fisiológica es particularmente violenta. Con ellos han elaborado la mayor parte de las flechas envenenadas, que varían según las regiones, pero de los que se puede decir, de modo general, que son venenos cardiacos en África; paralizantes en América; y, en Asia y Oceanía, sofocantes. Entre los más célebres, conviene citar los diversos *ipoh* de Malasia y de la península de Malaca y los *curare* de América del Sur. Estas breves pinceladas son suficientes para mostrar cómo el empirismo de los primitivos los ha llevado muy lejos y que no es tan rudimentario como algunos suponen.

El empleo de sustancias tóxicas en las pruebas rituales u ordalías no es más que un medio, entre muchos otros, de provocar la intervención de un agente sobrenatural, considerado como infalible, para decidir la veracidad de ciertas acusaciones o sospechas. Es evidente que este tipo de costumbres nos introducen en un mundo en el que se mezclan ideas mágicas, religiosas y jurídicas. No nos podemos asombrar de esta extraña amalgama cuando se sabe que la mentalidad primitiva continúa uniendo bajo una misma vaga y confusa idea nociones que en la civilización occidental sólo se han llegado a precisar y disociar a lo largo de mucho tiempo. De hecho, no habría que remontarse mucho en nuestro propio pasado para encontrar esta misma confusión de conceptos. Pero, ¿realmente se ha superado todo esto en la actualidad? Quizás habría razones suficientes para preguntárnoslo.

En cualquier caso, cuando se trata de estas pruebas con veneno a las que nos referimos en este momento, el procedimiento es muy sencillo. Se obliga a los acusados a tomar una peligrosa mezcla especialmente preparada para ellos. Según los efectos que les produzca esta intoxicación forzada, serán declarados culpables o inocentes. De esta manera, será el misterioso poder a cuya acción han sido sometidos el que los habrá juzgado.

Estas prácticas están muy extendidas por el continente africano. Si bien la influencia europea puso fin a los perjuicios del haba de Calabar en la región del delta del Níger, otra sustancia, el *m'boundou* (extraído de un *Strychnos* que los indígenas consideran una planta sagrada), se sigue utilizando en el África ecuatorial donde se recurre a ella, a veces por los motivos más absurdos, para juzgar a unos desgraciados que, si no logran entenderse con el hechicero, son casi fatalmente entregados a la muerte.

En la tribu de los baronga, perteneciente al grupo de los bantúes, el *mondjo* es el que sirve para descubrir a los que conjuran maleficios y a otros muchos criminales. La ordalía por medio del *mondjo* es de rigor después de la muerte de un gran jefe y se hace participar a toda la población. También puede ser decretada en cualquier momento por el jefe de la tribu si lo juzga conveniente.

En Senegal, Guinea y Nigeria, el veneno de pruebas por excelencia es el *teli*, o *tali*, «*el agua roja*», preparada con la corteza de un árbol (*Erythrophleum guineense*) del que, según varios autores, se saca también un veneno de guerra. Esta corteza contiene un alcaloide que se ha conseguido aislar y al que se ha dado el nombre de eritrofleína. Es un agente cardiaco extremadamente poderoso, que provoca la parada del corazón en sístole.

El tali no sólo está destinado a demostrar la culpabilidad o la inocencia de ciertos individuos a quienes se acusa de haber echado un maleficio a sus vecinos; puede servir también para probar las capacidades de quienes se atribuyen poderes mágicos o para poner de manifiesto los méritos de los candidatos a una sucesión real. En este caso, los distintos aspirantes se ofrecen a beber *el agua roja*.

Este veneno también se emplea, por último, entre los balantes de Casamance, para ordalías generales cuyo fin es expulsar de la comunidad a los hechiceros malvados que se han revestido de forma humana para perjudicar a los habitantes del país. La mayor parte de la población se somete voluntariamente a estas extrañas ceremonias y no se resigna a aceptar su prohibición. Presentamos a continuación, sacados de apuntes tomados sobre el terreno, algunas referencias sobre estas grandes pruebas colectivas.

«*El tali* –dice Boyé– *está preparado con una infusión de corteza de árbol; se añaden a ella sapos, lagartos, serpientes trituradas y reducidas a una pasta blanda y, también, carne humana: a lo largo del año anterior se han recogido los corazones de individuos que murieron envenenados, que se secan al sol y se* conservan para la prueba del año siguiente; entonces se reducen a polvo y se mezclan con los otros elementos...

«El día de la prueba del tali es un día de fiesta; ningún balante querría ausentarse: quien tratase de escapar sería desterrado por los suyos, debería abandonar el país, sus bienes serían confiscados y él se convertiría en objeto de vituperio público. Por esta razón, ¡qué pocas familias no responden a la llamada! Jóvenes, mujeres con niños de pecho, hombres, ancianos, todos parten cargados de regalos que deben ofrecer a la persona que distribuye el veneno. Todos deben beber el tali; hay indígenas que ya lo han tomado cinco o seis veces, niños de diez años que llegan con sus padres, alegres como ellos, y que van danzando a desafiar a la muerte. Por otra parte, todos tienen la convicción de ser buenos balantes, de no tener ninguna relación con los brujos, y de que saldrán indemnes de la prueba. Además, los que resisten adquieren un enorme prestigio entre los suyos.

«La siguiente historia dará una idea del entusiasmo con el que los indígenas se someten a esta prueba: una joven balante había dejado su pueblo hacía varios años para servir en casa de un blanco. Supo que su familia se preparaba para la prueba del tali y pidió permiso a sus dueños para ir a participar. Naturalmente, se lo negaron. A pesar de la estrecha vigilancia, consiguió escapar, haciendo un agujero en el tejado de paja de su choza, y se fue con los suyos para beber el veneno junto a ellos.

«Para poder beber el tali hay que pagar un tributo a quien lo prepara. Nunca es un balante quien se encarga de esto. Normalmente es un hechicero de raza diola, elegido por un jefe de la misma raza, quien lo prepara y lo distribuye. Los regalos ofrecidos como precio del tali se dividen en tres partes: una para el hechicero, otra para el jefe del pueblo diola que sirve de intermediario y la tercera para el jefe de un pueblo cualquiera de otra raza distinta a los balantes (mandinga o diola), que permanece ajeno a todo el ritual. No hemos conseguido que nos explicaran los motivos de esta costumbre tan extraña, que hace que este individuo, que no ha realizado ninguna gestión y que permanece al margen de todo el proceso, se pueda aprovechar de los regalos. El valor medio del tributo a pagar por cada individuo para recibir la dosis de tali es de unos 2,50 francos de nuestra moneda y hasta los más pobres hacen todo lo posible por conseguirlo. Unos van a mendigar a los pueblos vecinos, otros van a trabajar para los traficantes o para los blancos y vuelven cuando consiguen la suma necesaria, etc. Lo más frecuente es que esta suma no se pague en dinero, sino que la mayor parte de la gente lleva arroz, telas de seda, pampanillas; algunos incluso se ponen de acuerdo para comprar una cabra. Los más ricos, o aquéllos que tienen una familia muy numerosa, ofrecen un buey.

«El día de la prueba del tali está precedido por grandes fiestas; los tambores resuenan hasta el último momento. La mayor parte ya ha preparado las cabras, bueyes y cerdos que degollarán para festejar su triunfo.

«La ceremonia tiene lugar en la sabana, en un claro alejado del pueblo, a primera hora de la mañana. Los balantes llegan cantando, se ponen en círculo en torno al hechicero diola que distribuye el veneno y depositan ante él sus ofrendas. El hechicero se ha vestido con sus pampanillas más ricas y está cubierto de gris-gris (amuletos) y collares de cobre. El veneno, contenido en una gran calabaza colocada delante de él, se va distribuyendo a todos sucesivamente.

«A medida que bebe el tali, cada balante se va corriendo a la selva y se sienta al pie de un árbol. Algunos tienen náuseas *y vómitos, y devuelven el líquido tóxico; éstos están salvados. Los demás mueren en algunas horas, parece que sin convulsiones. Los muertos se convierten en objeto de odio público y son acusados de todas las desgracias que han podido abatirse sobre el pueblo. El marido que ha perdido a su mujer, el padre que ha perdido a sus hijos, los insultan con rabia, los despojan de la ropa y los arrojan a la selva, abandonados sin sepultura a las hienas y a los buitres. Los supervivientes regresan a sus poblados cantando. Se dan grandes fiestas, comienzan a sonar de nuevo los tambores, se degüellan animales, se colma de regalos al hechicero, y todos, pobres y ricos, celebran con festines la partida de los brujos, convencidos de que es el fin de las desgracias que caían sobre el pueblo, y de que todos los muertos, hasta hace algunas horas sus amigos y parientes, no eran más que brujos venidos bajo esa forma para destruirlos y devorarlos.*

«Aproximadamente una cuarta parte de la población sucumbía en el transcurso de estas gigantescas ordalías».

Aunque estas prácticas han sido categóricamente prohibidas por las autoridades francesas, todavía persisten. El 4 de marzo de 1912, el señor Maclaud, administrador superior de Casamance, escribía a Perrot y a Vogt: *«El tali ha matado a 1.500 balantes en 1911, y a cerca de 2.000 en 1912».*

Se queda uno confuso ante semejantes hecatombes. ¿Cómo es posible que no sólo se sufran, sino que sean ardientemente deseadas por quienes corren el riesgo de ser sus primeras víctimas? ¡Qué misterio, esta gozosa marcha hacia la muerte! ¿Pero no es también un impulsivo viaje hacia una vida superior, una búsqueda de trascendencia a cualquier precio?

Hemos creído importante insistir sobre estas extrañas prácticas porque son un asombroso ejemplo del poder que la colectividad, en los pueblos primitivos, ejerce sobre cada uno de sus miembros. En ellos, como en otras comunidades, el grupo les impone acciones que no pueden evitar aunque esté en juego su vida. Parece que en el momento de estas grandes pruebas, los indígenas son presa de un empuje ineludible, cuyo origen sólo puede buscarse en una especie de alma colectiva que, vaga y difusa en tiempos normales, se condensa de repente y se revela bastante poderosa para reprimir, en aquellos de los que toma posesión, las reacciones instintivas más elementales. Además, es indudable que, hasta en estas costumbres bárbaras, el único fin de la intervención de esta fuerza colectiva es llevar a cabo una selección que, si bien elimina sin piedad a algunos miembros de la sociedad, sin duda tiene el poder de engrandecer a los demás, al darles la prueba de su resistencia y hacer brotar en ellos un sentimiento más nítido de su propio valor[21]. Así, aunque la presión social se acentúa hasta el punto de que parece aniquilar al individuo, en realidad tiende a hacerlo sobresalir de la masa al darle una ocasión de reafirmarse.

Esto es lo que caracteriza, en principio al menos, a las sociedades humanas, y lo que las distingue radicalmente de los animales, donde nada cuenta más que el conjunto. Notemos sin embargo que entre los primitivos, como entre los civilizados, la sociedad está siempre expuesta a dejarse arrastrar hacia una verdadera degeneración y que ésta se manifiesta por un retorno a la animalidad. El grupo pierde entonces su

---

[21] *«La biología va mostrando cómo es aún más profundo que el instinto de conservación el instinto de superación y predominio»* José Ortega y Gasset: *Essais espagnols* [Nota del autor] [En español se pueden encontrar actualmente los ensayos de Ortega y Gasset en el compendio El espectador, Espasa Calpe, 1996. Este fragmento corresponde a un ensayo escrito en 1921 titulado «Meditación del marco». [Nota del editor]

misión verdaderamente humana, que es crear una selección de los miembros más aptos, y, convirtiéndose en su propia finalidad, se repliega sobre sí mismo y se impide de esta manera toda posibilidad de desarrollo.

Otro veneno de ordalía, el *tanguin*, ha sido empleado en Madagascar hasta mediados del siglo xix. Era administrado no sólo a los acusados de brujería, de conspiración o hasta de un simple robo, sino incluso, cuando la autoridad real lo juzgaba oportuno, a toda una clase de la población. Se puede calcular que costaba la vida a unas 3.000 personas cada año. En algunas circunstancias excepcionales, esta cifra ha sido ampliamente superada. El tanguin proviene de los granos de una apocinácea (*Tanghinia venifera*), que contienen un violento veneno, aislado en nuestros laboratorios y llamado tanginina.

Allí donde los científicos han descubierto un principio químico, los malgaches de antaño veían un poderoso espíritu que «escrutaba» el corazón de aquellos en quienes se había introducido. Le daban el nombre de Rainimanamango. Cada vez que acudían a él le dirigían una larga plegaria ritual. He aquí un pasaje:

> *«Aunque no tengas oídos,*
> *¡Oyes!*
> *Aunque no tengas boca,*
> *¡Respondes!*
> *¡Escucha, pues! ¡Escucha!*
> *Y permanece atento,*
> *¡Oh, Rainimanamango!...»*

Es interesante destacar que el veneno de prueba se convirtió en Madagascar en una especie de divinidad para la que ha sido creada una verdadera liturgia.

Los malgaches terminaron por considerar la acción del tanguin como señal de la intervención de un ser sobrenatural, que poseía a los hombres y manifestaba en ellos su presencia, matándolos o salvándolos. Veremos cómo se produce la misma evolución en algunos venenos místicos y en ciertas bebidas embriagantes: primero, una energía impersonal, un fluido misterioso que penetra en el organismo y circula por las venas; después un espíritu, un dios..., es más, el dios por excelencia, con quien los fieles entran en comunión y que, apoderándose de ellos, los lleva irremisiblemente fuera de sí mismos.

Este es el papel que van a desempeñar las sustancias tóxicas de las que hablaremos ahora y que, en lugar de utilizarse para la caza, la guerra o las ordalías, se destinan a provocar en quienes las toman estados físicos y psíquicos de carácter anormal. Nos adentramos en un amplio terreno, donde se agrupan todas las potencias mediadoras entre el mundo natural y el sobrenatural. Pertenecen al primero, puesto que se encuentran en los bosques, las estepas y las sabanas, y algunas de ellas son cultivadas los hombres. Pero participan igualmente del segundo, gracias a las virtudes de las que están dotadas y el irresistible poder que pueden ejercer.

Como algunos de estos venenos místicos serán más adelante objeto de capítulos específicos, nos limitaremos ahora a mencionar dos que no volveremos a nombrar: el *pituri* y la *amanita de las moscas*.

Pituri o *pitcheri* son los nombres que los primitivos australianos dan a una planta de la familia de las solanáceas (*Duboisia Hopwoodi*), que crece sobre todo en la parte central de Queensland[22]. Los indígenas recogen las hojas en la época

---

[22] También se le da el nombre de *pichery, petgery* o *bedgery,* según la obra de L. Lewin [Nota del autor]

de la floración y las secan. Las guardan inmediatamente en sacos tejidos con cuerda de pelo, especialmente fabricados para este uso, y las llevan hasta lugares muy lejanos, donde luego las cambian por escudos, bumeranes, azagayas u otros objetos.

En el pasado, los Dieri se procuraban el pituri organizando cada año una expedición armada que iba a buscarlo a 250 kilómetros hacia el norte. Actualmente consiguen la preciosa planta también en regiones lejanas, pero a través de intercambios comerciales. Lo mismo sucede en las tribus vecinas de los Arunta (donde lo llaman *unkulpa*) y los Urabunna.

La manera más común de tomar el pituri es mascándolo. Para ello los indígenas humedecen las hojas, las mezclan con ceniza de acacia y hacen con todo ello una bolita que mastican concienzudamente[23]. Después, se pegan la masa tras la oreja o en la nariz, a menos que se la traguen o la pasen a algún compañero; puede pasar de boca en boca hasta que le hayan sacado todo su jugo.

Las propiedades tóxicas del pituri son bien conocidas por los australianos, que lo utilizan igualmente como veneno para cazar el emú. Hacen macerar las hojas en charcas de agua estancada, donde bebe este pájaro, que queda drogado inmediatamente; según palabras de un indígena *«está borracho como un hombre blanco»*. En estas condiciones matarlo es como un juego.

La acción del pituri se debe a un alcaloide, la escopolamina, que se encuentra en el beleño, el estramonio, etc. *«A pequeñas dosis la escopolamina provoca alucinaciones, ilusiones... y*

---

[23] A propósito de esta costumbre de añadir una ceniza alcalina al pituri, Lewin observa lo siguiente: *«Muchos pueblos han descubierto por instinto el medio más apropiado de liberar los elementos activos de la planta y hacerlos entrar en el organismo»* [Nota del autor]

también ese estado de limitación de la consciencia que le parece tan
agradable y tan especial al que lo toma, que se siente transportado
más allá del tiempo y del espacio».

Resulta muy instructivo este primer ejemplo del empleo
de un veneno místico por una raza que se considera, con
razón, una de las más primitivas. Los australianos fabrican
todavía instrumentos de piedra tallada o pulimentada, sólo
han domesticado un animal, el perro, desconocen el arco y
se atienen únicamente a la jabalina, y no tienen alfarería. Su
civilización es extremadamente rudimentaria, pero han sido
capaces de descubrir una sustancia tóxica de gran perfección,
de la que se saben servir para entrar en un estado de embriaguez extática, análogo al que les producen las ceremonias
religiosas colectivas, o a los que consiguen sus hechiceros
gracias a las privaciones que se imponen y a sus prácticas de
autohipnotismo.

Es asombroso que semejante hecho no haya llamado más
la atención de los etnólogos, cuando ocupa en la vida de algunas tribus un lugar tan importante que preocupa incluso
a los granjeros europeos, que ven desertar periódicamente
a su personal indígena para entregarse al consumo y a los
encantos del pituri. En cuanto al verdadero papel que está
llamado a desempeñar, es fácil explicarlo recurriendo a ciertos términos de comparación.

Volveremos a tratar sobre el empleo religioso de algunas
solanáceas, pero mientras tanto es importante resaltar que el
beleño, que contiene el mismo alcaloide que el pituri, se ha
considerado desde la más lejana antigüedad como uno de
los principales agentes de la inspiración mágica y religiosa.
De aquí los nombres de *pythonion* y de *apollinaris* que le dieron, aludiendo sin duda al uso que se le daba para provocar
crisis de delirio profético. El beleño negro (*Hiosciamus niger*)
formaba parte también de la composición de ungüentos y

filtros de brujas en la Edad Media. Todavía hoy, en ciertas regiones de Asia, especialmente en la península del Sinaí, se buscan estados alucinógenos en otra especie de beleño, el beleño blanco (*Hyosciamus albus*), llamado por los árabes *el embriagador*.

Estos hechos bastan para mostrar de qué naturaleza es el papel que desempeña el pituri entre los indígenas australianos. La embriaguez que les proporciona está para ellos impregnada, con toda seguridad, de un carácter sobrenatural. Sería un error atribuir los estados de exaltación religiosa que conocen estos primitivos únicamente a la influencia que el grupo ejerce sobre sus miembros. Si bien sufren inconscientemente los efectos de la ebriedad colectiva que se desencadena en los momentos en que se reúne la población, se sirven también, con conocimiento de causa y para llegar a idénticos fines, de otros procedimientos no menos eficaces. Resulta que su mística es más compleja de lo que podríamos suponer. La periódica constricción de la vida social no es ni el único origen ni la única explicación. Entre este caso, como en los de otros salvajes, la acción directa de ciertos tóxicos sobre los individuos se revela como un factor esencial que es imposible no tener en cuenta.

A esta misma conclusión nos conduce también el estudio de un segundo veneno místico, la amanita de las moscas o falsa oronja. Vale la pena citar aquí las siguientes observaciones del farmacólogo L. Lewin:

«El deseo exacerbado que, consciente o inconscientemente, lleva a los hombres a huir de la monotonía de las actividades impuestas por la vida cotidiana, a dejar que el alma sienta su propia vida interior, aunque sea durante breves instantes, les ha hecho descubrir por instinto las más extrañas sustancias. Las han descubierto incluso allí donde la naturaleza es extremada-

mente avara y donde lo que ofrece parece muy lejos de poseer las propiedades que permiten a los hombres satisfacer este deseo. En el nordeste de Asia, en la región de Siberia, recorrida por los ríos Obi, Yeniséi y Lena y limitada al norte por el mar de hielo siberiano y al este por el mar de Bering, los samoyedos, los ostiakos, los tunguses, los yakutos, los yukaghires, los tchouktches, los koriakos, los habitantes de Kamchatka, etc., descubrieron en alguna época lejana el agaricus (amanita muscarius), el muchamor de los rusos, la falsa oronja ordinaria, con propiedades que les proporcionan horas de un estado que, para ellos, es la felicidad. Aquí es conocido por todo el mundo como champiñón venenoso».

Las diversas poblaciones que acabamos de nombrar han sido designadas por algunos autores (como se puede leer en la obra de Paul Descamps) con el significativo nombre de paleoasiáticos. Se les ha comparado con los pueblos del segundo periodo paleolítico o con los de principios de la edad neolítica, al igual que se parangona a los australianos con los hombres del paleolítico antiguo[24]. Es interesante constatar que también estos pueblos utilizan las propiedades tóxicas de una planta para llegar a estados de éxtasis. Este champiñón cuyas propiedades han sabido descubrir, ¿no se puede comparar al *«champiñón de la vida»* que mencionan las prácticas taoístas de las que hemos hablado anteriormente?

---

[24] Las esculturas que decoran la fachada del instituto de Paleontología humana de París, que quieren dar al visitante una idea de lo que podían haber sido los hombres del paleolítico antiguo, no son más que simples reproducciones hechas a partir de fotografías hechas en Australia. Es asombroso que ninguna indicación de las fuentes de estas obras prevenga al público de que no se trata de reconstrucciones problemáticas, sino de copias a partir de documentos gráficos conseguidos de una raza actual en un país determinado [Nota del autor]

Lewin clasifica la amanita de las moscas entre las sustancias alucinógenas a las que da el nombre de *Phantastica*, cuyos efectos son análogos a las «*percepciones interiores de origen subjetivo*» que se encuentran entre los visionarios y los místicos. Estas sustancias, dice, «*influyen en todos los sentidos a causa de su energía química, pero afectan especialmente a la visión y al oído, así como a la sensibilidad general. Su estudio promete llegar a ser un día particularmente fructífero para el conocimiento de los estados llamados psíquicos*».

No podemos asombrarnos del extraordinario papel que algunas de ellas han desempeñado en la vida religiosa de la humanidad, debido al poder que tienen de «*provocar ilusiones sensoriales bajo todas sus formas, hacer brotar en el espíritu humano, como por arte de magia, apariciones brillantes, seductoras, perpetuamente cambiantes, que procuran un arrobamiento renovado sin cesar y frente al cual las percepciones del estado consciente no son más que pálidas sombras; permiten escuchar sonidos cuyas armoniosas vibraciones sobrepasan todo cuanto el individuo haya escuchado nunca; hacen aparecer ante los ojos, como si fueran realidades, fantasmas que, deseados sin cesar y jamás alcanzados, se ofrecen como un presente de los dioses*».

Estas son las virtudes con las que la falsa oronja ha conquistado el poder que aún ejerce sobre los paleoasiáticos, y que se extendería sin duda en el pasado a otros pueblos nórdicos hasta Escandinavia e, incluso, Islandia. Ya se tome seca o se beba su extracto, proporciona una embriaguez que se traduce primero en temblores, aturdimiento y un sentimiento general de bienestar. A continuación vienen las alucinaciones de la vista y el oído, acompañadas de movimientos desordenados y de una exaltación cada vez más violenta, que llega a veces a desembocar en una locura furiosa. Aquél que cae preso de la amanita ve los más pequeños objetos desmesuradamente grandes, como lo atestiguan sus actitudes y sus gestos. Escucha también voces misteriosas que le dan las órdenes más absurdas. Por último, cae en un sueño repleto de sueños fantásticos. Esta intoxicación tiene la apariencia de una verdadera posesión. Sumerge a los indígenas siberianos en un estado semejante al de sus chamanes. Éstos, a su vez, acuden a la falsa oronja para provocar en sí mismos los trances extáticos que les dan acceso al mundo de los espíritus.

Se entiende así que los paleoasiáticos traten de conseguir esta preciosa mercancía y que sea objeto de un continuo tráfico entre las regiones donde abunda y aquéllas en las que escasea. Como curiosidad, los paleoasiáticos han descubierto que el principio activo del champiñón pasa a la orina, de modo que la conservan cuidadosamente para beberla ellos mismos, y así volver a embriagarse con facilidad, o para ofrecerla generosamente a quienes tienen el deseo de probarla.

En realidad, ya se trate de la amanita de las moscas o del pituri, llegamos a conclusiones idénticas. Los esfuerzos realizados por encontrar estos tóxicos, los intercambios a los que dan lugar, los procedimientos técnicos que acompañan su preparación, su consumo, los efectos que se esperan de ello, prueban que incluso en las civilizaciones más rudimentarias los hombres tienen aspiraciones que desbordan las exigencias de la vida material y que la vida colectiva, por intensa que sea, no puede satisfacer. Estas aspiraciones se manifiestan en una sed de evasión y de superación que no es más que una forma elemental de la necesidad de mística. La fuerza de esta necesidad está atestiguada por sus grandes exigencias. Poco importa, en definitiva, el medio para tratar de satisfacerla; lo que cuenta es lo deliberado del recurso a estos medios, por extraños que nos parezcan, por misterioso que sea para nosotros su descubrimiento, por inexplicable que sea su acción sobre el organismo desde múltiples puntos de vista. Lo que es especialmente importante es la intención que se afirma en estas intoxicaciones voluntarias y el fin que se pretende alcanzar recurriendo a ellas. Más allá de una existencia que se prolongaría mediocre y monótona, el hombre, a riesgo de terminar con esa misma existencia, busca con pasión aquello que pueda hacer penetrar en él una verdad superior y conducirlo hacia una especie de sobrehumanidad.

CAPÍTULO II

EL KAVA

Propiedades y área de extensión del kava. El kava y las sociedades secretas melanesias. El papel religioso del kava.

Después de haber citado, a título de ejemplo, dos de los venenos que los primitivos actuales utilizan para llegar a la embriaguez extática, nos detendremos ahora en un brebaje tóxico que está estrechamente asociado a las instituciones religiosas de ciertos pueblos de Oceanía.

Este brebaje es el *kava*, que se extrae de las raíces de la pimienta embriagante (*Piper methysticum*). Éstas contienen una materia resinosa que Lewin pudo descomponer en dos elementos, que son, según él, los únicos principios activos de la planta. Uno de ellos, en concreto, «*posee, como la cocaína, la propiedad de insensibilizar las mucosas*». Su acción combinada es en un primer momento anestésica y luego estimulante. Pero cuando se aumenta la dosis, los efectos se parecen a los del alcohol o, aún más, a los del opio. «*Los músculos parecen escapar a las órdenes y al control de la voluntad; el paso se hace lento e inseguro*». Aunque los sentidos puedan seguir percibiendo los objetos exteriores, éstos ya no provocan en el sujeto reacciones conscientes. El bebedor pronto se hunde en una «*torpe somnolencia de sueños inconexos, y a veces también de visiones eróticas*».

Termina por dormirse con un sueño profundo, del que no se puede despertar con facilidad. Hay que añadir que el consumo habitual del kava provoca una auténtica toxicomanía, que desemboca en la degradación física e intelectual de aquellos que se vuelven esclavos de sus efectos.

El consumo del kava se extiende por todas las tierras diseminadas en la zona intertropical del océano Pacífico. Está generalizado en Polinesia o, al menos, lo ha estado hasta el momento en que, en algunas regiones, el alcohol, primero importado por los blancos y luego fabricado por los propios indígenas, ha ocupado su lugar. Así, por ejemplo, podría decirse que en Tahití el polvo embriagante, que se cultivaba ya en la época de los viajes de Cook, casi ha desaparecido. También retrocede en las islas Hawai frente a las bebidas alcohólicas, aunque aquí el cultivo de la planta ha podido mantenerse. Y es aún muy intenso en Samoa, desde donde estas raíces de *pimienta embriagante* se exportan en gran cantidad. En suma, de un extremo a otro de Polinesia, desde el archipiélago de las Marquesas, al este, hasta las islas Tonga, al oeste, el kava ha tenido, y desempeña todavía, un papel de primer orden. Se encuentra también, por otra parte, en Micronesia y sobre todo en las islas Carolinas.

Los indígenas de Nueva Guinea y los de las islas orientales y meridionales de Melanesia, a excepción de los de Nueva Calcedonia[25], conocen también el kava. En estas poblaciones, además, ha conservado su carácter sagrado más que en cual-

---

[25] Aunque los Canacas no usan el kava, que crece también en Nueva Calcedonia, no ignoran sin embargo la acción que ciertas plantas pueden ejercer sobre el estado físico y psíquico del hombre. En la obra de Maurice Leenhardt podemos leer: «*Numerosas cortezas que contienen alcaloides se conservan en cestos sagrados o, para transportarlas, en cestos minúsculos. Una de ellas sabe a pimienta y se considera que estimula el organismo. Su empleo se generalizó durante la Gran Guerra. Los tiradores en el frente se la hacían enviar y la mascaban en las horas difíciles*». [Nota del autor]

quier otra parte. Es incluso uno de los elementos esenciales de sus prácticas religiosas. Este aspecto es tan importante para nosotros que es indispensable que nos detengamos sobre ello.

Se sabe que entre los melanesios existen sociedades de una naturaleza muy particular, que comportan varios grados de iniciación y, en principio, dos grandes grupos. El primero se asienta en el poblado, en una construcción especial; el segundo, que no es más que la prolongación del anterior, y donde sólo se admite a los iniciados de rango superior, se reúne en el bosque y realiza allí rituales misteriosos, acompañados de danzas y mascaradas. Estas manifestaciones están destinadas en gran medida a inspirar en los profanos un temor respetuoso; de ahí, sin duda, la extraña puesta en escena de la que se rodean. Se considera que aquellos que se reúnen de esta manera, lejos de toda aglomeración, tienen relaciones especiales con los muertos; que encarnan los espíritus de los difuntos; que son, en definitiva, auténticos fantasmas o aparecidos.

Se ha aventurado que estas sociedades habrían sido formadas, en su origen, por pequeños grupos de inmigrantes que buscaban de este modo conservar su cohesión y su culto y que, para protegerse de las intrusiones de los aborígenes y evitar sus saqueos, se habrían servido de estos medios para asustarlos. Con el tiempo, naturalmente, estos *extranjeros* se habrían mezclado con la población autóctona, pero la entrada de éstos últimos en sus sociedades seguiría subordinada a ciertos ritos de iniciación y a una previa preparación en los rangos inferiores. En cuanto a la identificación de estos foráneos con los muertos, se explicaría al mismo tiempo por sus propias ideas religiosas y por la impresión que debió causar su llegada repentina sobre las poblaciones en las que desembarcaron. Se los consideró como venidos de otro mundo. ¿De dónde llegaban en realidad? Probablemente de Polinesia y, sin duda, traían consigo el uso del kava.

En cualquier caso, nunca insistiremos demasiado acerca del importante lugar que ocupó entre estos curiosos grupos, de los que acabamos de esbozar la organización y, probablemente, la génesis. Será suficiente, para mostrar el papel que este extraño brebaje extraído de la *pimienta embriagante* desempeñó entre los melanesios, citar aquí algunos hechos.

En las islas Banks, estas sociedades son denominadas *sukwe*, y se subdividen en sukwe del poblado y sukwe de la selva o *tamate*. Vale la pena señalar que la palabra *tamate* designa en su lengua los espíritus de los muertos. El grupo tamate, que se recluta entre los rangos superiores del sukwe, está formado, por tanto, por espíritus reencarnados. El sukwé del poblado se reúne para sus asambleas en el interior del *Gamal*. Éste está dividido en diversos compartimentos que corresponden a las diferentes categorías de los iniciados. El sukwe de la selva o tamate se reúne en un lugar sagrado situado en pleno bosque y se llama *salagoro*.

Ahora bien, el consumo ritual del kava, sea en el gamal o en el salagoro, constituye una de las principales actividades de la vida del sukwe. Veamos cuál es el procedimiento. Uno de los iniciados de mayor rango se sienta con las piernas cruzadas y los pies bajo las rodillas, se lava las manos y las golpea una contra otra, como señal para la salida de los profanos; después de esto, coge un trozo de raíz de pimienta embriagante y empieza a masticarlo, mezclándolo de vez en cuando con un poco de agua. Al cabo de un rato se la saca de la boca, la amasa en forma de bola y exprime el jugo en la primera de las cuatro copas especialmente consagradas a la preparación del kava. Después añade agua tomada de la segunda copa, el líquido obtenido pasa luego a la tercera y, al fin, tras varios trasvases, se vierte el brebaje en la última de estas copas para que lo beba el hombre más anciano del grupo. Las mismas operaciones se repiten para cada uno de los participantes. Al final, toda la masa masticada se coloca bajo el techo de paja del Gamal con otras masas similares de anteriores rituales y allí permanecerá mientras subsista el Gamal.

El acto de beber el kava, precedido de todas estas operaciones, se cumple igualmente a la manera de rito. Se acompaña de la recitación de una fórmula misteriosa, llamada *Tataro*, cuyo sentido es oscuro, una especie de oración dirigida, según parece, al espíritu de algún antepasado. La copa se ofrece y se recibe con la mano derecha. Los labios no deben tocar los bordes al beber, deben sumergirse directamente en el líquido. Un iniciado superior bebe los posos depositados en los recipientes. Éstos no deben dejarse en el suelo después de usarse, sino que deben quedar suspendidos en el aire.

Beber kava se designa en las islas Banks con la palabra *woana*. Esta ceremonia, de un carácter tan marcadamente religioso, se celebra cada vez que sucede algo importante en el sukwe y, por supuesto, sólo los hombres son admitidos.

En las islas Torres tienen lugar ceremonias similares en el Gamal de hukwa, que corresponde exactamente al sukwe de las islas Banks. Los miembros de la sociedad se colocan, según su grado, en las diferentes secciones del Gamal. Se les distribuyen raíces de pimienta embriagante y cada uno raspa la suya con una concha especial, recitando la fórmula ritual. Inmediatamente, cada uno procede a masticar su parte, de la que extraen un brebaje que pasa sucesivamente por tres tazas que reposan, no en el suelo, sino en rodajas de nuez de coco. Cuando terminan la preparación, alzan su copa y evocan en voz alta el alma de un muerto conocido por su riqueza y poder, o bien a los espíritus de los muertos en general. En este último caso dicen: «*Aquí hay bebida para vo-*

sotros, espíritus de los muertos, ¡cuidad de mí!»; después beben el kava de un trago, pronunciando la palabra «*tut*», y dicen: «*Que las cosas malas se alejen de mí*».

En las islas Torres, el kava está presente en todos los acontecimientos que marcan la vida, tanto individual como colectiva. Así, todo hombre debe beber en el nacimiento de su hijo, y en esta ocasión, ruega a uno de sus antepasados que asista a su mujer. Volverá a beberlo cuando el niño cumpla su centésimo día y, en general, cada vez que él mismo vaya a realizar cualquier acto importante. Cuando alguien fallece y el cadáver es depositado en el umbral del Gamal, todos los hombres presentes beben kava. Lo hacen de nuevo el quinto día después de la muerte de ese hombre y una vez más el décimo, cuando separan la cabeza de su cuerpo. Entonces alzan sus copas en un solo movimiento y, mientras arrojan al suelo la hez, dicen todos juntos: «*Llévate lejos lo que ha hecho morir a este hombre*». Después de haber bebido, escupen las últimas gotas del líquido, devuelven al cadáver la cabeza y le hacen una ofrenda de kava.

A estos ejemplos más conocidos sería fácil añadir otros. En las Nuevas Hébridas, el kava tiene una gran importancia en los ritos funerarios. En la isla Vanikolo, una de las islas de Santa Cruz, los hombres lo beben solemnemente y con las invocaciones apropiadas durante las ceremonias que se celebran en honor de la luna, de la montaña y de los cráneos de los muertos. Hay que señalar, sin embargo, que el modo de prepararlo difiere en ciertos aspectos de los procedimientos habituales en las islas Torres y en las islas Banks. Cuatro o cinco jóvenes mastican las raíces y las ponen en un gran recipiente, que no debe estar en contacto con la tierra. Vierten agua y uno de ellos remueve la mezcla con un palo. Cuando el brebaje está preparado, llena cuantas veces sea necesario una copa de nuez de coco que ofrece primero a los jefes y luego a los otros hombres. Esta especie de vasija común, donde se prepara el kava de una vez para todos los bebedores, se emplea también en las islas Fidji, y tiene un lugar especial en la región más sagrada de Namba, que corresponde al Gamal de las islas Banks.

Por último, es importante hacer referencia al papel que tiene el kava en las islas de Tikopia, cuya población es una mezcla de melanesios y polinesios, y donde se han mantenido, quizás más que en cualquier otro lugar, las costumbres polinesias. Aquí son los muertos quienes, principalmente, reciben regularmente las ofrendas de kava, ya desde los funerales y luego sobre sus tumbas. Pero se hacen también en otras muchas y diversas circunstancias; por ejemplo, cuando se inicia a los muchachos a la edad de doce años, cuando se necesita que llueva, cuando se planta un nuevo jardín, cuando se corta un árbol que debe servir para construir la canoa de un jefe, etc. A veces tienen sólo un carácter propiciatorio general; se dirigen entonces a los *Atuas*, palabra que designa un conjunto muy complejo de cosas sagradas, entre las que figuran las almas de los antepasados.

De todo esto se deduce que el kava, como hemos dicho, es un elemento esencial para los habitantes de la Melanesia oriental y meridional. Ocupa un lugar tan considerable que incluso ha podido servir para caracterizar a las poblaciones de estas islas de Oceanía y sugerir así hipótesis sobre las sucesivas migraciones que han podido producirse. Es, desde luego, una bebida religiosa y que en principio permanece reservada sólo para hombres, aunque en este aspecto las costumbres empiezan a relajarse y a veces las mujeres son autorizadas a beberlo. El consumo del kava conserva una verdadera comunión entre los miembros de las sociedades secretas. Figura obligatoriamente en los ritos que acompañan al nacimiento, a la iniciación, y especialmente a los funerales. Forma parte del culto que se rinde a los antepasados y a los difuntos en general. En realidad, el kava interviene aquí para crear un lazo entre vivos y muertos. Gracias a él, éstos pueden tomar parte en los asuntos de este mundo y poseer a los seres que lo habitan. El jugo de la raíz de la pimienta embriagante se convierte en receptáculo del poder de los espíritus, el vehículo y la base que permite a los vivos asimilar esta fuerza mágica, y proporciona a los humanos una dosis masiva de *mana*, ese fluido misterioso, esa energía sobrenatural que los melanesios aspiran a concentrar en sí.

¿Por qué desempeña semejante papel? Sin duda alguna por sus propiedades tóxicas, que sumergen al organismo en una invencible torpeza, en la que parece anonadarse, sólo para otorgar al alma una vitalidad más intensa, semejante a la que se presta generosamente a los Tamate, los espíritus incorpóreos. Tal es al menos la explicación que nos parece cuadrar mejor con el mito sobre los orígenes del kava que cuentan los indígenas de la isla de Pentecostés, una de las Nuevas Hébridas. Un hombre se dio cuenta un día de que un ratón roía una raíz de pimienta embriagante. Le pareció que el animal caía muerto, pero al cabo de cierto tiempo volvió a la vida. Después de haber visto repetirse este hecho varias veces, el hombre decidió probar sobre sí mismo los sorprendentes efectos de esta maravillosa raíz. Así nació el consumo del kava.

¿Qué se puede concluir de este mito sino que los melanesios consideran la muerte aparente del bebedor intoxicado como un medio para alcanzar una vida nueva, o al menos renovada, una vida superior, que no es sino aquélla de la que gozan los espíritus?

CAPÍTULO III

LOS INDIOS BEBEDORES DE VENENO

La ayahuasca. El yajé. El maikoa o huantuc. Sueño y realidad.

¿Qué buscan los primitivos en los tóxicos que toman? ¿Qué esperan? Hemos podido ver a propósito del kava, y basándonos en las circunstancias que rodean su uso, que debe de estar destinado a abrir a los vivos el acceso al mundo de los espíritus.

Esto que nos indican las costumbres melanesias se confirma aún con mayor claridad en las intoxicaciones a las que se entregan los indios de América del Sur. De momento, nos ocuparemos solamente de aquéllos que habitan las tierras regadas por los afluentes de la rivera izquierda de la cuenca alta del Amazonas, es decir, el Napo, el Icá o Putumayo, el Japurá y el río Negro. Los indígenas de esta región, que se subdividen en un gran número de tribus de diversos orígenes[26], son llamados, muy apropiadamente, *bebedores de veneno*, pues las drogas que les proporciona la selva tropical desempeñan un papel fundamental en su vida religiosa, ya sea individual o colectiva. El nombre de *bebedores de veneno* les conviene tanto más cuanto que, al menos en este terreno,

---

[26] Záparos, quijos, yameos, sebondoy, tukanos, arahuacos, menimehes, caribes, huitotos, chibchas. [Nota del autor]

no pueden ser tildados de ignorantes, ya que obran con verdadero conocimiento de causa.

Son, de hecho, notables expertos en materia de tóxicos, como lo prueba su habilidad para componer los famosos *curares,* en los que empapan las flechas de sus cerbatanas y que causan una muerte segura. Nada resulta, pues, más extraño que verlos probar en sí mismos ciertas sustancias cuyas propiedades nocivas les son tan familiares.

No obstante, tales prácticas se explican fácilmente cuando se sabe que para ellos las plantas están animadas por espíritus y que las esencias que de ellas se extraen, confundiéndose con esos espíritus, provocan necesariamente en quienes las toman los trances y éxtasis de una auténtica posesión. Así, son preocupaciones de orden místico a las que obedecen cuando beben el extracto de estas plantas venenosas. Y precisamente los peligros que representan actos de esta clase no hacen sino garantizar su plena eficacia. Cuanto más violentos sean los efectos de un brebaje, mayor será la certeza de la intervención del espíritu que contiene. Añadamos que estas ideas de los indios no deben sorprendernos tanto, ya que aún subsisten rasgos de ellas en nuestro propio lenguaje. El vocabulario que nos ha legado la antigua química reposa en concepciones análogas, y todavía hablamos del *espíritu del vino* y de las bebidas *espirituosas.*

En la parte septentrional y oriental del alto Amazonas se consumen cuatro bebidas tóxicas: el jugo del tabaco verde, del que hablaremos en otro capítulo, la ayahuasca, el yajé y el maikoa. Estos tres nombres que, por otra parte, no son los únicos que se les dan, designan tanto la planta que sirve para fabricar la droga como la droga en sí misma.

La ayahuasca es una liana venenosa de la familia de las malpigiáceas, a la que el botánico inglés R. Spruce dio el nombre de *Bannisteria Caapi*[27]. El término *ayahuasca* proviene del quechua, y está compuesto por dos palabras: *aya*, cuyo sentido es «alma» o «espíritu»; y *huasca*, que significa «liana». La ayahuasca sería, así, la *liana de los espíritus*. Pero se la llama también *liana de los sueños*, *liana de la muerte* o *liana amarga*[28]. La misma planta se llama *nepé* o *nepí* entre los colorados, *pindé* para los capaya, *natema* para los jíbaros, *kapi* entre las tribus vaupes, y *sipo* entre los yekuana del sur de Venezuela. Crece en estado salvaje junto a las corrientes de agua, en la selva virgen, y los indígenas la cultivan también junto a sus casas.

El brebaje que se extrae se prepara del siguiente modo: se corta la parte inferior del tallo, se limpia y se corta con un cuchillo, luego se machaca con una especie de mortero, se mezcla con agua y se cuece. Es de color verde y tiene un gusto muy amargo. El tiempo de cocción varía según se vaya a destinar a bebedores ordinarios o a los brujos; para éstos, la droga debe ser más fuerte y concentrada. Es habitual añadir algunas cortezas[29], jugo de tabaco y hojas de yajé. La ayahuasca se puede consumir en solitario, cuando un individuo desea conocer su futuro o cuando debe emprender algo importante, o puede tomarla todo un grupo en ocasiones solemnes.

En el primer caso, veamos cómo proceden los jíbaros. Se deposita en el suelo un recipiente de barro decorado (*pininga*) lleno del brebaje que ellos llaman *natema*. El indio se

---

[27] Ayahuasca es el nombre que dan a esta planta en numerosas tribus de la zona, entre ellas, la de los záparos. [Nota del autor]

[28] Éste último se lo dan los indios de Napo y los canelos. [Nota del autor]

[29] *«Las plantas de las que se sacan estas cortezas son el Samiki y el Shingiata»*, según la carta del Dr. Karsten al Dr. Reinburg de 19 de diciembre de 1920. [Nota del autor]

coloca delante, baila una danza especial y murmura una especie de conjuro. Luego vacía de un solo trago el contenido de la pininga y lo vomita casi inmediatamente por una brusca náusea. De nuevo, y varias veces, se entrega a la misma operación, apoyándose sobre un bastón al caminar, cada vez más titubeante, y convocando a los espíritus. Después de haber bebido y vomitado numerosas veces, termina por caer en un profundo sueño, poblado de visiones y alucinaciones. Un jíbaro juzga indispensable tomar el natema para saber si hay enemigos que lo acechan, si hará un buen viaje, si sus esposas le serán fieles, etc. Las mujeres, por su parte, no actúan de otro modo. Ellas toman el narcótico para instruirse en sus tareas y sus deberes o, cuando están viudas, para encontrar un nuevo marido.

Los brujos no pueden prescindir de la ayahuasca en su oficio de curanderos. Para ellos, se cuece la droga a fuego lento durante un día entero. Se mezclan hojas de yajé, que previamente han tenido dispuestas en cruz, de cuatro en cuatro, primero entre los dedos de la mano izquierda, y luego, entre los de la mano derecha. Cuando cae la noche, el hechicero va a casa de su paciente y mientras lo palpa y lo examina, toma pequeñas dosis de natema, para llegar poco a poco a la ebriedad sagrada, lo único que le permitirá conjurar a los espíritus y obrar eficazmente. Acaba por sumergirse en una especie de éxtasis durante el cual danza en torno al enfermo cantando en voz alta. Éste es el grado supremo de la posesión, que le llevará a *ver* la enfermedad y a descubrir su origen. Hacia medianoche se va a dormir y se abandona a sus sueños, que le revelan quién es el hechicero que ha lanzado a su cliente un dardo mágico e invisible, causa primera de todo mal. Estas diferentes operaciones se repiten a veces durante varios días.

Los brujos recurren también a la droga cuando quieren lanzar algún mal sobre sus enemigos. Entonces se pintan de rojo para hacerse semejantes a los espíritus y los invocan tocando un instrumento de cuerdas que los jíbaros llaman *tsayanduru* y los canelos *turumpa*.

Como hemos dicho, el brebaje obtenido de la ayahuasca sirve también para verdaderas orgías colectivas, que transcurren durante las ceremonias en las que participan todos los miembros de la tribu. Así, entre los jíbaros, el segundo día de su fiesta principal, la Tsantsa, en la que se celebra la victoria de un guerrero *cortador de cabezas*, se reserva para una bebida masiva del natema. Hay además otras ocasiones solemnes, en ésta y en otras tribus, que están dedicadas exclusivamente a la bebida colectiva de este brebaje.

Mientras se procede a cocer la liana, el *Tumdui*, gran tambor sagrado, se bate a golpes lentos e iguales para imitar –según dicen– la manera en que el espíritu hace resonar su propio tambor. Atraído por el redoblar del Tumdui, éste no podrá evitar incorporarse al natema y poseer a los bebedores.

Cuando la cocción está preparada se colocan en el suelo dos filas de piningas; los ancianos las llenan y las tienden a los participantes, murmurando un largo encantamiento. Cada jíbaro vacía su escudilla y va a vomitar el contenido. Toman una segunda y luego una tercera, seguidas de los mismos efectos. Después, se van a una choza donde podrán dormir y tener en sus sueños revelaciones sobrenaturales. Estas singulares orgías se prolongan durante varios días y participan incluso los niños.

De los hechos que acabamos de señalar se deduce que la ayahuasca es, en primer lugar, un violento emético; por eso no hay que asombrarse de que los indios lo consideren un medio de purificación particularmente eficaz, que elimina del organismo las flechas mágicas que los brujos hayan conseguido introducir.

Pero la ayahuasca es, sobre todo, una sustancia alucinógena y un narcótico. Sobre todo, son sus propiedades las que le han dado la popularidad de la que goza. Los bebedores se consideran a sí mismos personas que quieren soñar, porque en razón del carácter premonitorio que conceden a sus sueños, éstos deben hacerlos capaces de asegurar su porvenir. Cuando se pregunta a un jíbaro por qué bebe *natema*, responde: *«para que la gente no muera»*. Dicho de otro modo, cree que así se protege de las emboscadas mortales de sus enemigos. Advertido por los espíritus que lo inspiran, el guerrero aprende a evitar las trampas que le tienden. Del mismo modo, las mujeres, en su sueño, ven aparecer a una antepasada mítica, la madre Nungüi, que les da sus buenos consejos. Las alucinaciones y las visiones que procura la ayahuasca desempeñan un papel esencial en el consumo de esta droga.

¿De qué naturaleza son? *«Cada vez que he tomado ayahuasca* –escribe el doctor Manuel Villavicencio– *he sentido vértigos; a veces hacía un viaje aéreo en el que recuerdo haber visto las perspectivas más maravillosas: grandes ciudades, torres elevadas, parques soberbios y otros objetos magníficos; otras veces creía que estaba abandonado en el bosque y que era asaltado por bestias feroces contra las que tenía que defenderme. Inmediatamente sentía un profundo sueño y luego me despertaba con dolor de cabeza, pesadez y, a veces, con malestar general»*.

James Orton y W.B. Hardemburg comparan los efectos de la ayahuasca con los del opio o los del hachís.

Ch. Tyler compara el estado del brujo záparo que ha bebido ayahuasca con el que tenían las pitonisas del pasado: *«En su delirio, habla con los buenos y con los malos espíritus, conoce el destino de la tribu y recibe las órdenes del espíritu de la vida»*. En cuanto a los demás indios, cuando están bajo la influencia del tóxico, tienen visiones resplandecientes y se vuelven *«excesivamente cariñosos»*. Caen inmediatamente en una postración que termina en un profundo sueño. La acción *«fuertemente erótica»* de la ayahuasca es algo que subrayan también Thomas Wiffen y el doctor Koch-Grünberg. Todo, escribe este último, se hace más grande y más bello; se ve a mucha gente y sobre todo a muchas mujeres y el efecto erótico parece ser lo más destacado de esta ebriedad.

El doctor Koch-Grünberg, después de haber bebido un poco de esta bebida mágica obtenida por la simple maceración de la liana en agua fría, pudo percibir en la oscuridad *«un titilar muy particular de colores vivos»*. Cuando escribía sus impresiones, inmediatamente después de beber, le parecía que llamas rojas danzaban sobre su papel.

El doctor Reinburg se entregó a una experiencia con la ayahuasca que pudo resultar fatal. En primer lugar, anota la dificultad que le supuso conseguir que los indios aceptasen preparar la droga para él. Uno decidió atender su petición y le dio, por la noche, una primera dosis de veneno. El doctor Reinburg enumera todos los efectos con gran precisión: disminución del pulso, torpeza, tendencia al sueño, parálisis de los músculos maxilares, etc. *«Ante mis ojos –añade– brillan algunos círculos luminosos, fosforescentes, y veo volar en un cielo resplandeciente algunas mariposas pertenecientes a especies recogidas por la mañana... la visión es clara, demasiado clara; me parece que veo a través de un agujerito hecho en un cartón; la inteligencia parece sobreexcitada, la facultad de observación muy desarrollada; registro estos síntomas con una perfecta lucidez de espíritu y asisto a todos los acontecimientos como si se tratase de otro...».*

El doctor Reinburg traga de nuevo varios sorbos de ayahuasca; se renuevan los mismos efectos, pero acompañados esta vez de trastornos cardiacos inquietantes. Hace encender una lámpara y se mira en el espejo. *«Estoy lívido –escribe–, las pupilas dilatadas no reaccionan a la luz, cuando deseo coger algo, mis manos sólo hacen movimientos clónicos, como en sacudidas, y rápidos*». Sintiéndose cada vez peor, decide interrumpir la experiencia para poder restablecerse. Sólo cuatro días después se sintió en un estado más o menos normal.

El doctor Reinburg concluyó, a partir de este estudio toxicológico y fisiológico del envenenamiento al que se había sometido voluntariamente él mismo, que éste es muy semejante a la intoxicación producida por la estricnina. A propósito de esto, hace una consideración que prueba la existencia de singulares facultades de observación entre los primitivos sudamericanos. Según ellos, no debe cocerse nada salado en los recipientes donde se prepara el brebaje sagrado. Precisamente, la sal es uno de los antídotos de la estricnina. Hay, además de la estricnina, otros alcaloides en las combinaciones secretas que se elaboran a partir de esta «liana de los espíritus».

El *yajé* o *planta del brujo* es otro veneno místico utilizado por los indios. Este vegetal pertenece al género de los *Echites* y se parece al «*Haemadictyon Amazonicum*», aunque no se identifica completamente con él. Es un pequeño arbusto de hojas pecioladas, que se encuentra en la selva tropical y que los indígenas cultivan cerca de sus casas.

Por sus efectos fisiológicos, el yajé se parece mucho a la ayahuasca, con la que se mezcla frecuentemente para preparar bebidas narcóticas. Pero según parece, el yajé solo, tomado en una cocción más o menos concentrada, ejerce una acción psíquica de una naturaleza particular. Provoca alucinaciones visuales y auditivas, cuyo carácter premonitorio ha impresionado a algunos observadores. Se trata de hechos misteriosos que rozan la telepatía y cuya realidad parece imposible negar. La embriaguez provocada por el yajé sumerge al bebedor en un estado de sonambulismo lúcido que le permite desvelar las cosas ocultas, ver en la distancia e incluso predecir el futuro.

Cualquiera que sea la opinión que se tenga sobre este tipo de fenómenos o la interpretación que se les dé, lo que resulta innegable es que los primitivos amazónicos han sabido aprovechar, en su vida religiosa, estas extrañas propiedades que posee el yajé. El estudio experimental de los alcaloides que contiene esta planta revelará sin duda que el empirismo de los salvajes es capaz de iluminar nuestra propia ciencia, forzándola a descubrir ciertas facultades del alma cuya existencia no se ha querido admitir hasta el presente.

El tercero y más peligroso de los tóxicos vegetales que emplean los indios del alto Amazonas para entregarse a los sueños es el que los jíbaros llaman *maikoa;* los canelos, *guantuc, huantuc* o *huanto*; y los záparos, *issiona*. Todas estas palabras designan una de las daturas que crecen en las regiones tropicales de América del Sur, la *Datura Arborea,* y al mismo tiempo el brebaje que se extrae de ella. Para obtenerlo, se raspa la corteza del tallo y se exprime el jugo en una calabaza. La dosis media alcanza unos doscientos grados. Esto basta para sumergir al bebedor en una embriaguez, a veces furiosa, que termina en una inconsciencia total y un sueño comatoso.

Esta droga debe sus principios activos a los alcaloides que contienen las plantas de la familia de las solanáceas, de la cual forma parte. Éstas, se trate de las datura *stronium* o de otras especies no menos venenosas, se han utilizado desde antiguo y en muy distintas partes del mundo para provocar desórdenes cerebrales y crisis de locura, cuyo origen era atribuido a la intervención sobrenatural de potencias divinas o demoníacas. Aún se usan hoy en ciertas regiones de Asia y África así como en América del Sur.

Entre los alcaloides de la *datura arborea* destaca la escopolamina, cuyos efectos son análogos a los de la atropina. Provoca primero una agitación violenta acompañada de alucinaciones, delirio y diversas perturbaciones orgánicas. A este periodo de excitación le sigue una depresión profunda y, en poco tiempo, el coma.

Estos síntomas son los que caracterizan la intoxicación por maikoa. Entre los záparos este fuerte narcótico parece estar reservado exclusivamente a los hombres y «*constituye casi una bebida de prueba para quienes aspiran a convertirse en brujos*». Aquél que la toma recibe revelaciones que le valdrán, cuando despierte, «*una consideración y un crédito bien merecidos*».

Los jíbaros ven en esta droga, principalmente, la bebida de los guerreros. No se aventuran en una expedición sin haber consultado antes a los espíritus bebiendo maikoa. Pero recurren también a las inspiraciones de este brebaje en otras circunstancias; por ejemplo, un marido engañado puede intentar averiguar por este medio quién es el seductor de su mujer.

El indio que decide tomar esta droga puede hacerlo en su casa o, más habitualmente, en una choza especial llamada «*rancho de los sueños*», construida en plena selva cerca de un arroyo donde después se bañará. Delante de la choza se prepara un espacio limpio y llano donde irán a danzar los espíritus, en particular los que los jíbaros llaman Arutama, *los viejos*. Cuando llega al rancho de los sueños, el indio, que se ha preparado para beber maikoa ayunando y tomando jugo de tabaco, comienza por sumergirse en el agua. Luego, toma la dosis habitual del tóxico y se duerme con un profundo sueño, en el que se le aparecen seres sobrenaturales que le conceden revelaciones. Cuando despierta, mantiene un ayuno casi completo durante algún tiempo más y se baña de nuevo. Después de una ausencia que dura normalmente tres días vuelve a casa y cuenta los sueños que ha tenido para que se interpreten sus presagios.

Aparte de estas prácticas, que no revelan más que la iniciativa individual, el consumo del maikoa interviene en algunas ceremonias colectivas. Así, después de la gran fiesta Tsantsa, de la que ya hemos hablado, los guerreros se retiran a la selva para experimentar, gracias a la droga, una ebriedad profética. Del mismo modo, durante la fiesta celebrada en honor del Tambor sagrado, los hombres más viejos beben juntos el maikoa y al día siguiente se dedican a la interpretación de sus sueños.

Pero, sobre todo, esta bebida *mágica* desempeña un papel capital en la iniciación de los jóvenes. Entre las distintas pruebas que marcan el paso a la vida adulta y la adquisición de la virilidad, los muchachos se tienen que enfrentar a la absorción de una dosis masiva del veneno. Entre los jíbaros del río Pastaza, el novicio debe tomar al menos una parte del contenido de cada una de las escudillas que le tienden los ancianos de la tribu, colocados de pie y frente a frente, en dos filas. No es difícil imaginar los trastornos orgánicos y psíquicos que puede provocar semejante intoxicación para alguien que no está acostumbrado. Produce tales efectos que no es posible, en primer lugar, impedir que el joven se entregue a actos de violencia sobre sí mismo o sobre otros, convertido en un verdadero loco, y después hay que velarlo durante el letargo en el que cae repentinamente. Cuando el sueño comienza a apoderarse de él, un anciano trata de sugerirle las visiones favorables que deben poblar su sueño, ya que tienen una importancia capital para su futuro.

De los hechos que acabamos de mencionar, a propósito de las diversas bebidas tóxicas que se consumen entre los indios del alto Amazonas, destaca ante todo el hecho de que los primitivos no duden en exponerse a verdaderos peligros para sumergirse en estados de ebriedad que pueden desembocar en una locura furiosa o en la inconsciencia total. Y no son sólo los individuos los que por sí mismos arriesgan su vida entregándose a estas experiencias; la tribu entera también puede jugarse la suya, porque, en ocasiones, las tribus vecinas acechan el momento en el que se encuentran debilitados por el veneno para atacar y arrojarse sobre ellos. Así, se manifiesta la existencia, tanto en el individuo como en la colectividad, de una necesidad más poderosa que el instinto de conservación y que no es otra que la necesidad de mística. El primer objetivo de estas prácticas, que nos parecen tan insensatas, ¿no es acaso llegar al éxtasis y entrar en comunión con el mundo sobrenatural?

Si aceptamos lo que dicen los propios indios, los resultados que obtienen del consumo de estas drogas responden a sus esperanzas. Primero se muestran ante ellos una multitud de espíritus de las formas más diversas. Son al principio los espíritus de las plantas de las que extraen los narcóticos; luego es el pueblo misterioso de los Supai, es decir, los demonios que odian la naturaleza y en particular las montañas, son las almas de los muertos, las de los vivos y las de las bestias; son, en fin, los espíritus que animan los mismos objetos, porque en todas partes, tras las apariencias que revisten los seres y las cosas, se esconden potencias habitualmente invisibles, pero que la embriaguez permite contemplar frente a frente. Entre estos espíritus figuran los antepasados, a quienes los jíbaros llaman el pueblo maikoa, y los lejanos antepasados de la raza, los Aratuma, *los viejos*. La mayoría se manifiesta bajo el aspecto de animales como el jaguar, el leopardo, la boa, el cocodrilo, o de pájaros como el águila, el cóndor, el búho, el loro, etc. Otros se hacen presentes en ciertos fenómenos de la naturaleza: en el relámpago, el arco iris, etc., y otros se revelan por apariciones extrañas con la cabeza cortada, o miembros desprendidos que vagan por cualquier parte. Otros dos, finalmente, tienen forma humana; uno, rodeado de fuego, se dirige al durmiente en un tono de voz entrecortado, como el que emplean los jíbaros en los saludos solemnes; el segundo, llamado Mayei, debe este nombre a la orden que repite sin cesar: «¡*Mayeita, Mayeita!* ¡*Mata, mata!*».

Todos estos espíritus, incluso los más temibles, se muestran favorables en tales circunstancias y tienen que prestar su ayuda. Así, si causaron alguna enfermedad, ayudan al brujo a curarla: quitan voluntariamente del cuerpo del enfermo la *flecha mágica* que le habían lanzado.

Por lo general, las visiones que contempla el indio en este estado son presagios felices; los avisos que recibe, buenos consejos. Es, por tanto, reconfortado, guiado e iluminado gracias a su embriaguez.

Pero lo que cuenta para él, más que cualquier otra cosa, es que estos sueños, y especialmente los que le procuran los tóxicos, son a sus ojos más fiables que la propia realidad. Mientras que ésta no deja percibir más que la envoltura material de los seres y las cosas, el sueño muestra las almas que constituyen el elemento esencial de todo cuanto existe y las empuja a desvelarse y mostrarse tal como son. Por este motivo se considera que este estado de ebriedad advierte al hombre que duerme contra todos los engaños de los que puede ser víctima mientras está despierto.

Este valor concedido a los sueños no es, en realidad, tan asombroso, pues se trata de uno de los rasgos generales que caracterizan la mentalidad primitiva. Sería fácil probar esta tesis con numerosos ejemplos que se pueden observar en todas las regiones del planeta.

La antigüedad clásica tuvo, a este respecto, sentimientos semejantes a los pueblos no civilizados. En estas culturas, los sueños tienen origen divino y el espíritu humano goza durante el sueño de una lucidez mayor de la que posee en estado de vigilia. Veámoslo en este himno órfico:

«¡*Yo te invoco, bienaventurado de las alas extendidas; sueño salvador, mensajero del porvenir! ¡Gran revelador de oráculos para los mortales! En la tranquilidad del dulce sueño, avanzando en silencio, dirigiéndote a las almas mortales, despiertas el pensamiento, envías a este mundo las decisiones de los bienaventurados a través de los sueños silenciosos, desvelando el futuro a las almas dormidas, el futuro que el pensamiento de los dioses dirige en la piedad, para que lo bello, tomado primero por una decisión del corazón, conduzca en el encanto la vida de los hombres después de haberla alegrado».*

¿No es extraño que el valor revelador de los sueños, al menos en lo concerniente a los resortes ocultos de nuestra vida interior, haya sido estudiado por psiquiatras y filósofos de nuestro tiempo?

La vieja aniromancia, curiosamente transformada, revive hoy como medio de investigación que permite al médico deslindar los lejanos orígenes de las enfermedades mentales y al psicólogo explorar la estructura profunda y los mecanismos misteriosos del alma humana. Para Freud y la escuela psicoanalítica se debe distinguir entre la forma más o menos extraña que tienen los sueños y el que es su verdadero contenido. Éste nos ilumina sobre las tendencias y temores que el hombre ha inhibido desde su infancia y, lo más frecuente, sobre la sublimación de los deseos sexuales, que desempeñan un papel fundamental en nuestra actividad psíquica.

No es menos fecundo el análisis de Bergson sobre el sueño, que se une a su concepto del sueño-desinterés. Mientras el hombre en estado de vigilia debe hacer continuamente una elección entre sus recuerdos a fin de no retener sino aquéllos que se adaptan a su situación y a sus percepciones presentes, el hombre que duerme, desinteresándose de la existencia activa, está liberado de esa necesidad de elección y escapa a la consiguiente tensión. De aquí que el *yo* que sueña es un *yo distraído* que se expansiona.

Este relajamiento no significa en absoluto que sus faculta-des dejen de ejercitarse. En el sueño, la vida mental es com-pleta, pero sin el esfuerzo de concentración. Es decir, consiste en la eliminación necesaria de todo cuanto no corresponde a las necesidades precisas e inmediatas. Libres de este control, las impresiones recientes o antiguas que conserva la memo-ria pueden afluir al pensamiento en una cantidad y con una rapidez desconcertantes. Hay en la vigilia una limitación del ser que deja de existir en el sueño.

Bergson añade que estas observaciones no son más que para los sueños que conocemos, para los que uno recuerda y que pertenecen más bien a un sueño ligero. Cuando se duer-me profundamente –escribe aún–, se tienen sueños, segura-mente de otra naturaleza, pero de los que no queda gran co-sa al despertar. Me inclino a creer –más por razones teóricas y, en consecuencia, hipotéticas– que tenemos entonces una visión más extensa y detallada de nuestro pasado. La psico-logía deberá dirigir su atención sobre este sueño profundo para estudiar no sólo la estructura y el funcionamiento de la memoria inconsciente, sino para escrutar los fenómenos más misteriosos que surgen de la búsqueda psíquica.

De este modo, casi se unen a través del espacio y del tiem-po las ideas de los primitivos y las de ciertos teóricos moder-nos sobre la importancia que conviene conceder a la extraña fantasmagoría de los sueños. Así, aparecen más fundamen-tados de lo que se suponía en un principio los singulares métodos que los indios bebedores de veneno emplean para conocer el secreto de su propio destino.

CAPÍTULO IV

LOS ORÍGENES RELIGIOSOS
DEL CONSUMO DEL TABACO

Documento arqueológico. El empleo ritual del tabaco en
América. El papel místico del tabaco. Bosquejo de una psicología del fumador. Tabaco y religión.

Es difícil encontrar un hecho que parezca, en principio,
más inexplicable que la singular fortuna del tabaco. ¿De
dónde proviene el prestigio de esta planta que se ha impues-
to en el mundo entero y cuyo consumo desempeña un papel
de mucho peso en los terrenos económico y financiero[30]? El
único medio, si no de resolver el problema, al menos de tener
más datos con los que trabajar, es referirse en la medida de lo
posible a los orígenes de su consumo, hoy casi universal.

Nadie ignora que fue el descubrimiento de América lo
que trajo a Europa el conocimiento del tabaco. Cuando Cristóbal Colón ancló sus barcos en las costas de Cuba el 28 de
octubre de 1492, envió para reconocer la isla a dos de sus
compañeros, Rodrigo de Jerez y Luis de Torres, quienes se
asombraron al encontrar indígenas, hombres y mujeres, que
llevaban en la boca un rollo de hojas secas, encendido en la
punta, y del que aspiraban el humo. *«Daban a estos rollos el*

---

[30] Los ingresos del monopolio del tabaco en Francia ascendían, en 1933, a
4.439 millones de francos [Nota del autor]

nombre de tabaco. Por muy preparados que fueran los españoles a ver cosas increíbles, se quedaron asombrados ante este placer singular».

Lo que les pareció entonces un novedad inconcebible para su cultura era en realidad una práctica que en las regiones misteriosas recién abordadas se remontaba a un pasado extremadamente lejano.

Por lo que respecta a América del Norte, se han encontrado pruebas en las excavaciones de los cúmulos de conchas y despojos, análogos a los *kjoekkenmöddings* de Europa, que existen a lo largo de las costas del Pacífico y del Atlántico, y en los túmulos o *mounds* que se extienden en un área inmensa por toda la parte oriental de Estados Unidos.

La mayor parte de estos túmulos son monumentos funerarios. Algunos, sin embargo, parecen haber sido elevados por razones estratégicas. Otros, más misteriosos, llamados *moundseffigies*, muestran en el suelo la silueta gigantesca de algún animal. Pues bien, entre toda clase de objetos encontrados en estos cúmulos de conchas y en estos túmulos, que recuerdan los productos de la época neolítica en Europa, destacan un gran número de pipas de piedra o de barro cocido.

La época de los cúmulos es difícil de determinar y los arqueólogos no están de acuerdo ni sobre la fecha aproximada ni sobre el origen de los *mounds*. ¿Se remontan a una época en la que aún había en América del Norte especies hoy desaparecidas o son más recientes[31]? ¿Fueron construidos por una raza enigmática que precedió a los indios o por los antepasados de éstos? La discusión permanece abierta y no parece que vaya a cerrarse pronto. En cualquier caso, un hecho

---

[31] Se han descubierto en un *mound* en Iowa algunas pipas en forma de elefante, pero su autenticidad no está demostrada [Nota del autor]

es incontestable: mucho antes de que los europeos llegasen a conocerlos, los indígenas del Nuevo Mundo conocían y consumían la planta del tabaco.

Las pipas exhumadas de los cúmulos de conchas y de los túmulos situados en Estados Unidos no son los únicos que se han conservado de la América precolombina. Se han encontrado también en México y en el Yucatán; es decir, en las regiones donde florecieron las viejas civilizaciones aztecas y mayas. Sobre el origen de todas estas pipas se podrían decir muchas cosas. Anotemos simplemente que se las asocia a ciertos tubos de los que se servían los hechiceros en sus prácticas mágicas, y se ha observado también que alguna de las sustancias empleadas para su fabricación tenía un carácter particularmente sagrado a los ojos de los indios, que la consideraban como la carne petrificada de sus más lejanos antepasados.

Lo que indican los hallazgos arqueológicos lo confirman las narraciones de los primeros navegantes que desembarcaron en el Nuevo Continente. No volveremos sobre la historia de los dos compañeros de Cristóbal Colón, pero se nos permitirá citar aquí el curioso testimonio de Jean de Léry, un hugonote francés que se reunió en Brasil en 1556 con Durand de Villegaignon, quien había emprendido con el apoyo del almirante Coligny la fundación de una colonia en la América Austral, en el lugar donde actualmente está Río de Janeiro.

«Con respecto a las plantas que produce esta tierra de Brasil —escribe Jean Léry—, hay una que nuestros toüoupinambaoults llaman Petum, la cual crece del modo, y hasta un poco más alto, que nuestra gran ozeille; tiene las hojas bastante parecidas, pero todavía más sólidas. Esta hierba es de gran estima entre los salvajes a causa de la singular virtud que habéis oído que contiene. He aquí cómo la usan: después de haberla cogido, la cuelgan a

puñados para hacerla secar en sus casas, toman cuatro o cinco hojas que envuelven en otra hoja grande de árbol, a modo de cuerno. Prendiendo entonces fuego por la punta y metiéndolo así encendido en su boca, aspiran de este modo el humo, el cual, aunque les sale por las narices y los labios, no deja sin embargo de sustentarlos, de tal modo que, principalmente si van a la guerra o les urge la necesidad, permanecen hasta tres o cuatro días sin alimentarse de otra cosa. Verdad es que lo usan para otra cosa también, porque esto les hace destilar los humores superfluos del cerebro; no veréis jamás a nuestros brasileños sin tener no solamente un cucurucho de esta hierba colgado al cuello, sino que también, en todo momento, incluso hablando, aspiran el humo. El humo, como ya he dicho, les sale por la nariz y por los labios hendidos como de un incensario y el olor no es desagradable. Sin embargo, no he visto usarlo a las mujeres y no sé la razón del por qué, más bien diría que habiendo experimentado yo mismo este humo del Petum, he sentido que sacia y preserva del hambre».

Los antiguos indios no se limitaban a fumar pipas o cigarros. Se sabe que ciertas tribus tenían la costumbre de aspirar rapé. Es evidente también que el consumo del jugo del tabaco, que todavía hoy desempeña un papel capital entre los pueblos salvajes del Amazonas, debe de ser una costumbre muy antigua.

¿Pero cuál es la razón de que este uso, cuyo origen se pierde en la noche de los tiempos, se encuentre extendido, bajo diversas formas, en la mayor parte del continente americano? Conviene buscar la respuesta a esta pregunta en el ámbito religioso.

Primitivamente, el tabaco no era consumido por placer, sino empleado para fines rituales. La existencia de esos ritos está atestiguada por numerosos hechos. Sabemos, por ejemplo, que en la antigua religión mexicana el tabaco tenía un papel importante; durante el culto, los oficiantes fumaban y se ofrecían las pipas como sacrificio en honor del dios de la caza. Del mismo modo, los mayas del Yucatán se servían del tabaco para las fumigaciones rituales que tenían lugar en todas sus ceremonias religiosas. Se ve en las esculturas de Palenque «*un personaje arrojando en honor del dios una bocanada del humo del tabaco que había aspirado de una pipa*». Los sacerdotes de los pueblos indios exhalaban igualmente el humo de tabaco hacia las diferentes regiones del mundo y por encima del altar antes de invocar a sus dioses. Los comanches dirigen hacia el cielo las tres primeras bocanadas de su pipa, murmurando algunas palabras ininteligibles. Los natchez y los sioux hacían otro tanto al sol poniente, y los illinois elevaban su pipa hacia él como para ofrecérsela.

Estas ofrendas de tabaco están reflejadas también en otras circunstancias y en numerosas tribus de América del Norte. Cuando el navegante Henry Hudson llegó a los indios manhattes, éstos lo tomaron por un dios y le ofrecieron hojas de tabaco. Los iroqueses lo quemaban para apaciguar al dios de la tormenta. Los ottawas lo arrojaban también a las llamas. «*Todo el mundo –dice el padre Lafitan– grita mientras el petum se consume y el humo sube hacia lo alto, y con estos clamores termina el sacrificio*».

Entre los indios de Virginia era el río el que recibía las hojas de tabaco. En otras partes eran las rocas. Cuando los hurones de Canadá querían obtener presagios favorables para sus expediciones de caza o de guerra, depositaban tabaco en las cavidades de una roca llamada Tsanhohoi Arosta. Al mismo tiempo le dirigían esta plegaria:

«*¡Oh, espíritu que habitas aquí, toma este tabaco que te damos. ¡Ayúdanos! ¡Líbranos de todo naufragio! ¡Defiéndenos* *contra nuestros enemigos! Concédenos triunfar en nuestra expedición y regresar sanos y salvos».*

Los indios mandans enviaban una delegación hasta una roca llena de agujeros, a la que atribuían cualidades proféticas. Los delegados comenzaban por humearla solemnemente. Cada uno, a su vez, aspiraba una bocanada de la pipa común; después, antes de pasarla a su compañero, la presentaban a la piedra sagrada. Después de esto se la dejaba durante toda la noche a sus meditaciones. Al día siguiente se le preguntaban los resultados, que se descubrían en ciertos signos misteriosos que probablemente habían sido trazados por uno u otro de los delegados. Se han constatado prácticas semejantes en otras partes, especialmente en una tribu de la cuenca del río Missouri; allí también se humeaba una roca milagrosa, considerada como la residencia del gran espíritu Man-hopa. Los indios le rezaban cuando se les había concedido la suerte de cortar el cuero cabelludo a numerosos enemigos. Una de estas piedras fetiches a la que los comanches ofrecían antaño tabaco está expuesta desde 1899 en las colecciones mineralógicas de la Universidad de Austin, en Texas.

En cuanto a la famosa pipa de la paz, era un rito de comunión con la planta que los indígenas llamaban «hierba sagrada». La misma pipa pasaba de boca en boca, y el mismo tabaco era fumado, a fin de marcar el carácter sobrenatural, y en consecuencia inviolable, del pacto de alianza que se acababa de cerrar. La institución de este rito se remonta, según una leyenda india, al mismo Gran Espíritu, que quería poner fin a las incesantes guerras que se producían entre los sioux y los winnibagoas. Un guerrero de una talla gigantesca entregó de su parte una pipa al gran jefe de los winnibagoas, diciéndole: «*Es preciso que cuando vuelva el cazador fatigado de su jornada, cuando vuelva el guerrero del combate adornado con* las cabelleras de los enemigos, cuando el joven deje por la mañana la tienda de su bienamada, puedan reparar sus fuerzas con el don que el Gran Espíritu os envía». Esta pipa pasó a todos los asistentes. Se cerró la paz y desde entonces todas las reuniones importantes comenzaron por la pipa, como lo quería el Gran Espíritu.

La costumbre de aspirar el tabaco apareció también estrechamente asociada a la religión entre los taïnos de las Antillas. Aspiraban polvo de tabaco por la nariz para preparase para las fiestas que celebraban en honor de sus espíritus protectores, los Zemis. Este rito llevaba el nombre de *Cagioba*. Se practicaba igualmente fuera de las ceremonias colectivas, en este caso lo hacían los sacerdotes taïnos, los butu-itihus o bohutis, que se sumergían así en éxtasis durante los cuales debían pronunciar oráculos en nombre de los Zemis.

Citemos una práctica de la que fue testigo Jean de Léry en 1557. Durante las fiestas religiosas de los toüoupinambaoults, en el actual Brasil, *«ciertos falsos profetas que ellos llaman caraïbes, yendo y viniendo por los pueblos como portadores de credenciales del papado, les hacen creer que comunicándose con los espíritus pueden dar fuerza por este medio a quien les place».* Se servían del tabaco para llevar a cabo la siguiente ceremonia:

> *«Observé que tomaban a menudo una caña de madera de cuatro o cinco pies de largo, en cuya punta había Petum seco y encendido; luego, girando y soplando hacia todas partes, el humo caía sobre los demás salvajes mientras decían: "A fin de que sobrepaséis a vuestros enemigos, recibid todo el espíritu de la fuerza", y así hicieron muchas veces estos maestros caraïbes».*

Nos queda ahora preguntarnos por qué se ha podido atribuir al tabaco este papel ritual que ha extendido y generalizado su empleo en el Nuevo Continente. De hecho, la respuesta a esta cuestión está simplemente en las propiedades tóxicas de la planta. Es sabido que tiene en estado natural un alcaloide llamado nicotina[32], que es un veneno extremadamente violento. Éste, independientemente de los diversos problemas que pueda causar en el organismo, actúa sobre el sistema nervioso como anestésico y produce una embriaguez de carácter particular que, como toda embriaguez, hace pasar al ser humano de un estado normal de vigilia a un estado anormal de sueño. Es la puerta abierta a un mundo fantástico creado a capricho de las alucinaciones, y que libra al alma de las duras contingencias de la realidad. Por esto el tabaco responde a su modo a una de las necesidades más imperiosas del hombre y le aporta una cierta satisfacción respecto al instinto que lo empuja irresistiblemente a tratar de evadirse de sí mismo, a tratar de sobrepasarse; en definitiva, un instinto religioso.

Todas estas prácticas que hemos señalado nos hacen intuir que, en su origen, el tabaco se empleaba como veneno místico; ya se dieron cuenta de esto algunos europeos que observaron en el pasado las extrañas costumbres del Nuevo Mundo. En una obra en latín, traducida al francés por Barthelemy Vincent y publicada en Lyon en 1626, bajo el título de «*Traité de tabac ou panacée universelle*», Jean Leander, médico de Leyde, señala que el tabaco embriaga «*con alienación del entendimiento*», y cita a este propósito el ejemplo de los sacerdotes indios llamados Buhits: «*Cuando se quería saber de ellos el resultado de cualquier cosa, se perfumaban de tabaco para caer en éxtasis y en este estado interrogaban al diablo sobre el tema que le*

---

[32] El nombre de nicotina proviene del de Jean Nicot, embajador de Francia en el reinado de Sebastián de Portugal, que llevó el tabaco ante Catalina de Médicis, reina regente de Francia, en 1560 [Nota del autor]

*habían encargado. El sacerdote, cuando era preguntado, quemaba
hojas secas de tabaco, y con un tubo o pipa, como se usa entre nosotros, aspiraba el humo y se embriagaba hasta quedar alienado de su
entendimiento y como extasiado, dejándose caer al suelo; yacía allí
la mayor parte del día o de la noche con un adormecimiento de los
sentidos y paralizado de todo conocimiento. Entonces hacía creer
que había hablado con el diablo y daba sus oráculos, engañando así
a los desgraciados indios. Los médicos de estos pobres bárbaros lo
usaban también para entrar en comunicación con los dioses».*

El papel esencialmente místico del tabaco está atestiguado también por el uso que hacen aún hoy los indios salvajes
del Alto Amazonas. Tal es el caso de los jíbaros, entre quienes el consumo del jugo del tabaco interviene de un modo
constante y siempre por razones de orden mágico-religioso.
El líquido que obtienen haciendo cocer las hojas en agua o
masticándolas, y que toman por la nariz o por la boca, está
destinado a protegerlos contra los males, a elevar lo que podríamos llamar su potencial mágico y, en fin, a sumergirlos
en estados letárgicos durante los cuales tienen sueños que
les dan acceso al mundo de los espíritus. Todos los jíbaros
toman regularmente este brebaje singular, pero los hechiceros recurren a él más que los demás, tanto para adquirir el
dominio de su materia como para obrar eficazmente cuando
algún paciente reclama su intervención.

El jugo del tabaco tiene tal importancia en la vida de estos
indios que da lugar a ciertas fiestas o ceremonias, en las que
es el elemento principal. Hay una que se llama «la fiesta del
tabaco de las mujeres», y se celebra en honor de una recién
casada o una futura esposa. Ésta, después de ayunar, debe
tragar una extraña mixtura preparada especialmente para
ella por una vieja matrona. Se hace, como siempre en las ocasiones solemnes, con hojas masticadas y saliva. El resultado
final de esta intoxicación es provocar en quien la sufre un

sueño profundo, que los espíritus aprovechan para enseñarle los diversos trabajos domésticos que le van a ser confiados. El espíritu del tabaco toma posesión de la joven o de la esposa y le comunica un poder sobrenatural que se manifestará en todos los ámbitos en los que deberá ejercer su actividad.

La iniciación de los adolescentes se hace también con el jugo del tabaco. Pero antes, el novicio, que también ha sido sometido a un ayuno riguroso, debe aspirar el humo de un cierto número de cigarros gruesos. El anciano que dirige la ceremonia los enciende uno tras otro, sujetándolos a una larga caña. Luego sopla en la boca del joven el humo que previamente aspira. Procede luego a la masticación de algunas hojas de tabaco y se las da al neófito para que se las trague. Como en el caso de la recién casada, esta operación se renueva varias veces durante dos días y, naturalmente, produce los mismos efectos. El joven entra en el mundo de los sueños; allí encuentra seres sobrehumanos, entre los que figuran los Aratuma, «los viejos», que son los antepasados de su raza. Estos últimos le revelan el porvenir que le espera y hacen de él un hábil cazador o un fuerte guerrero. Por otra parte, la unión íntima con el espíritu del tabaco le confiere una sabiduría superior, que lo capacita no sólo para aprender sus propias tareas, sino incluso para dar consejos a las mujeres para la buena ejecución de los quehaceres exclusivamente femeninos, tales como la crianza de los animales y el cultivo de los campos.

El tabaco desempeña un papel de primer orden en la iniciación, pero se utiliza igualmente en todas las circunstancias importantes de la vida de la tribu, en particular, durante la fiesta Tsansa, que consagra la victoria del jíbaro volviendo triunfante entre los suyos con la cabeza de un enemigo. El indio vencedor y las mujeres que lo asisten durante las diversas ceremonias deben tomar jugo de tabaco para protegerse contra la venganza del muerto. El brebaje sagrado los llenará de la fuerza mágica que necesitan y ayudará al guerrero a tener sueños proféticos.

No sólo en momentos tan solemnes buscan los jíbaros revelaciones en la embriaguez de la planta de nicotina. Tanto solos como en grupo se retiran a la selva con una provisión de las preciosas hojas para beber el jugo. Ésta actúa sobre ellos como un poderoso narcótico. Se duermen en seguida y tienen sueños en los que contemplan a los Aratuma y otras apariciones fantásticas, donde se revelan para ellos los misterios del porvenir. Estas intoxicaciones se repiten durante varias jornadas. Los efectos del veneno son tanto más fuertes cuanto que los indios se someten a baños prolongados en el agua de los torrentes y a un régimen alimenticio a base de bananas asadas. Después de entregarse a estas prácticas vuelven a su casa agotados pero satisfechos.

Lo que muestra hasta qué punto consideran como sagrada la planta que ellos mismos cultivan, para poder utilizarla cuando quieren comulgar con el mundo de los espíritus, es que jamás la emplean para fumar por placer. Para este uso profano y que antaño les era desconocido, reservan exclusivamente el tabaco de fuera, que consiguen entre los blancos. El ejemplo de los jíbaros bastaría para probar que el tabaco ha tenido en su origen –en América– un papel esencialmente religioso, debido a sus propiedades tóxicas.

¿Ha conservado este papel al pasar a los viejos continentes? No sería difícil citar numerosos ejemplos que atestiguan que en las poblaciones salvajes de África se ve también en esto un medio de sumergirse en una embriaguez que supone una verdadera posesión que les permite entrar en relación directa con los espíritus. Esto es, sin duda, lo que explica que en muchas regiones del continente negro el tabaco se haya asociado estrechamente al culto de los muertos. Lo mismo sucede en Madagascar.

Nos limitaremos aquí a señalar dos casos que indican claramente cómo este uso que tiene la finalidad, en realidad, de forzar el paso que lleva a lo sobrenatural.

Entre los maka del Camerún meridional, el jefe, en el transcurso de la ceremonia en la que debe alimentar las almas de los antepasados, fuma solemnemente. Entre los bagandas existe una costumbre análoga. El personaje sagrado, encargado de revelar al pueblo la voluntad del rey difunto, comienza por intoxicarse fumando poco a poco un cierto número de pipas. Entonces, poseído por una especie de trance, se pone a vaticinar en nombre, en incluso con la voz, del soberano divinizado; nadie pensaría en revelarse contra las órdenes dadas, puesto que se consideran llegadas directamente del más allá.

Las virtudes místicas del tabaco, que los primitivos africanos utilizan con entero conocimiento, no han sido ignoradas por los europeos; prueba de ello es que en cuanto la planta fue importada a Francia, y a otros lugares del continente, se le atribuyó un poder milagroso. Se sabe que en la época de los últimos Valois fue elevada al rango de panacea universal, gracias al patrocinio ferviente de Catalina de Médicis, que le había consagrado un auténtico culto y buscaba –se dice– inspiraciones de toda clase en la embriaguez extática que le procuraba el *Petum*. De ahí los nombres de «catherinaire», «medicée», o «herbe à la Reine» que se dieron al tabaco en Francia.

Aunque la fe en las maravillosas propiedades curativas del tabaco duró poco tiempo, su uso, al extenderse por todas partes, ha debido conservar algunas trazas del carácter netamente religioso que explica sus más remotos orígenes. Sería interesante estudiar a este respecto la psicología de los actuales fumadores. En las razones a las que obedecen, ¿no se encontrarían, bajo una forma atenuada, los que impulsaron a sus primeros consumidores?

De hecho, ¿por qué se fuma? ¿Se nos permitirá añadir ciertas conclusiones a las que llegaría, sin duda, cualquiera que quisiera hacer una encuesta sobre esto? Se constata, en primer lugar, que en la mayoría de los jóvenes, al empezar a fumar, hay un deseo más o menos consciente de que se les considere más hombres, lo que equivale a decir que el uso del tabaco ha conservado a sus ojos, aunque fuera inconscientemente, el carácter y el valor de una especie de iniciación.

Entre los diversos argumentos que los fumadores alegan para justificar su hábito, hay algunos que no cesan de invocar como resultado de observaciones más o menos precisas que han hecho sobre sí mismos. El tabaco —afirman— tiene cualidades profilácticas, disminuye algunos peligros de infección y contagio. Procura una especie de anestesia física y, sobre todo, moral; es una distracción, una diversión, un medio de sacudir el aburrimiento y los problemas, de evadirse. Además, mucha gente dice que es para ellos una fuente de inspiración. Siguiendo con la mirada las volutas de humo que se enroscan y desenroscan, y que la más ligera brisa se lleva, se disfruta el encanto de una ensoñación sin objeto, que permite al pensamiento salir del círculo en el que parecía encerrado, franquear los mecanismos que él mismo había creado sin darse cuenta y encontrar una salida sobre la ola de lo desconocido, lo no experimentado, donde tal vez, ¿quién sabe?, se renovará. ¿Es sólo la ligera embriaguez que produce el tabaco lo que abre las puertas a este mundo irreal, donde todo es impreciso, ligero y vaporoso? ¿No hace falta también para volar el soporte visible que ofrecen las nubes que se elevan de la pipa, del puro o del cigarrillo? Éste sería al menos un modo de explicar el hecho extraño y, sin embargo, irrefutable, de que un elevado número de personas no obtengan ningún placer, incluso ninguna sensación, cuando fuman a oscuras.

Las razones que se dan hoy de esto que no es más que una toxicomanía como otra cualquiera, ¿están tan alejadas de aquéllas que pusieron la pipa sagrada en los labios de los lejanos antepasados de los iroqueses, hurones, sioux, o incluso de las que hacen a los jíbaros amantes fervientes de un brebaje en el que se mezclan la nicotina y la saliva? Mirando de cerca se percibe en seguida que las diferencias están más en la forma que en el fin último de estas costumbres. El civilizado, en esto como en otras cuestiones, se ha imaginado que permaneciendo extraño a ciertas creencias revestía de un carácter profano y laico un uso cuyo origen era únicamente mágico y religioso. ¿Lo ha logrado completamente? ¿Y no será cierto afirmar que el fumador es un místico que se ignora o que, si se conoce como tal, se contenta verdaderamente con muy poco?

Parece, por otra parte, que las Iglesias cristianas, al menos en algunas ocasiones y especialmente ciertas sectas y ciertos creyentes, han intuido el papel religioso que podía tener el tabaco y que podía convertirse en un peligroso rival para el cristianismo en el terreno de la vida mística. Por esta razón, sin duda, se ha prohibido o condenado su consumo en numerosas ocasiones y ha dado lugar a importantes crisis de conciencia.

Como ejemplo se puede citar la prohibición, bajo pena de excomunión, del uso del tabaco, «sustancia tan degradante para el alma como perniciosa para el cuerpo», pronunciada por el Papa Urbano VIII en el año 1621, y la prohibición de fumar y de aspirar «la hierba del diablo» que las sectas rusas de los raskolniks y los khlysty imponen a sus adeptos.

En cuanto a los conflictos interiores que el tabaco ha provocado en las almas, los encontramos en algunos casos de conversiones más o menos repentinas y dramáticas. He aquí la descripción de una de esas crisis de conciencia tomada de la autobiografía del evangelista inglés Billy Bray.

«Yo había sido tan fumador como bebedor –dice– y apreciaba mi tabaco tanto como mi aliento: mejor bajar a la mina sin comida que sin pipa para fumar; la voz interior (la voz del Señor) me decía: "es un ídolo, un deseo codicioso, debes alabar al Señor con labios puros". Sentí entonces que hacía mal en fumar. El señor envió incluso una mujer para convencerme. Estaba una vez en su casa y saqué mi pipa para prenderla; entonces Mary Hawke –era su nombre– me dijo: "¿no cree que fumar está mal?" Le respondí que algo en mí me decía que era un ídolo, un deseo desordenado. "Es el Señor", me dijo ella. Entonces me dije: es preciso renunciar, puesto que el Señor lo dice desde dentro y esta mujer desde fuera; es necesario terminar con el tabaco, a pesar de todo el placer que saco. Sobre la marcha saqué el tabaco del bolsillo y lo arrojé al fuego, luego aplasté la pipa con el pie. Había reducido a polvo y ceniza lo que no era sino polvo y ceniza. No he fumado ni una sola vez desde entonces».

¿El tabaco, un ídolo?, ¿el tabaco, «la hierba del diablo»? Semejantes términos parecen muy fuertes para calificarlo. El tabaco merece sin embargo clasificarse entre los venenos místicos. Como tantas otras sustancias, la planta de nicotina aporta a las almas ciertas satisfacciones de orden religioso que, por engañosas que sean, no son menos reales. Por esto, sin lanzar a los fumadores un anatema que no comprenderían, es de esperar que se den cuenta de que para lograr esta evasión y esta trascendencia que buscan, no se contentarán ni con algunas nubes de humo ni con un poco de tabaco.

CAPÍTULO V

EL HACHÍS Y EL KATT

El uso del cáñamo entre los escitas. Los haschichin y los fakires. El cáñamo y el Islam. Una religión del cáñamo en África. Los bena-riamba. Efectos del cáñamo. El katt.

Si bien los habitantes del mundo antiguo no conocieron el tabaco, hasta el descubrimiento de América, disponían de sus propias plantas tóxicas para llevarlos a los arrebatos del éxtasis y cuyas virtudes embriagadoras les eran familiares. Entre ellas merecen mención especial dos, porque el uso que le daban en el pasado, e incluso el que le dan hoy, no deja de tener analogía con el de la planta de nicotina.

El primero es el hachís o cáñamo indio. A decir verdad hubiésemos podido hablar de él en capítulos anteriores, puesto que ha dado lugar, como el opio y la cocaína, a una de las numerosas toxicomanías de la humanidad civilizada, pero el empleo de esta sustancia se remonta a una antigüedad tan remota, el papel que desempeña entre los primitivos es tan considerable y los lazos que la unen al tabaco se han hecho tan estrechos que nos parece normal que tenga su lugar aquí.

El historiador más antiguo que señala las singulares propiedades del cáñamo es Heródoto. «*En el país de los escitas* —escribe— *crece una planta llamada cannabis, que se parece mucho al lino, aunque es más alta y gruesa. Los tracios hacen vestidos que se pudieran creer de lino. Los escitas la utilizan también para entregarse a ciertas prácticas que les son particulares. Veamos cómo proceden. En el interior de una cabaña cuidadosamente cerrada esparcen granos de cáñamo sobre piedras calentadas al rojo vivo, y llenan una pequeña cuba en forma de esquife. El humo oloroso que desprende los embriaga y excita, hasta el punto de que se ponen a lanzar grandes gritos».*

Heródoto relaciona estas fumigaciones embriagadoras con los ritos funerarios, y los considera como baños de vapor destinados a purificar a los vivos de su contacto con la muerte. Es posible que los escitas viesen en las manifestaciones bulliciosas que acompañaban a sus gritos extáticos la prueba de un alejamiento, al menos temporal, de los espíritus de los difuntos por los que se creían poseídos. En cualquier caso, se trata de un uso que responde a motivaciones religiosas.

Desde las orillas del mar Caspio y las regiones de Irán oriental, donde sin duda tuvo su origen la costumbre de utilizar el cáñamo como un medio de entregarse a la ebriedad sagrada, se extendió desde los tiempos más remotos a muchas otras regiones. Los asirios empleaban a modo de incienso una sustancia que llamaban *qounnoubou* o *qounnabou*, apelación en la que aparece manifiestamente la raíz léxica de *cannabis*.

Junto a esta última palabra, que pasa tal cual a los griegos y a los romanos, y que se ha conservado en las lenguas eslavas bajo formas derivadas del término primitivo[33], conviene citar también el término sánscrito *bhanga*, que designa a la vez la misma planta y la bebida embriagadora que se extrae de ella. En zend al narcótico lo llamaban *banha*, y al demonio de la embriaguez *Banga*. Todavía hoy, en algunas pro-

---

[33] En antiguo eslavo: *konoplia*; en ruso: *konopeli*; en polaco: *konop*; en lituano: *kanape*; en alemán antiguo: *hanf*; anglosajón: *haenep* [Nota del autor]

vincias de la India se llama *bhang* a las hojas pulverizadas de un cáñamo que se cultiva para la fabricación de una bebida tóxica que, por otra parte, se encuentra en todo Oriente. Si exteriormente no difiere del cáñamo ordinario, ejerce sobre el organismo una acción más poderosa, que le ha valido su notoriedad.

Los árabes han dado a este vegetal, misteriosamente predestinado a procurar el éxtasis, el nombre de *haschich*, que significa «hierba» y que debía hacer entrar en la historia una de las más extrañas hermandades del mundo musulmán. Esta hermandad es la de los Haschichin o Hachchâchin.

Para explicar los orígenes podemos recordar la tendencia general que lleva a los humanos a agruparse en sociedades secretas bajo ciertas circunstancias de orden religioso, político o social. El Islam no ha escapado a esta regla común. Incluso parece haber sido un terreno excepcionalmente favorable, que les ha permitido no sólo multiplicarse ahí, sino incluso propagar su organización y algunos de sus principios por otros lugares.

Uno de los acontecimientos que debía provocar la eclosión de estos grupos sectarios, que perseguían en la sombra la realización de deseos a la vez temporales y espirituales, fue el triunfo de la dinastía abasida, que derrocó en el 750 a la de los omeyas. Se planteó de nuevo una cuestión que ya había suscitado vivas controversias. Además, los califas abasidas no eran, como sus predecesores, «árabes de pura sangre». Con ellos tomaban ventaja sobre los invasores, los antiguos autóctonos y las viejas civilizaciones orientales. La misma capital fue trasladada desde el oasis de Damasco a la ciudad de Bagdad, situada en el corazón de la antigua Caldea. Esto produjo en el Islam una transformación profunda, que levantaría violentas protestas y daría un nuevo impulso a los separatistas.

Entre los elementos hostiles a los abasidas estaban los musulmanes para quienes sólo la descendencia de Fátima, hija de Mahoma, podía pretender legítimamente el poder soberano del imanato. De ahí la aparición de una dinastía contraria a los abasidas, la de los fatimitas, cuyo nombre expresaba al mismo tiempo sus orígenes y justificaba sus reivindicaciones. En el año 969 consiguieron apoderarse de Egipto y se esforzaron por todos los medios en aniquilar el poder del Califato de Bagdad.

En el siglo XI uno de sus partidarios, llamado Hassan ben Sabbah, fundó la secta de los Haschichin. Este personaje, tras muchas aventuras, se adueñó de la fortaleza la Alamont, retiro casi inexpugnable, construida en la región montañosa que se extiende al sur del mar Caspio. Para mantener y ampliar sus dominios organizó una asociación secreta, de la que fue líder indiscutible bajo el título de Cheik-al-Djebel, que significa «príncipe de la montaña» y que los Cruzados, debido a la primera acepción de la palabra *cheik*, traducirían por «el viejo de la montaña».

Los miembros de su orden le juraban obediencia incondicional. Sólo algunos dignatarios estaban al corriente de sus deseos. Los simples seguidores sólo tenían que ejecutar sus órdenes, es decir, matar a sus enemigos con la espada o el veneno. Llevaban el nombre de *Fidai*, «los que se sacrifican a sí mismos», y, en efecto, no vacilaban en exponerse a la muerte para conseguir sus siniestros objetivos. ¿Cómo conseguía Hassan ben Sabbah una sumisión tan absoluta de sus fieles, que, según cuentan, le bastaba hacer un signo para que alguno de ellos se precipitase en el vacío desde lo alto de las murallas de Alamont? El cronista Arnold de Lübeck cuenta que se servía para esto de una droga que les provocaba el éxtasis o la locura, y que por medio de su magia les otorgaba sueños fantásticos llenos de goces y delicias. Les exhortaba inmediatamente a que se asegurasen para la eternidad ese estado de dicha, cumpliendo fielmente la tarea él que les había asignado.

Marco Polo también nos ha dejado curiosos relatos sobre los sortilegios del Viejo de la Montaña. Para hacer más obedientes a sus sicarios, hacía que les dieran un brebaje que los sumergía en un sueño profundo. Los llevaban entonces en medio de un jardín espléndido, a un maravilloso palacio donde las mujeres velaban su sueño. Al cabo de algunos días en los que se les prodigaba toda clase de voluptuosidades, eran dormidos de nuevo y llevados ante su jefe, quien les explicaba que gracias a su poder les había podido dar un anticipo de la felicidad del Paraíso y les garantizaba el gozo eterno con la única condición de que se convirtiesen en instrumentos dóciles entre sus manos y que estuviesen dispuestos a todo para servirle.

En cuanto al tóxico empleado por Hassan ben Sabbah para proporcionarles esa embriaguez que, quizás independientemente de la apropiada puesta en escena, bastaba para ofrecerles visiones encantadoras y les hacía probar tal felicidad que desde entonces la vida ordinaria les parecía sin valor, era el cáñamo, el hachís. Los contemporáneos cristianos de Cheik-al-Djebel probablemente ignoraban que fuese así, pero uno de ellos, el arzobispo Guillermo de Tiro, canciller del reino de Jerusalén, confesando ingenuamente su ignorancia, no nos deja lugar a dudas sobre la naturaleza de la droga que el Viejo de la Montaña daba a sus seguidores: «*Tanto los nuestros como los sarracenos llaman a esta gente asesinos (assysin), sin que sepamos de dónde proviene este nombre*». Sin embargo, está bien claro. Designa a quienes se embriagan con hachís, los *haschichin* o *haschachin*, los *assysin* o asesinos, y esta última palabra pasaría a nuestro idioma primero como nombre propio y luego como nombre común, para continuar evocando no la embriaguez particular de quienes lo llevaron primitivamente, sino los crímenes que perpetraban al servicio de su señor.

La orden de los asesinos no se limitó a esparcir el terror en el mundo musulmán. Varios personajes cristianos cayeron a sus manos. Se cita entre sus víctimas a Raymond, conde de Trípoli, y a Conrad de Montferrat. Uno de sus miembros incluso fue enviado a Italia para matar al emperador Federico Barbarroja, pero fue detenido a tiempo. La muerte de Hassan ben Sabbah en 1124 no impidió a los asesinos proseguir su política de violencia y muerte. Fue necesaria la invasión de los mongoles para poner fin, hacia 1258, a las maniobras criminales y al poder del califa de Bagdad.

Sin embargo, la desaparición de los haschichin no eliminaría el cáñamo de la vida del Islam. Después de haber sido la hierba embriagadora que fanatizaba a los partidarios del Viejo de la Montaña, se convirtió en la hierba de los fakires, *haschischat alkofora*. Según Takiy Edding Makrizy, autor árabe de la primera mitad del siglo XV, estos religiosos aprendieron a utilizarla. Haider, jefe de todos los *cheiks*, que junto con sus discípulos había establecido su morada en el Khorasan, entre Nischabour y Ramah, salió un día al campo y vio una planta que *«se balanceaba blandamente con un movimiento suave y ligero, como un hombre aturdido por los vapores del vino»*. Esta planta era la que llaman *kounab*. El cheik, tras haber masticado algunas hojas, ordenó a sus discípulos imitarlo y mantener el descubrimiento en secreto para el común de los mortales, pero no ocultarlo a los fakires. *«El Dios Altísimo —les dijo— os ha concedido por un favor especial el conocimiento de las virtudes de esta hoja, a fin de que el uso que hagáis disipe las preocupaciones que oscurecen vuestras almas y desprenda de vuestros espíritus cuanto pueda empañar su esplendor. Conservad con cuidado el conocimiento que os ha otorgado y sed fieles en ocultar el precioso secreto que os ha confiado»*.

Makrizy, condenando el cáñamo que llama *kounab*, hachís o *kif*, reconoce sin embargo que su consumo está sumamente extendido y que algunos no han vacilado en calificarlo de «santa institución». Cita el siguiente fragmento de un poema que glorifica las virtudes de la planta embriagadora: «*Abandona el vino, toma la copa de Haïder, esta copa que exhala el color del ámbar y que brilla con el verde espléndido de la esmeralda… jamás el ministro de un sacrificio cristiano ha mezclado el jugo en su copa profana; el impío que profesa una religión mentirosa jamás ha sacado de ese tonel la materia de su ofrenda sacrílega*».

Recordaremos más adelante esta asociación entre el hachís y el sacramento cristiano. Destacaremos igualmente de qué modo consiguió el Islam suplir su pobreza mística original utilizando el medio que empleaban los antiguos escitas para entrar en éxtasis. Por otra parte, sería fácil citar otros procedimientos no menos primitivos a los que se ha recurrido por la misma razón[34]. Ninguna religión, en realidad, podría negarse a satisfacer del modo que sea la necesidad que experimenta el hombre, en lo más profundo de su ser, de evadirse y superarse a sí mismo.

De hecho, la costumbre de fumar hachís o tomar extractos preparados de diversas formas está muy extendida en el mundo musulmán. A pesar de las múltiples prohibiciones de las que ha sido objeto en Persia, Turquía o Egipto, donde el emir Soudoun Scheikhouni ordenó arrancar no sólo la planta, sino incluso los dientes de quienes la hubieran consumido, y a pesar de los esfuerzos de las potencias europeas en las regiones sometidas a su dominio, el cáñamo continúa siendo el gran veneno místico del Islam y su imperio se extiende desde India y Asia central hasta Marruecos.

---

[34] Por ejemplo, los movimientos en remolino y los bailes de los derviches [Nota del autor]

Bajo nombres que varían según las regiones o según el modo de presentarse[35], aporta a las multitudes los sueños encantados de una embriaguez que los mata. Del mismo modo, desempeña un papel esencial en la vida religiosa de ciertas comunidades, cuyos miembros se provocan trances extáticos que les permiten realizar los actos más extravagantes. Yo mismo he visto gente que después de respirar, como los escitas de los que habla Heródoto, los vapores de un brasero donde se quemaba la planta sagrada, se atravesaban con puñales, caminaban descalzos por las brasas y devoraban víboras y escorpiones vivos.

Como los musulmanes, un gran número de primitivos de África adoptaron la costumbre de fumar cáñamo, asociado o no al tabaco. Se trate de ambas plantas mezcladas o sólo de una, el fin buscado es siempre conseguir un estado de ebriedad que lleva consigo la posibilidad de evasión a un mundo sobrenatural.

Entre las poblaciones en las que se consume el cáñamo se pueden citar, en la parte del continente negro bañada por el océano Atlántico, ciertas tribus de Liberia, de Costa de Marfil y de Angola. Pero el consumo del cáñamo se ha desarrollado especialmente en el África oriental y meridional. Es general entre los damaras, hotentotes, bosquimanos y cafres. Los barongas, que pertenecen a la raza bantú, cultivan esta planta ellos mismos, la secan y la fuman en una pipa de tubo largo.

«El cáñamo ejerce sobre ellos su acción estupefaciente, pero mientras aún tienen algo de razón aprovechan para entregarse a un combate de lo más curioso. Se produce en su boca una salivación abundante que echan por medio de cañas agujereadas, y

---

[35] Madjoun, dawamesc, kif, schira, fasuch, etc. [Nota del autor]

trazan en el sueño caminos que se cruzan y entrecruzan. Estos pequeños arroyos representan los movimientos de dos ejércitos guerreando uno contra el otro. Quienes hayan sabido operar con su saliva las evoluciones y circunvoluciones más hábiles y más prolongadas se consideran estrategas de primer orden».

Se trata evidentemente de un juego, pero un juego que, como muchos otros, es también un ritual de adivinación. La costumbre de fumar cáñamo se encuentra también en Rodesia, en la cuenca del Zambeze, al este del lago Tanganika, en torno al lago Victoria, etc. En fin, correspondió a los balouba, una población de África central, desarrollar una auténtica religión del cáñamo. La región donde se practica este culto extraño se encuentra en las orillas del Lou-Loua, uno de los afluentes del Kassari, tributario del Congo, y lleva el nombre de Louboukou, es decir, «amistad». Este nombre proviene de la introducción de los nuevos ritos que bajo el impulso revolucionario del jefe Kalamba-Moukenge, hacia 1870, iban a transformar profundamente la vida religiosa y social del país. Destruyeron los antiguos fetiches y el cáñamo llamado *riamba* los sustituyó como el genio tutelar y guardián del pacto que une entre sí a sus seguidores. Éstos son los «hijos del cáñamo», los *rena-riamba*. Forman una gran fraternidad, cuyos miembros, asociados por una especie de comunismo organizado con miras al cultivo de la planta en vastas extensiones; prohíben llevar armas en sus pueblos, se deben mutua hospitalidad, se dan entre sí el título de amigos y emplean para saludarse el término *moio*, que significa «vida». Cada tarde se reúnen en una plaza llamada *riota*, en torno a una enorme pipa de la que cada uno puede aspirar algunas bocanadas; entonces comienzan en la noche escenas extraordinarias, que recuerdan a las antiguas orgías. *«Es un espectáculo terrible todos estos hombres desnudos, que tras haber*

145

aspirado en una gran calabaza el humo del cáñamo, tosen con es-
pasmos, gritan, se agitan, profetizan o permanecen sumergidos en
el estupor bajo la influencia del narcótico». Se reconoce inmediatamente en estas ceremonias un rito de comunión gracias a
la planta sagrada que, tomando posesión de sus adoradores,
los hace participar juntos de sus virtudes mágicas y renueva
por esto mismo la solidaridad que debe reinar entre ellos.

Si tales prácticas entre los Ba-Louba han tenido como consecuencia el desarrollo de enfermedades en las vías respira-
torias y, en numerosos casos, de locura, es justo reconocer
que la religión del riamba ha puesto fin a ciertas costumbres
como la venta de jóvenes y las antiguas ordalías con veneno.
Éste se reemplaza por una dosis de humo de cáñamo lo suficientemente masiva como para que el presunto culpable se
desvanezca. Cuando vuelve en sí, una marca en la frente y
en el pecho, hecha con arcilla blanca, lo reintegra a la comunidad de los rena-riamba.

Ahora analicemos cuáles son los efectos del cáñamo indio.
La ingestión de los extractos de la planta o la inhalación del
humo que desprende provoca primero un estado de exaltación de las funciones psíquicas, acompañado tanto de una
alegría delirante y una agitación desordenada como de un
arrobamiento y un estupor extáticos. Las ideas se suceden
con una rapidez vertiginosa. Al mismo tiempo se producen
alucinaciones de la vista, el oído y el movimiento. El individuo tiene visiones extrañamente brillantes y coloreadas,
percibe los menores sonidos muy amplificados, imagina que
vuela por los aires; se siente dotado de poderes sobrehumanos, *«ha pasado a ser dios».* Sin embargo, estas ilusiones sensoriales no siempre son agradables, también pueden tomar
formas espantosas y dar lugar a una verdadera angustia. A
este estado de exaltación le sigue un periodo de depresión,
entorpecimiento y sueño. El consumo crónico de cannabis

conduce a la decadencia física, intelectual y moral de quienes se entregan a él.

Pensando en los efectos del cáñamo, tal como se manifestaban antaño en los escitas, los hachischin y los fakires, y los que se constatan hoy tanto entre los primitivos como entre los civilizados, se concibe fácilmente que esta planta haya podido desempeñar un papel de primer orden desde el punto de vista religioso. Esa trascendencia tan esperada, tan deseada, ¿no parece dársela a sus adeptos de un modo extraordinario? Releamos las páginas en las que Baudelaire describe las impresiones producidas por la embriaguez del hachís: «*Nadie se asombrará* –dice– *de que un pensamiento final, supremo, brote del cerebro del soñador: ¡Me he convertido en Dios! Un grito salvaje, ardiente, sale de su pecho con tal energía, tal poder de proyección, que si las voluntades y creencias de un hombre ebrio tuvieran una virtud eficaz, este grito derribaría a los ángeles diseminados en los caminos del cielo: ¡Soy un dios!*».

El katt (*cotha* o *celastrus edulis*) es la segunda de las plantas tóxicas que nos parece necesario mencionar en este capítulo, en razón de las propiedades que posee y del uso que se hace de ella.

Es un arbusto que se cultiva en Arabia y Etiopía y que crece también en estado salvaje en ciertas regiones de África oriental. Sus hojas contienen varios alcaloides, el principal es la catina. Quien las mastica siente una excitación de carácter agradable, que permite combatir la fatiga, el sueño y el hambre. La acción que ejerce desde el punto de vista fisiológico se parece a la de la coca y, aunque más atenuada, a la del hachís.

La costumbre de mascar el katt se remonta a la antigüedad y es verosímil que su origen haya que buscarlo en Etiopía. El primer testimonio que muestra su existencia en Abisinia data de 1332.

En la actualidad está muy extendido entre las poblaciones de Yemen, Arabia y entre los somalíes y los gallas u oromos de Harar, en la parte meridional de Etiopía. Monseñor Jarosseau, obispo de Harar y vicario apostólico, escribe a propósito del katt, en una carta dirigida al doctor G. Tanret, que éste ha reproducido en su estudio dedicado al katt:

«Lo que hace que el katt goce de tanta popularidad en todas las provincias de Harar es que en su base hay una idea religiosa. Todo el país está persuadido de que este árbol participa de una bendición divina; ninguna ceremonia religiosa pública c privada se hace sin la manducación ritual de esta hoja, que lleva consigo muchas oraciones y cantos; produce entre los musulmanes de Harar una gran exaltación religiosa, que toman por un beneficio del cielo [...]

«El uso del katt está extendido universalmente entre las poblaciones musulmanas. Las poblaciones cristianas no lo usan aunque lo cultivan por comercio [...]

«Hay fanáticos que apenas se nutren más que con la hoja, pero no tardan en caer en la locura e incluso el frenesí, lo que a los ojos de la gente sencilla les vale como un símbolo de santidad. Generalmente la manducación del katt va acompañada de un sudor muy abundante, y los participantes tienen un aspecto de gentes con la mirada alucinada».

No hará falta insistir sobre el interés que presenta este testimonio de monseñor Jarosseau, que nos da una prueba del carácter esencialmente religioso de los tóxicos. En esto, el katt es una excepción a la regla común. Más aún, notemos que el Islam, al implantarse entre los gallas, lejos de suprimirlo, no solamente aceptó que se mantuviese esta antigua costumbre, sino que le ha conferido indirectamente el valor de una especie de sacramento. Visto bajo esta perspectiva, la manducación del katt ha podido introducirse tanto más fácilmente en el cuadro de la vida musulmana cuanto que encontraba ahí un lugar vacío que nadie podía impedirle ocupar. Así es como los creyentes de la ciudad de Harar tienen la costumbre de reunirse por la tarde a fin de mascar juntos la hoja de virtudes místicas y saludables. Antes de proceder a este piadoso ejercicio, que sella su comunión fraterna en la búsqueda simultánea de una inspiración única, y después de haberla cumplido devotamente, leen algún sura del Corán y dirigen fervientes palabras de gracias a Alá porque, dicen, *esta planta de santos permite velar más tiempo por la noche para adorar al Señor*.

CAPÍTULO VI

EL PEYOTE

Antigüedad del uso del peyote. La religión del peyote entre los indios huichols y tarahumares. El peyote entre los indios de Estados Unidos. El peyote y el cristianismo. La embriaguez del peyote.

Hemos visto de qué modo los primitivos han recurrido a las plantas tóxicas y cómo éstas sirven de alimento y soporte para una vida religiosa; se trata de individuos aislados, grupos particulares y sociedades secretas, o bien de la colectividad entera. Nos queda ahora citar el ejemplo de una verdadera religión constituida, con sus ritos y sus mitos, en torno a uno de esos venenos místicos. Nos da este ejemplo el peyote y el culto que se le tributa.

El peyote (*Echinocactu Williansii*) es un pequeño cactus que crece en las regiones montañosas y secas de México central y septentrional, y en algunos lugares de Texas, al sur de Estados Unidos. El término *peyote*, probablemente de origen azteca y cuyo sentido primitivo no está claro (aunque creemos que puede significar «blanco» o «blanquecino»), no es la única palabra empleada para designar esta planta. En México los indios huichols y tarahumares la llaman *hicouri* o *jículi*, los coras *houatari*, y los tepuhanes *kamaba*. Partida en rodajas secas, en Estados Unidos recibe el nombre de *mescal*, *buttons* o *dry-whisky*.

El uso del peyote se remonta con certeza a un pasado muy lejano. El monje franciscano Bernardino de Sahagún, misionero en México a partir de 1529, afirma que los teochichime-cas fueron los primeros en descubrirlo y que era para ellos como el vino. Añade que la planta es blanca, que crece en el norte, da a quienes la comen o beben visiones espantosas o risibles y la embriaguez que provoca se disipa al cabo de dos o tres días. «*El peyote —dice— es de consumo corriente entre los chichimecas, porque reanima su valor en los combates, les quita el miedo, les permite soportar hambre y sed y pasa como preservador de todo peligro*».

Tal vez convenga aplicar igualmente al peyote lo que el mismo Bernardino de Sahagún cuenta a propósito de un champiñón venenoso, que él llama *manacatl* o *teonanacatl* y a partir del cual los teochichimecas fabricaban una bebida tóxica. Después de embriagarse cantaban y bailaban durante una noche y un día enteros. Al día siguiente todos lloraban abundantemente y decían que sus lágrimas les purificaban los ojos. El *nanacatl* les provocaba alucinaciones que se contaban unos a otros cuando volvían en sí.

No es extraño que los españoles viesen en el consumo del peyote una manifestación del poder del diablo. Según ellos, éste se servía de la planta para mostrar a los indios fantasmas y demonios. Insisten también sobre las extrañas virtudes adivinatorias que posee el pequeño cactus cuando se toma solo o mezclado con otra droga llamada *ololiuhqui*, cuya exacta naturaleza sigue siendo desconocida pero que se podía tratar quizás de una especie de datura.

Naturalmente, el uso del peyote, *la raíz diabólica*, fue condenado formalmente por la Iglesia romana. Entre las preguntas que el sacerdote debía hacer a quienes confesaba se encontraba la siguiente: «¿Has bebido peyote o has dado a beber a otros para descubrir los secretos y encontrar los objetos perdidos o robados?», y el penitente respondía: «He creído en los sueños, en el peyote, el ololiuhqui, etc.».

A pesar de los anatemas y las prohibiciones, los indios cristianizados continuaban tomando peyote en secreto a causa de las propiedades curativas que le atribuían o para conocer el porvenir. *«Todas las imaginaciones fantásticas que les procura esta horrible bebida* —escribe el padre Arlegui— *son consideradas como presagios del destino».*

A medida que extendían su misión y sus conquistas, los españoles encontraban en las tribus paganas esta costumbre tan difícil de destruir entre los indígenas sometidos a su dominio. Quedaban asombrados por el extraordinario aguante que el peyote procuraba a sus adversarios, o se indignaban al verlos embriagarse con un brebaje obtenido de la maceración en el agua de trozos de esa planta, a la que añadían en ocasiones algunas hojas de tabaco.

Hoy, cuatro grupos de indios mexicanos, que habitan en una región salvaje y aislada de la Sierra Madre del Pacífico, conservan el peyote como un elemento esencial en su vida religiosa. Son los huichols, los coras, los tepuhanes y los tarahumares. Pero no son los únicos en venerar este pequeño cactus; los diferentes encuentros que han mantenido con sus congéneres de Estados Unidos, como veremos más tarde, han extendido el consumo y el culto del peyote mucho más allá de los límites de su propio territorio.

Los huichols son probablemente los que han permanecido más fieles a las antiguas tradiciones de su raza. Testimonian su apego al pasado, por ejemplo, persistiendo en utilizar el arco y las flechas que sus vecinos ya desdeñan. En cuanto a sus concepciones religiosas simbólicas, éstas responden exactamente a lo que hoy se denomina «mentalidad primitiva». Forman un conjunto extremadamente compacto que, en principio, parece incomprensible desde nuestra lógica.

Veremos a continuación los diferentes mitos que tratan del origen del peyote. Según uno de ellos, el cactus sagrado habría nacido de la frente de un gamo y el brebaje del que se embriagaron los dioses por primera vez habría sido extraído no de la planta, sino de los cuernos del animal.

Según otro mito, el dios de los vientos y del aire, al que los huichols llaman «El Hermano Mayor», se presentó a los antepasados de la tribu bajo el aspecto de un gamo que se convirtió de repente en un gigantesco peyote. De sus huellas nacieron cien cactus más pequeños. Los huichols dispararon dos flechas a cada uno, una dirigida hacia el este y otra hacia el oeste; luego las recogieron, a excepción de las que habían disparado al gran peyote, y que dejaron allí conforme a las órdenes del dios del fuego, «Bisabuelo Cola de Gamo». Inmediatamente se pusieron a comer las plantas mientras que El Hermano Mayor se transformaba en montaña y en altar.

Un tercer mito hace nacer el peyote de los restos de utensilios de cocina y vasos destinados a transportar el agua, que habían sido destruidos cuando la tribu, bajo la dirección del héroe legendario Majakuagy «Cola de Gamo», emigraba hacia el norte, acosada por sus enemigos. Los dioses permitieron esta milagrosa transformación de tiestos rotos en cactus para salvar a su pueblo de la sed y el hambre.

Prescindiendo de algunas incoherencias, demasiado evidentes para que sea necesario insistir en ellas, destaca en todos estos mitos el hecho de que el peyote se asimila primero a un animal, cuya carne fue primitivamente el alimento esencial de los huichols, y luego, de modo general, a todo cuanto podía asegurar la subsistencia de la tribu. Así se explica que lo identifiquen igualmente con el maíz, que se ha convertido en uno de los principales recursos alimenticios de los indios y cuya procedencia se atribuye también al gamo.

Por otra parte, ya que las divinidades tienen la función de satisfacer, cada una en su propio ámbito, a sus adoradores, proveyéndolos de lo que necesitan para vivir, es normal que el pequeño cactus provenga de una de ellas, el Hermano Mayor, dios del viento, gran hicouri que va por todas partes, que al mismo tiempo está bajo la dependencia de otros cuya intervención es indispensable para su crecimiento. Su diosa tutelar es Hatzimaouïka, pero tiene relaciones particularmente estrechas con el dios del fuego, que manifiesta su poder haciendo nacer las nubes de las que cae la lluvia, sin la cual las plantas, los animales y los hombres perecerían sin remedio.

En fin, como las mismas divinidades no pueden pasar sin aquello que mantiene la vitalidad de los mortales, también deben consumir el peyote para ser capaces de desempeñar sus funciones. Por esto es indispensable el cactus. Es natural, por tanto, que realmente se les dé en las ofrendas, que se les lleve y que figure simbólicamente en las imágenes o pinturas que los representan y en los repujados de los escudos votivos que se consagran a ellos.

En realidad, lo que se puede intuir tras estas representaciones religiosas es ante todo la preocupación elemental e instintiva que el problema de la existencia material, siempre presente, provoca en los huichols al igual que en los demás primitivos. Es todavía una noción confusa de una única potencia de vida, que constituye el sustrato de todos los seres y las cosas independientemente de sus cualidades propias y de aquéllas que participan a la vez el grupo humano en el que se apoya, los animales que la encarnan, las plantas que la contienen, las condiciones físicas y atmosféricas que la hacen posible y los personajes divinos con los que estos hombres, bestias, plantas y fenómenos se confunden, proyectándose en un mundo sobrenatural. Todo esto constituye un conjunto cuyos diversos elementos están tan íntimamente relacionados que en el pensamiento de los indios no pueden concebirse los unos sin los otros y parecen prácticamente intercambiables en tanto que manifestaciones de una vida única que les penetra y anima a todos.

De ahí, por ejemplo, la identificación del maíz con el gamo y la influencia fertilizante que la sangre del animal ejerce supuestamente sobre las semillas. La caza y el grano ¿no son sustancias nutritivas que encierran la vida? ¿Y la carne del gamo no era en el pasado el principal alimento que renovaba esta misma vida entre los humanos?

De ahí también el papel vital del fuego que, uniéndose a la carne para hacerla comestible, se convierte en el dios nutricio por excelencia y antepasado de la tribu, y el papel no menos vital de la lluvia, que es la madre de las cosechas y, al mismo tiempo, de la raza humana y de los mismos dioses.

De ahí, sobre todo, la importancia capital del peyote, que al ser la fuente de la embriaguez, es decir, de la vida más intensa, parece concentrar en sí la suma de energías vivificantes que hacen nacer o que mantienen al gamo, al maíz, al fuego, a las fuerzas fecundas de la naturaleza, a los hombres y a los dioses.

De hecho, los indios la consideran como «la planta de la vida», origen y primera condición de toda clase de vida. Es por esto que, cuando consumen peyote, no sólo ellos se impregnan de una vitalidad superior, sino que ayudan a esta vitalidad a manifestarse en todos los ámbitos en los que es indispensable su acción. Por eso también la búsqueda y recogida del peyote van acompañadas de ciertos ritos que son en realidad encantos mágicos destinados a hacer la caza productiva y a atraer la lluvia. Por eso el grupo entero se beneficia de la embriaguez de sus miembros y encuentra en ella la recuperación de su propia existencia.

Así, la asimilación entre el tóxico y la vida, que ya hemos constatado antes y de la que subsisten huellas hasta en nuestro lenguaje, es completa. El veneno místico y la vida forman un todo indisoluble.

Es lógico que, en estas condiciones, el peyote sea objeto de un verdadero culto y que las ceremonias a las que da lugar ocupen en la religión de los huichols un lugar preponderante. Estas ceremonias coinciden con el final del verano, estación lluviosa que se extiende desde mayo a octubre, y con el principio del invierno, que recibe en México el nombre de «tiempo de secas», y es la estación de sequía. Ésta es la época del año en la que los indios abandonan los trabajos agrícolas y se reúnen de nuevo en los poblados, próximos a sus edificios religiosos. El más importante de estos santuarios es el toukipa o caliguay «casa de reunión», gran casa circular o rectangular cubierta por un tejado de paja, en cuyo centro se encuentra un banco de arcilla, llamado «lecho del fuego». El toukipa está situado detrás de un patio bordeado de construcciones más modestas, que son los oratorios de los diversos dioses.

Las fiestas del peyote, que se celebran en este entorno, son precedidas por la recolección de la «planta sagrada», que los huichols van a buscar a más de 350 kilómetros al este de su hábitat actual. Por tanto, las solemnidades celebradas en honor del pequeño cactus, comienzan por una peregrinación preliminar. Sólo los hombres pueden hacer este viaje, lleno de privaciones y fatigas extremadamente penosas y que puede durar en total más de treinta días. Sin embargo, como la lluvia, las cosechas, la salud y la vida misma de la tribu dependen de ella, siempre hay indios dispuestos a someterse a estas pruebas y asumir los riesgos.

La partida tiene lugar hacia el mes de noviembre. Llegados en pequeños grupos desde los diferentes pueblos, los peregrinos se reúnen para su expedición. Después de un último baño y una última noche con sus mujeres en uno de los toukipas, sacrifican en el fuego cinco galletas de maíz y se rocían mutuamente con colas de gamo. Se despiden de sus mujeres, derramando lágrimas. Desde ese momento, todo debe contribuir a otorgar un carácter sagrado a los buscadores de peyote. Deben practicar la continencia, abstenerse de tomar sal y no pueden lavarse; reciben para el viaje un nombre nuevo; y su ropa y su equipamiento corresponden a la sagrada misión de la que se encargan (además del arco y las flechas, llevan consigo calabazas de tabaco, consideradas una insignia sacerdotal, sus sombreros están profusamente decorados, con plumas puestas en torno a la copa y con colas de ardilla gris, animal de mirada penetrante que les servirá de guía y protección).

En el momento de ponerse en marcha se eligen entre ellos cuatro capitanes. El primero, verdadero jefe del grupo, a quien todos los compañeros siguen religiosamente, es llamado «Abuelo Fuego», a él le corresponde la tarea de encender la leña recogida para la noche al final de cada jornada, y se le confía el calendario de los peregrinos. Éste es sencillamente un cordel con tantos nudos como días debe durar la expedición. Cada tarde el jefe desata uno y, como en cada pueblo se guarda uno igual para utilizarse del mismo modo, los huichols pueden permanecer unidos a sus compañeros y acompañarlos en la distancia durante el viaje, cuyos trayectos se hacen siguiendo un itinerario invariable. Además, las mujeres de los buscadores de peyote, por su parte, se esfuerzan en contribuir al éxito de la empresa evitando caminar deprisa o correr y sometiéndose a privaciones idénticas a las que soportan sus maridos.

Existe una curiosa práctica, en la que se asocian las esposas que se quedan y quienes las han dejado para marchar por los caminos. Como el dios del fuego, del que el peyote es la representación, exige la pureza de sus adoradores, las mujeres de los peregrinos se reúnen para confesarse mutuamente sus infidelidades conyugales. También intervienen cordeles con nudos en esta extraña ceremonia, pero esta vez como ayuda a la memoria para recordar a las interesadas el número exacto de sus amantes. Cuando las confesiones han terminado, cada una quema su cordel y se consideran expiadas sus faltas. Los viajeros, por su parte, se entregan a una confesión semejante, después de lo cual entregan al jefe sus propias cuerdas y éste las arroja a las llamas. *«Desde este momento, los indios son dioses»*.

Cinco días antes del final de la expedición, los peregrinos se mantienen comiendo únicamente trozos del pequeño cactus. Cuando franquean la etapa llamada de la «Puerta de Cerda», el jefe le confía a cada uno, envuelta en una hoja de maíz, una pequeña porción de tabaco sagrado, que él había guardado hasta ese momento. Esta distribución, que simboliza el nacimiento del tabaco, consuma para los peregrinos su separación del mundo. Depositarios de una sustancia casi divina, que rodean cada tarde de cuidados y veneración, no se reintegran a la comunidad de los vivos hasta haber devuelto solemnemente al Abuelo Fuego el pequeño paquete que les ha entregado. Este acto, que se realizará durante la gran fiesta del peyote, levantará las prohibiciones que el dios a quien pertenece el tabaco les impone en el curso de su expedición. Según sus propias palabras, entonces dejarán de ser «sus prisioneros».

Los buscadores de peyote tienen, por tanto, plena consciencia de la labor religiosa que ejercen. Por otra parte, bien puede decirse que toda la búsqueda de la planta sagrada se hace en un ambiente en el que el mito no deja de mezclarse con la realidad. Las montañas, las rocas, las fuentes, que los peregrinos contemplan al pasar, son otras tantas divinidades que les precedieron en un pasado lejano, pero que se detuvieron en la ruta, y los sueños que tienen por la noche adquieren a sus ojos un carácter profético.

Cuando llegan al término de su viaje, descargan sus mulas y se alinean. Cada uno de ellos pone una flecha en el arco y la dirige sucesivamente hacia las seis regiones del mundo, apuntando al sol en último lugar. En efecto, puesto que el peyote se mostró primitivamente bajo la forma de un gamo, quienes van a recogerlo deben simular una especie de caza. El jefe les muestra una de las mesetas en la montaña, diciendo: «*Allá está el gamo en su primer altar*», y los lleva en esa dirección. Tras él, todos caminan en silencio. En cuanto uno de ellos ve un cactus, dispara dos flechas, teniendo cuidado de no tocarlo para no *herirlo*. Las dos flechas deben lanzarse de tal modo que se crucen debajo de la planta clavándose en la tierra. Cada indio dispara sobre cinco peyotes. En cuanto el grupo alcanza la cumbre de la meseta, se colocan todos en círculo en torno al lugar en el que el gamo se le apareció al capitán de la expedición. El animal se ha desvanecido en un torbellino, pero se reconocen sus huellas por dos peyotes que han marcado su paso, uno al sur y otro al norte. En el lugar sagrado se depositan las ofrendas más ricas que los peregrinos habían preparado en el momento de la partida. Allí se dirigen oraciones a los cinco vientos del mundo y también al cactus divino, para pedir que no los vuelva locos. Después de haber terminado estas ceremonias, van a recoger las flechas y los cactus que habían dejado en su sitio. Luego vuelven a la meseta donde se había producido la aparición y comen devotamente su primera cosecha. Ayudados por la acción del tóxico, todos pueden contemplar ahora el gamo que antes sólo su jefe había entrevisto.

Durante tres días consecutivos, los indios recogen cactus que sacan de la tierra con cuchillos, pero sin estropearlos, porque se trata de mantenerlos vivos.

Cinco días después de su llegada se preparan para emprender el camino de regreso. Se apagan los fuegos. La provisión de peyote se divide en dos partes: una, la más considerable, llena los cestos cargados en las mulas, la otra la llevan los indios, colgada a modo de collares.

El itinerario que siguen para volver a su país es exactamente el mismo que a la ida, pero por la noche, cuando se acuestan, vuelven la cabeza hacia el oeste, mientras que antes la dirigían hacia el este.

Durante el camino sólo comen cactus, por eso, los miembros de la tribu que permanecen en los poblados, sabiendo las privaciones que soportan por el bien de la comunidad, vienen a su encuentro llevándoles galletas de maíz. Esto permite a los peregrinos reponerse y culminar sin demasiado esfuerzo las cinco últimas jornadas del viaje. Sin embargo, por extenuados que estén, no dejan de sentir la extraordinaria satisfacción de haber terminado su misión y haber cumplido con su deber hacia los dioses.

Sin embargo, aún falta mucho para que puedan retomar su vida cotidiana. Ésta comenzará para ellos más tarde, después de la celebración de las fiestas del peyote. La primera de ellas tiene lugar algunos días después de su vuelta. Los peregrinos y sus mujeres se cubren el rostro con pinturas votivas, que son representaciones simbólicas de ciertas divinidades. El color amarillo simboliza al dios del Fuego. Se extrae de una raíz que, al igual que la piedra que sirve para machacarla y como el agua con la que la mezclan, proviene de la región donde crece el propio cactus. Los peregrinos entran en el templo y se reúnen alrededor del hogar principal. Las mujeres y los demás habitantes del pueblo se agrupan en torno a un segundo fuego. Durante toda la noche los viajeros cantan las alabanzas del «Bisabuelo Cola de Gamo» y de todos los dioses que emprendieron en el pasado la búsqueda de la planta sagrada. Al amanecer se lavan la cara y salen en procesión para saludar al sol naciente. A la cabeza del cortejo marchan dos hombres, uno llevando una cazuelita con incienso y otro un vaso que contiene el agua recogida en el país del peyote. La ceremonia acaba con las fumigaciones y aspersiones rituales en honor del sol.

La segunda fiesta es sin duda la más importante y exige largos preparativos. Para que pueda realizarse hay que conseguir una provisión suficiente de carne de gamo ahumado. Por tanto, la caza interviene aquí como un verdadero rito preliminar, que puede prolongarse durante semanas. Por el día, los huichols recorren la montaña y por la noche cantan y rezan en voz alta en los templos. A medida que pasa el tiempo crece el fervor religioso. Clamores cada vez mayores se elevan desde los santuarios y turban el silencio nocturno. Sólo la acción que el cactus sagrado ejerce sobre los indios puede explicar la extraordinaria fortaleza con la que soportan tantas fatigas y vigilias: los sumerge en tal frenesí que algunos de ellos, bajo el efecto de la droga, alzan la cabeza, extienden los brazos y se arrojan hacia delante, como si quisieran volar.

Además de las expediciones de caza, la preparación de la fiesta implica también algunos trabajos agrícolas porque, tal como hemos visto, los huichols vinculan estrechamente el peyote con el gamo y el maíz. La roturación de las tierras para la próxima cosecha es un trabajo de carácter religioso, del que no pueden prescindir si quieren honrar a la planta divina como conviene.

Estas últimas ceremonias, esperadas con impaciencia, no tienen lugar hasta el mes de enero. Los venados y los cactus están apilados cerca del templo. Se ha preparado en abundancia cerveza de maíz (*tesgüino*) mezclada con peyote. Todo está preparado. Sólo entonces los peregrinos y sus mujeres pueden bañarse, lo que les había estado prohibido durante los últimos cuatro meses.

Por la tarde, los hombres entran en el templo con sacos llenos de pasteles de maíz. Éstos son distribuidos entre los asistentes, que beben además un poco de agua traída de la tierra santa donde se encuentra el peyote. Este rito lleva el nombre de «la alimentación del fuego».

Entonces, después de haber depositado sarmientos y ramajes sobre un haz de leña verde, que es «la almohada del Abuelo Fuego» se enciende el hogar central. En el exterior se encienden tres fuegos idénticos; uno en medio, otro en el extremo sudeste, y el tercero en el extremo norte del patio del templo. Después el sacerdote ordena a los peregrinos que entren en el oratorio consagrado al sol. Durante una parte de la noche, los viajeros cuentan su expedición y se dedican a la plegaria. Mientras tanto, se erigen en el patio, sobre los postes, una ardilla gris y un turón rayado, cuidadosamente disecado. Presidirán las danzas sagradas que comienzan a continuación. El sacerdote, acompañado de dos asistentes, se sienta cerca del fuego oriental. Los demás hombres y mujeres, que han decorado para la ocasión sus cabezas o sombreros con multitud de plumas, esperan en el patio a que se dé la señal. En cuanto el canto del oficiante se eleva, empiezan a danzar, dando saltos, imprimiendo a sus cuerpos diversos movimientos y describiendo círculos que se transforman en elipses para aproximarse poco a poco a los dos animales protectores disecados.

Todos llevan apoyado en el hombro un bastón ritual, que representa una serpiente, y algunos de ellos hace girar un trozo de madera adornado con colas de gamo. Sus evoluciones, dirigidas por dos parejas, prosiguen rápidamente en medio de nubes de polvo, en sentido opuesto al movimiento del sol. La danza se interrumpe en algunos momentos, pero siempre son el sacerdote o sus acólitos quienes indican con su canto el momento de comenzar de nuevo.

El segundo día se hace una pausa para que los indios puedan pintarse de nuevo el rostro con las figuras simbólicas de los dioses. El tercer día, la fiesta alcanza su momento álgido. Llega el momento en el que van a ser levantadas todas las prohibiciones en medio de grandes alegrías. Se acaba la cerveza de maíz y se comienza a tomar el aguardiente indígena. El patio del templo pronto está cubierto de hombres y mujeres completamente ebrios.

Por último, la fiesta acaba con una ceremonia que a veces deben retrasar a causa del estado de los asistentes, la «parrillada del maíz», operación que realiza una mujer designada por el sacerdote. Tras esto, los danzantes pueden darse un verdadero festín y comen, entre otros platos, sopa y carne de gamo.

Aunque los tarahumares ocupan un territorio muy alejado de la región que habitan los huichols, rinden al peyote «el tío Hicouri, dios de cuatro rostros que todo lo ve», un culto idéntico al que acabamos de describir y que implica también la búsqueda del pequeño cactus por un grupo de peregrinos y dos fiestas sucesivas que consisten en danzas religiosas.

Entre los tarahumares, como entre los huichols, la celebración de estas fiestas va acompañada de libaciones abundantes de cerveza de maíz mezclada con pulpa de peyote. Es curioso comprobar que los tarahumares concilian perfectamente estas dos prácticas paganas con algunas costumbres cristianas y con las creencias, por otro lado extremadamente vagas, que les han inculcado los misioneros. Siempre considerando al cactus como un verdadero dios protector al que ofrecen sacrificios, se persignan devotamente ante él, y los peregrinos amontonan al pie de la Cruz las plantas que han recogido en el curso de su expedición.

En cuanto a los coras y los tepumanes, que veneran también al cactus sagrado, se muestran menos fieles a las antiguas tradiciones. Así, por ejemplo, no van a buscar por sí mismos el peyote y se limitan a comprarlo. Los tepumanes ya empiezan incluso a sustituirlo por otros tóxicos, como la marihuana o el hachís, cuyo consumo se extiende cada vez más entre los indios mexicanos.

Las relaciones de vecindad que los mescalero-apaches de Nuevo México mantienen con los tarahumares, y las incursiones de los kiowas de Oklahoma en la Sierra Madre del Pacífico y en la Sierra del Nayarit, han hecho pasar el culto del peyote desde México a Estados Unidos. Desde finales del siglo XIX, y a pesar de la oposición de las autoridades territoriales o federales, una ferviente propaganda no ha cesado de extender esta singular devoción entre los indios. Según informes oficiales que datan de 1923, doce estados y una cuarentena de tribus cuentan un número considerable de consumidores habituales del cactus sagrado. También se encuentran hoy hasta en las regiones septentrionales de la gran república americana, en Wisconsin, Minesota y Dakota del Sur. Vale la pena resaltar que los indios que profesan la religión del peyote proclaman que ésta se encuentra unida íntimamente con su raza y que expresa sus más altas aspiraciones. Esta planta de virtudes misteriosas está considerada, por tanto, como el soporte material de un ideal a la vez étnico y religioso.

Las ceremonias a las que da lugar el consumo del «*mescal-buttons*», o rodajas secas de peyote, que se utilizan en Estados Unidos, son mucho más sencillas que las celebradas por los tarahumares o los huichols.

Entre los kiowas, los hombres se reúnen el sábado por la tarde en el *tipi,* o tienda sagrada, y se sientan en círculo alrededor del fuego. El ritual comienza con una oración recitada por el jefe y con la distribución a cada uno de los asistentes de cuatro *mescal-buttons.* Éstos, después de ser masticados, se escupen, se amasan en una bolita y se tragan. Esta manducación va acompañada de un canto que el jefe y su acólito repiten cuatro veces, el primero agitando una especie de gran cascabel, y el segundo golpeando el tambor. Inmediatamente pasan estos instrumentos a los demás indios, de dos en dos, para que también ellos, a su vez, sostengan su propio canto. Cuando acaba esta música hay una pausa y cada uno bebe un poco de agua sagrada y se vierte unas gotas sobre la cabeza. Estas lustraciones van seguidas de una nueva distribución de *mescal-buttons*, sólo que esta vez los participantes no reciben tanto como desean. Así pasan la noche, tomando peyote y fumando cigarrillos, lo que también es para ellos un acto religioso porque consideran el humo del tabaco *«un incienso sagrado»*. Cada cierto tiempo se levanta uno de ellos y recita una oración. El domingo por la mañana, a las nueve, abandonan el tipi y durante el día se alimentan de platos especiales, como el maíz asado.

Aunque en principio este culto está reservado a los hombres, mujeres o niños enfermos son introducidos a veces en la tienda sagrada y se les hace tragar uno o dos *mescal-buttons*, que han sido masticados antes por un sacerdote.

Otros indios de Estados Unidos que practican la religión del *cactus divino* también tienen reuniones especialmente consagradas al consumo del peyote: las *«peyotl-meetings»*. Estas asambleas son organizadas por una *«peyotl lodge»* cuyos miembros asumen los gastos de la ceremonia, bien pagando cada uno su parte o bien alguno, deseoso de mostrar su magnificencia, se encarga de la casi totalidad de los gastos de los *mescal-buttons*. Según los recursos de los que se disponga, la periodicidad de los *peyotl-meetings*, que tienen lugar generalmente en la noche del sábado al domingo, es más o menos frecuente. La droga se puede tomar de distintas maneras. Bien se traga después de haber sido masticada o reblandecida con agua, o se toma en infusión o cocida. Pero en todos los casos, el uso del peyote conserva un carácter religioso, incluso sacramental. Lo más frecuente es que a estas reuniones asistan sólo los hombres, aunque en ocasiones excepcionales pueden ser admitidos mujeres y niños.

La veneración que los indios han consagrado a esta planta mística ha tenido singulares repercusiones en su actitud frente al cristianismo. Unos no vacilaron en rechazarlo deliberadamente en nombre de su devoción por el pequeño cactus. Según las observaciones de los misioneros, este culto, «cuyas raíces se sumergen en el pasado histórico de esta raza cobriza», se alza «contra la religión extranjera de los hombres blancos». En el apego que los indios demuestran a esta superstición, habría que ver «la oposición del paganismo al cristianismo, la lucha de una droga contra la influencia elevadora de la Cruz».

Sin embargo, otros adictos al peyote han pretendido conciliar su consumo con las prácticas y creencias cristianas. Esta asociación está destinada, según ellos, a hacer nacer una religión particular, que debe ser «la forma india del cristianismo». Así, en julio de 1923, «los indios católicos sioux de Dakota del Sur, a los que se unieron los delegados de estados vecinos, se reunieron para su Congreso anual en Saint-Francis, en la reserva Rosebud, a propósito de la prohibición del peyote por las leyes. En el curso de esta convención y como consecuencia de las vivas discusiones, los partidarios de la droga constituyeron una "Peyotl Church of Christ" [la Iglesia Cristiana del Peyote], en la que el consumo del cactus se convertiría en el principal sacramento».

En el seno de estas extrañas comunidades, los mescal-buttons son como las hostias, y el agua en la que se empapan sirve para conferir un bautismo que se administra en el nombre del Padre, del Hijo y del Espíritu Santo, porque se cree que este último se identifica con la planta divina.

Es comprensible que miembros del clero hayan alzado su voz contra este sacrilegio y que algunos se hayan sentido obligados a escribir que «*reconocer a la Iglesia Cristiana del Peyote sería tan incongruente como si se reconociera a la Iglesia cristiana del opio o a la Sociedad cocainómana de los cristianos*».

Sin embargo, se intuye en estas prácticas tan particulares, y hasta en los términos que se emplean para estigmatizarlas, una nueva prueba del importante papel que las sustancias tóxicas desempeñan en el terreno religioso. La utilización sacramental de los venenos místicos que hemos constatado en otros capítulos, y que está aquí probada con una evidencia incontestable, es un hecho sobre el que volveremos más adelante. Mientras, vale la pena conocer un poco más el destino extraordinario de este pequeño cactus, cuyas virtudes ya eran conocidas en el pasado más lejano que pudiésemos imaginar, y hacia el que aún se vuelven estos últimos descendientes de los indios para conseguir con él una ebriedad divina.

La acción psicológica del peyote se debe a los diversos alcaloides que se encuentran en el interior de sus células. Las investigaciones que L. Lewin comenzó en 1888, y que fueron luego continuadas por otros sabios, han permitido identificar y aislar seis de ellos; mescalina, anhalamina, anhalomidina, peyotlina y lofoforina, emparentados con sustancias como la morfina o la estricnina. Cada uno de estos alcaloides contribuye, en una proporción que los especialistas aún tratan de determinar, a provocar lo que se llama «embriaguez peyótica» o mescalínica. Ésta «*provoca en el hombre dos efectos bien distintos: uno de sobreexcitación general, de felicidad, de euforia. Otra de sedación nerviosa, pereza física más o menos acentuada, e hipoactividad cerebral*». Es entonces cuando se producen las coloridas visiones que le han valido al peyote el nombre que le ha dado A. Rohuier: la planta que vuelve los ojos maravillados.

El primer efecto es una fase que se caracteriza por una leve disminución del pulso, una notable resistencia a la fatiga, una sensación de ligereza física, de menor pesadez, de agilidad. El sujeto imagina que casi podría volar. Por otra parte, las pupilas se dilatan y la agudeza visual aumenta. Se disciernen cosas que se habían escapado hasta entonces; en fin, tienen un sentimiento inusitado de potencia intelectual.

Con la segunda fase de la intoxicación por peyote se entra en un estado de dulce languidez, acompañado de manifestaciones de descoordinación motora y vértigo. Aunque la inteligencia permanezca lúcida, está menos despierta. La dilatación de la pupila se acentúa y se producen perturbaciones en la visión. Si en este momento el sujeto cierra los ojos o si se encuentra sumido en la oscuridad, comienzan a asaltarlo alucinaciones que pronto lo absorben completamente. Se ha intentado unirlas en diferentes categorías. Unas serían más bien figuras geométricas, otras, la transfiguración de objetos o escenas familiares, o imágenes y personajes de un carácter irreal y a veces monstruoso. En ciertas alucinaciones totalmente extraordinarias, el sujeto se vería a sí mismo, bien totalmente o bien en parte, interior o exteriormente, pero con cambios continuos de aspecto o de color.

Si estas visiones surgen, como los sueños, del subconsciente, al menos tienen esta particularidad de estar envueltas frecuentemente en colores maravillosos. Quienes han experimentado la droga por sí mismos, proclaman de manera unánime el movedizo esplendor, la intensidad sobrenatural y la inexpresable belleza de los colores que han contemplado. Citaremos aquí algunos testimonios. «*Veía* –dijo uno de ellos– *joyas aisladas o en grupos en gruesas y soberbias alfombras, tan pronto lanzando mil fulgores como brillando con un resplandor opaco y magnífico. Luego se transformaban ante mis ojos, tomando forma de flores, convirtiéndose en soberbias mariposas o en alas refulgentes... A veces tenía la impresión de mirar en el interior de un inmenso vaso vacío y cambiante, cuya pared cóncava, pulida y nacarada estaba revestida de tonos que cambiaban rápidamente.*

A cada instante se manifestaba en mi campo visual una clase de efecto totalmente nuevo. Animados de movimientos rápidos, eran espléndidos colores de tono opaco, uno de los cuales, maravillosos, pareció aproximarse a mí en un momento dado, o bien eran fulgores, o chispas. Lo más frecuente es que fueran colores asociados en combinaciones de una riqueza sobria con puntos brillantes parecidos a joyas.

Todos los matices y todos los tonos que pudiera concebir se me aparecían en un momento u otro... No solamente me impresionaban su esplendor, delicadeza y variedad, sino más aún su encantadora y variada textura».

Otro experimentador afirma que «*desespera de poder describir este espectáculo encantado en un lenguaje que pueda transmitir a los demás su belleza y esplendor*».

La embriaguez peyótica no sólo provoca estas alucinaciones visuales, que arrancan a sus espectadores exclamaciones de admiración, sino que da también origen a otras ilusiones sensoriales y especialmente a curiosas impresiones de «audición coloreada». Por último, se acompaña de algunos fenómenos mentales, entre los que hay que citar la pérdida de las nociones de la distancia y del tiempo y un sentimiento neto de desmaterialización o desdoblamiento de la personalidad. Sobre este último punto, las afirmaciones de la mayoría de los intoxicados son extremadamente precisas. Uno de los sujetos se expresaba así: «*Mientras duró la embriaguez, el lazo existente entre mi ser físico y mi inteligencia se rompió; mi cuerpo se convirtió de algún modo en un extranjero para mi razón*».

En una observación sobre una mujer intoxicada, Rohuier anota lo siguiente: «*La sensación de dos "yo" se instala en ella, un ego muy lúcido y normal parece mandar a otro "yo" que desprecia, se mofa de su otro ego... ¡Felizmente el espíritu domina al cuerpo, esta bestia! Habla de sí con mucha inteligencia y precisión, pero siempre como si fuera doble*».

Un médico relata que bajo la influencia de la droga perdió «*la noción de su existencia corporal*», y que tuvo «*en un grado creciente, inmenso, una impresión de desintegración*». Se comprende fácilmente que tales experiencias, que por otro lado no son exclusivas de la intoxicación peyótica, hayan podido hacer brotar entre los primitivos la idea del alma y su independencia con relación al cuerpo. Si, como piensan los sociólogos, las ceremonias colectivas han conducido al mismo resultado, éste proviene tal vez menos de la influencia ejercida por el grupo entre los individuos que por las perturbaciones orgánicas que producen ciertos ritos y que se asemejan a los desórdenes físicos y mentales causados por los tóxicos. Así, es incontestable que existen danzas que terminan por sumergir a quienes toman parte en ellas en el vértigo y la inconsciencia de una auténtica embriaguez.

En cualquier caso, los efectos del peyote bastan para explicar el papel que ha desempeñado en el ámbito religioso. En presencia de ilusiones deslumbrantes, de las que es testigo estupefacto, el salvaje no ha podido dejar de sentirse transportado a otro mundo en el que se realizaba para él, por contacto inmediato con las fuerzas sobrenaturales, un sagrado estado de evasión y de trascendencia.

El pequeño cactus, considerado primero como recipiente de una energía misteriosa y como agente de una vida superior, se ha convertido en el mediador indispensable entre los hombres y las potencias divinas, sacramento por excelencia que permite comunicarse con la encarnación vegetal del

Fuego, del Sol y los demás dioses. De ahí el culto que se le tributa y los mitos que le conciernen. De ahí, también, la concentración en torno a él de la mayor parte de las ceremonias en las que la colectividad entera muestra su fervor.

El ejemplo del peyote demuestra el preponderante lugar que han ocupado los venenos místicos en los ritos y creencias de los primitivos mexicanos, y ayuda a comprender la historia de ciertas religiones de la antigüedad y la influencia capital que ciertos brebajes tóxicos han podido ejercer en su desarrollo. Tendremos ocasión de constatarlo en la tercera parte de este trabajo.

No menos significativa es la adaptación al cristianismo del uso del peyote. Si los indios de Estados Unidos han querido asociarlo a la nueva fe que les traían los misioneros, e incorporarlo a los dogmas y rituales de una Iglesia indígena, no es únicamente por apego al pasado de su raza; también es, sin duda, porque la planta sagrada aportaba a sus aspiraciones una satisfacción más rápida y fácil que las prácticas y ejercicios de la espiritualidad cristiana. Podemos observar aquí, una vez más, el favor del que siguen gozando los viejos procesos materiales de la mística primitiva en razón del menor esfuerzo que exigen por parte de los hombres. Seguramente veremos, por el mismo motivo, cómo pronto el pequeño cactus recluta adeptos también entre nosotros. En todo caso, a esto induce una propaganda insidiosa, sustentada desde hace algún tiempo por nuestros diarios, cuyo fin es divulgar entre el público ciertas especialidades farmacéuticas a base de peyote, bajo el pretexto de que se encuentra allí un remedio soberano para todas las formas de la neurastenia. Habría que preguntarse si la interesada provocación de una nueva toxicomanía atenuará en algo el desequilibrio, demasiado evidente, que sufre nuestro mundo actual.

CAPÍTULO VII

EL CONSUMO DE BEBIDAS FERMENTADAS EN LA RELIGIÓN DE LOS PRIMITIVOS

Algunos ejemplos: la bebida de bokaña entre los baronga. El algarrobo, la yuca y la cerveza de maíz en América del Sur.

Los tóxicos de los que hemos hablado hasta aquí, y otros que podríamos mencionar todavía, no son las únicas sustancias a las que han recurrido los primitivos para sumergirse en la ebriedad mística. Por las mismas razones, no es menos importante el papel que desempeñan en este sentido las bebidas fermentadas.

Éstas son innumerables, puesto que todos los vegetales azucarados o amiláceos pueden servir para fabricar líquidos alcohólicos. Así es como, según las regiones, han contribuido los más diversos frutos, la savia del bananero, la caña de azúcar, ciertas especies de palmera, agaves y cactus, los granos del mijo, sorgo, ordio, maíz, arroz, etc., a fin de obtener bebidas embriagantes.

Es inútil tratar de hacer una lista, como sería en vano buscar los orígenes de su consumo, que se pierden en la noche de los tiempos. Lo que nos importa aquí es el empleo que se hace en el ámbito religioso. No obstante, como sobre este punto abundan los testimonios, nos limitaremos a citar algunos ejemplos de los más típicos.

El primero lo situamos en una tribu bantú, establecida en la costa oriental de África del Sur, los baronga. Entre las diferentes bebidas fermentadas de uso entre ellos, hay una en particular que parece estrechamente asociada a su religión. Es una especie de vino sacado de los frutos de un árbol que los indígenas llaman *nkagne*, y los europeos *ciruelo cafre*.

El nkagne, que representa la vida, la salud y el poder vegetal, puede ser considerado como un árbol sagrado. Esto se constata primero por el papel que cumple en los ritos funerarios. Dos de sus ramas forman un caballete sobre el que debe reposar el cadáver en el fondo de la tumba. Una tercera rama se pone en la mano derecha del muerto. A medida que se llena la fosa, se tira suavemente, de modo que siempre emerja de la tierra. Cuando termina la inhumación, el pariente más próximo del difunto la coge y, haciéndola girar en el aire, pronuncia el *tsou* sacramental, una oración elemental por la cual se implora la vida. Tras esto, se arroja la rama sobre la tumba.

El nkagne es también, de algún modo, símbolo de virilidad. La primera manifestación de la pubertad entre los adolescentes se designa por la expresión «*ha bebido el nkagne*».

Por último, las nueces del árbol sagrado figuran obligatoriamente entre los diversos objetos que se utilizan en las prácticas adivinatorias.

Pero lo que da al nkagne su mayor importancia es el licor acidulado que se obtiene, prensando la pulpa de sus frutos y haciendo fermentar el líquido que sale. La fabricación de esta bebida, que lleva el nombre de bokaña, da lugar a ritos y a fiestas que, coincidiendo con el buen tiempo y el comienzo del invierno, marcan para los baronga una renovación general del tiempo y de la vida.

Estas ceremonias, que se prolongan durante varias semanas, comienzan por dar al rey la ocasión de ejercer una de sus prerrogativas esenciales, el derecho de *louma*; es decir, el derecho de comer o beber el primero ciertos productos de la tierra.

Nadie puede tomar bokaña antes que él. La razón de esta costumbre, que se aplica también al mijo, es evidentemente de origen religioso. La tierra y cuanto ésta encierra es propiedad de los antiguos jefes divinizados y, en consecuencia, de su descendiente, sobre quien reposa la responsabilidad de asegurar a su pueblo la fertilidad del país. De ahí la obligación de sus súbditos de reservarle las primicias de las principales cosechas. Por esto, cuando maduran los frutos del nkagne, los grandes de la región van a su jefe y le dicen «*ha llegado el momento del louma*». En seguida se prensa un poco de bokaña, que los consejeros derraman en las tumbas de los reyes. Estas libaciones van acompañadas de sacrificios y oraciones para que el nuevo año sea favorable y para que el brebaje sagrado no provoque entre los baronga querellas ni batallas. Luego, si las prácticas adivinatorias ofrecen buenos presagios, el jefe, tras los soberanos muertos que se han convertido en dioses, ejerce a su vez el derecho de louma. El rey bebe. A partir de este momento, sus súbditos están autorizados a beber.

Primero ejerce este derecho el ejército. Las mujeres de la capital van a coger frutos de los que hacen una enorme provisión. El bokaña se prepara en cantidades considerables. Respondiendo a la llamada, todos los guerreros del país se reúnen cerca de la residencia real. A la primera ración de bokaña que se distribuye se mezcla una sustancia mágica, «*el polvo que quita la sed de la sangre*». Esta medicina, que se les administra igualmente tras los combates, debe impedirles cometer actos de locura, «tener los ojos rojos» y matar a sus compañeros. Cada uno recibe una pequeña calabaza llena de esta mezcla, toma un sorbo que escupe en seguida pronunciando el tsou ritual, y luego dice: «*padre y madre, pueda yo vivir, pueda tener la calabaza, incluso mañana, siempre*». Mientras, los demás danzan cantando la canción del bokaña nuevo.

Cuando termina este ritual preliminar, los guerreros, por el privilegio que les confiere su rango social, pueden beber hasta hartarse. Luego reemprenden el camino a sus poblados, donde continúan las orgías. Pero antes de regresar, reciben del principal consejero del rey algunas recomendaciones: *«Bebed en paz, que nadie hiera al bokaña haciendo mal, traspasando a su hermano con la lanza... no provoquéis a los extranjeros de paso en el país»*, etc.

Entonces comienzan las grandes fiestas, que se extienden a todo el país y en las que participa el conjunto de la población. En cuanto el jefe local de cada distrito ha ejercido a su vez, como el rey, el derecho de louma, se levantan las últimas restricciones. *«Desde entonces ninguna restricción. Se bebe de día y de noche. Cuando se termina en un pueblo se va a otro. Son saturnales, bacanales, el carnaval de la tribu. Durante semanas, algunos individuos no salen de una semiembriaguez. Por todas partes hay orgías, cantos y danzas».* En este tiempo, como dicen los baronga, «la ley no tiene fuerza», los tabúes son abolidos y reina la licencia.

Sin embargo, no se descuida pagar al rey el tributo de bokaña que le es debido. Es necesario procurarles vino nuevo. Las mujeres, que le llevan cestos llenos de frutas y cántaros llenos de bebida, cantan por el camino sus alabanzas. Hay todo un ciclo de estos cantos de porteadoras, destinados a glorificar a los jefes.

Finalmente, cuando va a comenzar el invierno, se termina la fiesta con la orgía «de fin de estación», es decir, los festejos con los que reciben al rey cuando va a devolver a sus súbditos la visita que le han hecho.

Es imposible negar el carácter religioso de todas estas ceremonias. Es evidente que algunos términos que se han empleado para describirlas evocan ciertas prácticas de la antigüedad clásica, al igual que el lugar que los cantos de circunstancias ocupan en las fiestas de los baronga. Podemos constatar aquí una vez más la importancia de estas intoxicaciones colectivas para el nacimiento y desarrollo de las formas rudimentarias del arte. La continuación de nuestro trabajo nos dará ocasión de volver sobre este aspecto.

Conviene añadir que los baronga beben también una cerveza de maíz, cuya fermentación está provocada por la levadura de mijo. La preparan y beben en cantidades considerables en el momento de los matrimonios, para los ritos de reconciliación y en el culto a los antepasados. Éstos reciben su parte, que se vierte en un cántaro colocado al pie de una de las dos varas que marcan la entrada a los poblados. En general, en las fiestas, la población entera consume siempre una gran cantidad.

Encontramos otro ejemplo del papel que las bebidas fermentadas pueden desempeñar en la vida religiosa de los primitivos entre los indios no civilizados del Gran Chaco argentino-boliviano. Las bebidas embriagantes que toman estas poblaciones provienen de frutos de diversos árboles que crecen en estado salvaje y, en particular, del algarrobo (*Prosopis alba*). Como las demás plantas, se dice que el algarrobo es la residencia de un espíritu que determina su crecimiento y hace madurar sus frutos. Para acelerar su maduración, los indios, mucho tiempo antes, se esfuerzan en ayudar al espíritu en su tarea de apartar a los demonios que tratan de perjudicarlo, por medio de tamborileos y cantos mágicos.

La época, esperada impacientemente, en la que se podrá preparar el vino de algarrobo, es un momento solemne en la vida de la tribu. El trabajo se reparte entre los hombres y las mujeres. Ellas están encargadas de ir a recoger los frutos en el bosque, machacarlos en los morteros y luego masticarlos, para mezclar la pulpa con la saliva.

Es necesario resaltar aquí que la observación ha llevado a los primitivos a darse cuenta de la importancia de la insalivación de ciertas sustancias como medio de favorecer la fermentación. Si ignoran científicamente que las glándulas parótidas, submaxilares y sublinguales transforman el almidón en azúcar, han constatado por la experiencia, sin embargo, algo de las propiedades de estas secreciones, y saben utilizarlas muy bien.

Para los indios, la saliva, producto directo del alma y el cuerpo, está dotada de un poder mágico particular, atestiguado precisamente por la acción que ejerce en la elaboración del brebaje que se revela capaz de sumergirlos en la embriaguez.

Cuando las mujeres han acabado su tarea, comienza la de los hombres. Toda su actividad se concentra en torno a este fenómeno, a sus ojos sobrenatural, de la fermentación. Gracias a ésta, en efecto, el espíritu que anima al algarrobo se incorpora con toda su fuerza al líquido extraído de los frutos.

La masa de pulpa masticada e insalivada se deposita en un gran odre de piel de cabra en una cuba de madera, donde se vierte agua caliente. La mezcla fermenta durante la noche. Pero la oscuridad pasa por ser propicia a las empresas de los malos espíritus, que quisieran impedir que se realizase la misteriosa operación. Esta creencia, y el temor que manifiesta de un fracaso siempre posible, están en el origen de ciertos mitos que encontraremos más adelante, y que conciernen a la detestable actividad de demonios ladrones, empeñados en apoderarse de alguna ambrosía divina.

Para impedir que la fermentación sea perturbada por intervenciones maléficas, todos los hombres del poblado se agrupan en torno al recipiente. Entonan un canto mágico, que marcan con matracas y acompañan con el redoblar de los tambores. Este canto tiene como característica que la frase musical comienza por un fortísimo, para hacerse poco a poco casi imperceptible, se vuelve a retomar a pleno pulmón, pero se apaga pronto en un nuevo decrecendo. Sigue así hasta el alba, sin ninguna interrupción.

En cuanto llega el día, los peligros que amenazaban a la fermentación están conjurados. El encanto se ha operado. La presencia del espíritu se afirma en la bebida; de ahora en adelante estará impregnada de la virtud que la hace propia para ser consumida y dar a los bebedores la embriaguez, o más exactamente, la posesión que esperan.

Añadamos que los indios emplean los mismos procesos y cumplen las mismas ceremonias cuando utilizan, para obtener otros líquidos embriagantes, los frutos de un árbol llamado tusca (*Acacia aroma*) y de manera más excepcional los del chañar (*Gurlica decortitans*) y el mistol (*Zizyphus mistol*).

Sólo los hombres toman parte en las grandes orgías que siguen inmediatamente a la preparación de estos brebajes. Se beben también en los matrimonios, nacimientos, funerales y tras una expedición de caza o de guerra. El fin que los indios se proponen alcanzar es la elevación de su potencial mágico; es decir, la energía a la vez física y psíquica que cada ser humano encierra y que puede desarrollarse gracias a ciertos medios artificiales. La embriaguez es uno de ellos. Embriagarse, en efecto, es estar poseído de un buen espíritu, que podrá defender a los hombres contra los demonios y contra los males de toda especie. También el indio se embriaga cuando se siente expuesto a peligros sobrenaturales.

Para las tribus que habitan en las regiones tropicales de América del Sur, la yuca desempeña el mismo papel que el algarrobo entre los indígenas del Gran Chaco. Los frutos son pelados y hervidos. Las mujeres mastican una parte, luego toda la masa de pulpa se vierte en jarras donde se deja fermentar. Cuando se trata de preparar este brebaje para alguna solemnidad, se confía el trabajo a una mujer vieja elegida especialmente para la circunstancia, cuya intervención se juzga indispensable. Ella dirige los encantamientos mágicos que cantan sus acompañantes, a fin de acelerar la fermentación. Entre los jíbaros, en la celebración de la fiesta Tsantsa, el guerrero que ha traído la cabeza de un enemigo debe participar en estas operaciones preliminares, en razón de la fuerza particular de la que está penetrado y que su victoria ha hecho manifiesta. Su mujer se une a él para asistirlo.

Todas las ceremonias importantes van frecuentemente precedidas, o en todo caso seguidas, de grandes libaciones y de una embriaguez general.

Los mismos indios saben fabricar también con los frutos de la yuca una bebida más fuerte, cuya preparación va acompañada de prohibiciones especiales. Entre los canelos, la vieja encargada de esta tarea no debe comer sal ni pimienta y se le prohíbe bañarse y pasearse al sol.

Además de la yuca, otras plantas sirven a los indígenas de la cuenca alta del Amazonas para elaborar bebidas embriagantes. Así, por ejemplo, la palmera chonta, cuyos frutos maduran entre abril y mayo. Los tratan como a los de la yuca. Durante la fermentación, los indios, cubiertos con sus más bellos adornos, se entregan a una danza especial, cantando un conjuro destinado a invocar a la fiesta a un cierto número de animales amantes de la chonta. Cuando comienzan a beber, llaman de nuevo a estos animales, a quienes llaman hermanos o cuñados, para que vengan a unirse a ellos, y hacen resonar sin descanso sus tambores sagrados. Es evidente que en todas estas prácticas el consumo de bebidas fermentadas no tiene otro fin que establecer una comunión mística entre los hombres y los espíritus. El carácter religioso de estas intoxicaciones es, pues, irrefutable.

Los ejemplos que acabamos de citar podrían bastar, pero nos parece necesario volver sobre una bebida que hemos mencionado varias veces y cuyo uso, coincidiendo con el desarrollo de la agricultura entre los primitivos, se ha extendido a numerosas regiones del globo y ha tomado, en la vida religiosa del continente americano, una importancia capital: la cerveza de maíz.

En este caso, los documentos que poseemos nos permiten, primero, remontarnos al pasado en busca de sus posibles orígenes. Así, sabemos que en el antiguo Perú la cerveza de maíz, que fue llamada primero *acca* y que más tarde recibió el nombre de *chicha*, era un elemento esencial de la religión solar instaurada por los incas. El soberano en persona ofrecía un sacrificio al Sol en la fiesta del Raymi (fiesta principal que se celebraba en el momento del solsticio de invierno, el 21 ó 22 de junio). El Inca reinante elevaba hacia el astro que subía en el horizonte un vaso sagrado lleno de chicha, preparada por las vírgenes del Sol, y derramaba el contenido. Luego bebía un poco de la misma cerveza sacada de otro vaso y hacía tomar el resto a los miembros de su familia, tras lo cual, los curacas, es decir, los grandes jefes que gobernaban en su nombre las provincias de su imperio, bebían a su vez la chicha sagrada. En los días siguientes la población entera se entregaba a las libaciones.

Como el Sol, las demás divinidades también debían recibir ofrendas de chicha. Los sacerdotes la bebían también y, en su caso, intervenían además otros procedimientos, tales como fumigaciones narcóticas, saltos y danzas, para sumergirlos en la embriaguez y el éxtasis. Cuando volvían en sí pronunciaban los oráculos.

A estos testimonios, concernientes a los fenómenos civilizados del pasado, vale la pena añadir el de Jean de Léry sobre los indios salvajes de Brasil, entre los que vivió en 1557.

Jean de Léry cuenta primero cómo las mujeres de los toüou-pinambaults cogen allí, para preparar brebajes, extractos de raíces de *aypi* y de *maniot*.

«*Después de haberlas cortado tan menudas como rabanillos, las meten al puchero, haciéndolas hervir así, en pedazos, con agua en grandes vasijas de barro; cuando las ven tiernas y reblandecidas, las quitan del fuego y las dejan enfriar un poco. Hecho esto, varias de ellas se acurrucan en torno a estas grandes vasijas, tomando de ellas rodajas de la raíz así reblandecida; después de haberlas masticado bien en sus bocas, sin tragarlas, tomando un trozo tras otro, los ponen en otras grandes vasijas de barro que están preparadas en el fuego y que hacen hervir directamente. Así, removiendo siempre este potaje con un palo hasta que lo ven bastante cocido, quitándolo del fuego por segunda vez, sin colarlo ni pasarlo, cogen todo y lo vierten en otras cañas de barro, más grandes, cada una con la capacidad de un barril de vino de Borgoña. Después de que ha espumado y fermentado, cubriendo estas vasijas, dejan ahí el brebaje hasta que se quiera beber al modo que diré...*».

Pasando luego a la preparación de la cerveza de maíz, Jean de Léry añade:

«*Ahora bien, nuestros americanos, haciendo hervir del mismo modo y mascando también, en su boca, este grueso mijo, llamado avati en su lengua, hacen un brebaje, igual que hacen el de las raíces antes mencionadas. Repito que son las mujeres quienes realizan este menester, porque aunque yo no haya visto hacer distinción entre las jóvenes y las casadas (como alguno ha escrito), todo indica, sin embargo, que los hombres tienen la firme opinión de que si ellos masticasen tanto las raíces como el mijo no saldría bueno; incluso reputarían indecente para su*

sexo mezclarse en esto, lo que en buena ley me parece que es co-
mo entre nosotros, que también se encontraría extraño ver esos
grandes campesinos desaliñados de Bresse y otros lugares de por
allí tomar copos para hilar.

Los salvajes llaman a este brebaje caouin, el cual estando
turbio y espeso como los posos tiene casi el gusto de la leche
agria, y tienen rojo y blanco, como nosotros el vino.

Además, como estas raíces y este grueso mijo del que he ha-
blado crecen en su país en todas las épocas, también cuando les
place pueden hacer en toda estación este brebaje. A veces en tal
cantidad que he visto de golpe más de treinta de esas grandes
vasijas (que ya he dicho pueden albergar más de sesenta pintas
de París), llenas y ordenadas a lo largo, en medio de sus casas,
donde siempre están cubiertas hasta que sea necesario [...]

Después, y principalmente cuando en las ceremonias que
veremos en otra parte matan solemnemente a un prisionero de
guerra para comerlo, su costumbre (totalmente contraria a la
nuestra en materia de vino, que nos gusta fresco y claro) es be-
ber este caouin un poco caliente; lo primero que hacen las mu-
jeres es un pequeño fuego en torno a las cañas de barro, donde
están, para entibiarlo. Hecho esto, comenzando por uno de los
extremos, se descubre la primera vasija, se remueve y enturbia
este brebaje, sacándolo tras esto con grandes calabazas partidas
en dos, de las cuales algunas tienen alrededor de tres cuartillos
de París, así que los hombres, danzando, pasan unos tras otros
cerca de las mujeres, quienes les presentan y entregan, a cada
uno en la mano, uno de estos recipientes llenos, y ellas mismas,
sirviendo de sumilleres, no olvidan echarse otro tanto. Tanto
unos como otros no dejan de beber y tragarse todo de un solo
golpe, ¿pero sabéis cuántas veces? Será hasta que las vasijas, y

hay hasta un centenar, estén todas vacías y no quede ni una sola gota de caou-in dentro. Y en efecto, los he visto tres días y tres noches sin dejar de beber; pero en cuanto están hartos y ebrios y no pueden más (igual que dejar el juego hubiese sido reputado afeminado y más que cobarde entre los alemanes), cuando tienen rendida su garganta, es para recomenzar con más fuerza que antes [...]

Así, continuando con mi propósito, mientras dura esta fiesta, nuestros bribones americanos, para calentarse más el cerebro, cantando, silbando, animándose y exhortándose unos a otros para que se porten valientemente y cojan muchos prisioneros cuando vayan a la guerra, estando arreglados como grullas, no cesan de danzar de esta suerte, de ir y venir por la casa donde están reunidos, hasta que esté terminado; es decir, no saldrán jamás de allí en tanto sientan que hay algo en la vasija. Y ciertamente, para verificar mejor lo que he dicho, que son los primeros y superlativos en materia de embriaguez, yo creo que hay alguno que por su parte, en una sola asamblea de éstas, toma más de veinte recipientes de caou-in. Pero sobre todo, en cuanto a la manera que los he pintado en el capítulo precedente, están adornados con plumas y de este modo matan y comen a un prisionero de guerra, haciendo así bacanales al modo de los antiguos paganos, hartos seguramente como prestes, entonces les parece bien ver nublarse los ojos en su cabeza».

La significación religiosa de estas prácticas que Jean de Léry describe de un modo tan minucioso y de las que él mismo ha sido testigo en el curso de ciertas ceremonias, ha sido confirmada por recientes expediciones entre los indios que hablan lenguas guaraníes, especialmente los abas y chiriguanos, así como por sus congéneres semicivilizados que habitan las regiones montañosas del Ecuador y hablan quechua.

Entre los chiriguanos la cerveza de maíz se llama can-goüi. Según una antigua costumbre, los granos son cocidos y mascados; luego se vierte la pasta insalivada en grandes recipientes de arcilla, donde se deja fermentar.

Se consume el cangoüi con ocasión de las fiestas solem-nes, durante las cuales los indios se ponen máscaras que después queman o arrojan al río. Estas fiestas tenían antaño un carácter religioso netamente marcado. Quienes tomaban parte se ponían en torno al cuello collares mágicos y se ata-ban gruesos cascabeles a las muñecas y a los tobillos. En sus danzas llevaban la cara enmascarada y el cuerpo cubierto de plumas. Lo que pretendían con todas estas prácticas era apartar a los malos espíritus, entrando en comunicación con los buenos.

Los indios quechuas dan a la cerveza de maíz el nombre de azua. Beben cuando celebran una solemnidad cualquiera y también con ocasión de los nacimientos, los matrimonios y funerales. En general, sin azua, todo acto ritual sería in-eficaz. Las libaciones abundantes se consideran particular-mente necesarias en el momento de una muerte, porque la embriaguez es el medio más seguro para los supervivientes de protegerse contra los demonios de la enfermedad y de la muerte. Por eso, un viudo o una viuda deben embriagarse para no sufrir la misma suerte que su cónyuge.

Recordemos, por último, el papel de la cerveza de maíz en las asambleas religiosas de los indios salvajes de México. Los huicholes y los tarahumares, de los que ya hemos hablado, consumen una gran cantidad en todas las ceremonias. Pien-san que para rendir culto a las divinidades es indispensable entregarse a la danza y tomar bebidas fermentadas o destila-das, entre las que figura en primer lugar la cerveza de maíz, que los tarahumares llaman tesguino.

Como ha escrito un viajero, danzando y bebiendo expresan todas las peticiones que dirigen a sus dioses. Un indígena decía, de forma más sencilla: «*Oramos con la danza y con la jícara*».

Esta palabra tan significativa nos va a servir de conclusión. La danza, que por su agitación más o menos frenética puede provocar en el organismo un efecto anestésico, y la copa llena de una bebida embriagante, de la que se esperan los mismos efectos, son dos de los medios principales que emplean los primitivos para probar estas experiencias místicas. ¿Por qué recurren a esto? Porque el vértigo y la embriaguez los transportan fuera de sí, porque encuentran allí lo que parece responder a su necesidad de evasión y trascendencia, y porque interpretan las turbaciones físicas y psíquicas que se producen en ellos como pruebas de la intervención de las potencias sobrenaturales y signos manifiestos de una verdadera posesión.

CAPÍTULO VIII

LOS TÓXICOS Y LA VIDA DEL ESPÍRITU

La acción de los tóxicos sobre la vida psíquica. El método farmacodinámico. El tratamiento de los dementes precoces. Las turbaciones provocadas por los tóxicos entre las personas sanas.

Tal vez sea conveniente, antes de llevar más lejos nuestra encuesta, examinar de nuevo la influencia de los tóxicos sobre la vida del espíritu, porque es evidente que allí se encuentra la explicación del papel que éstos desempeñan en las prácticas religiosas de los pueblos primitivos.

Aunque, como los propios especialistas reconocen, estemos limitado a hacer simples conjeturas sobre las modificaciones que los tóxicos introducen en las células nerviosas, obrando quizás como las hormonas de las glándulas de secreción interna, podemos al menos darnos cuenta de las perturbaciones que ocasionan en las funciones psíquicas.

Disponemos, en este sentido, de un gran número de trabajos, unos ya antiguos y otros recientes, que se apoyan sobre observaciones precisas. Son, en particular, estudios de psiquiatras que han tratado de proyectar alguna luz en las profundas perturbaciones del alma, donde nace la locura, sirviéndose de algunas drogas que hemos mencionado antes.

Desde 1845, Moreau de Tours preconizaba el empleo del hachís como *«un medio de exploración poderoso, único, en materia de patología mental»*. Después de él, otros han recurrido al éter, la cocaína o el alcohol para llevar a cabo investigaciones similares acerca de diversas categorías de alienados.

Estos ensayos han llevado a la creación de un verdadero método de experimentación, fundado sobre la acción que los tóxicos ejercen sobre el psiquismo y sobre el sistema cerebromedular. Este método, llamado farmacodinámico, permite *«crear síntomas nuevos, despistar síndromes latentes, agravar los síndromes de evolución, disociar las diferentes perturbaciones neurológicas, gracias a pruebas, cuyo valor ha sido reconocido por los clínicos, realizadas con hachís, éter, cocaína, somníferos, opio, peyote, yajé, escopolamina, etc.»*.

Sin entrar en consideraciones sobre las causas de las enfermedades mentales, lo que estaría fuera de nuestro propósito, y el papel que según las teorías dinamicistas conviene atribuir, aparte de las lesiones orgánicas, a la lesión funcional reversible, es decir, a la disociación y el paro psíquicos, nos bastará mencionar que el empleo de las diversas sustancias que acabamos de enumerar parece particularmente indicado en el caso de la demencia precoz.

El demente precoz ha sido definido como «un soñador despierto», o como «rico cuyo capital ha sido paralizado» hasta que se convierte en «un pobre real». En consecuencia, tanto desde el punto de vista diagnóstico como terapéutico, *«la cuestión esencial que se plantea es descubrir las posibilidades dinámicas de cada enfermo, evaluar su capital psíquico y su capacidad de reintegración. La discriminación entre los dementes precoces susceptibles de renacer y quienes no tienen ya ninguna posibilidad de vida psíquica, descansa en estas evaluaciones»*.

Sin embargo, el descubrimiento de estas posibilidades dinámicas de reconstrucción vital permanece subordinado a la supresión, al menos temporal, de las barreras de negativismo, mutismo y hostilidad que estos enfermos oponen al psiquiatra que los cuida. Se trata de desbloquearlos, a fin de penetrar el secreto de su vida interior, de su autismo.

Para llegar a este punto, la señorita Pascal, médico jefe de los Asilos del Sena, ha ideado un método que se basa a la vez en el empleo de agentes farmacodinámicos (alcohol, éter, clorhidrato de cocaína, sulfato de estricnina, hachís, peyote, etc.) y la utilización de algunos procedimientos del psicoanálisis, tales como la exploración oral, las palabras evocadoras o dinamógenas, la excitación sensorial por medio de la música, etc.

Lo que nos interesa particularmente de estas investigaciones, que han necesitado un largo y paciente perfeccionamiento, son los efectos de los tóxicos sobre el psiquismo de los dementes precoces. Es evidente que según el grado de desintegración mental de los sujetos tratados, los resultados de las experiencias varían. Sin embargo, de las observaciones hechas en el servicio de la doctora Pascal se deduce que la excitación farmacodinámica permite suprimir en la mayor parte de los enfermos las barreras de mutismo y negativismo y despertar en ellos cierta sociabilidad.

Este desbloqueo inicial se acompaña de la desaparición de esa «pantalla» que los distanciaba del ambiente que los rodea. La readaptación a lo real ha ido seguida a veces de una verdadera reintegración psicológica. En algunos casos, *«el sentimiento de la personalidad produce sensaciones, recuerdos, continuidad de los estados de consciencia, y el conocimiento de lo que somos con relación al medio se recobra poco a poco»*.

Así, gracias al empleo de ciertos tóxicos, se ha podido, primero, explorar la vida interior de los sujetos y, en consecuencia, evaluar su dinamismo mental y descubrir el contenido de sus psicosis. Además, la aplicación del método farmacodinámico a los dementes precoces ha demostrado que éstos, cuando están sometidos a la acción de las drogas, vuelven a estar momentáneamente lúcidos. Su pensamiento profundo, liberado de la prisión en la que estaba encerrado, no es ni el del sueño normal o mórbido ni el del delirio onírico. Se adapta a la realidad, «*reencuentra sus moldes sintácticos*», es racional, «*se organiza sobre las bases de tiempo, espacio y causalidad*», y no implica disociación de la personalidad. Lejos de moverse en las fantasmagorías de la imaginación, la vida interior de los enfermos se revela pobre y seca. «*Incluso entre quienes han conocido la euforia cocaínica, la confesión es monótona, los recuerdos se alinean sin ímpetu y sin alegría. Los elementos dormidos, despertándose al contacto de los agentes químicos, encuentran su coordinación y su apego al yo*».

Parece que la ingestión de tóxicos tiene en el demente precoz consecuencias diametralmente opuestas a las que produce en el psiquismo del individuo sano.

Para darnos cuenta de esta singular inversión nos bastará recordar algunos hechos que ya hemos tenido ocasión de señalar. Notemos, primero, que al contrario de lo que sucede en estos enfermos, las intoxicaciones religiosas de las que hemos hablado tienden a disminuir, incluso a destruir la sociabilidad. Son numerosos los casos en los que impulsan a un sujeto a buscar el aislamiento y a separarse. Incluso cuando no lo apartan completamente de sus semejantes, sumergiéndolo en la soledad de la embriaguez y del sueño, a menudo llevan a la supresión de firmes hábitos de comportamiento transmitidos por tradición o impuestos por el grupo social. Sí, levantan las censuras, abrogan los tabúes y desencadenan la licencia, o dicho de otro modo, el libre juego de los instintos individuales, refrenados de ordinario por las costumbres y reglas de la vida social.

No menos significativas son las perturbaciones que provocan en las funciones psíquicas. Mientras que el tóxico despierta al demente y le devuelve una lucidez relativa, determina en la persona sana una sucesión de estados de oscurecimiento mental, que pueden llegar hasta la verdadera locura.

Entre estos estados conviene citar ante todo el sueño, que se podría considerar un fenómeno normal si no tuviera aquí una causa artificial. Tanto y más aún que el demente, el intoxicado es en realidad, más que nada, un soñador despierto. El sueño que Kretschmer clasifica entre los «mecanismos hiponoicos», que reproducen «las fases inferiores del desarrollo de la vida psíquica», procede de un relajamiento de la consciencia, normalmente consecuencia del sueño. Se caracteriza por el predominio de imágenes visuales, que se suceden, se combinan y se funden unas en otras sin ninguna lógica y sin que intervengan las categorías de tiempo, lugar y causalidad sobre las que se moldea el pensamiento racional. Las «corrientes afectivas» desempeñan un papel primordial en la formación y aglutinación de estas imágenes con respecto a las que el sujeto se comporta de forma activa y pasiva a la vez. Cuando soñamos, los dos principales complejos de nuestra experiencia psíquica, el «yo» y el «mundo exterior», se hacen de tal modo difusos, se absorben tanto el uno al otro, que no llegamos a distinguirlos. Lo que aparece en un momento dado como el «yo», puede al momento siguiente, o incluso de manera simultánea, aparecer como el «no yo»; de ahí, una disociación de la personalidad que llega hasta su identificación total o parcial con uno u otro ser, o con algún objeto del mundo exterior.

Se ha notado, no sin razón, que el sueño, por las singulares asociaciones a las que da lugar, se aproxima a la mentalidad mágica de los primitivos. Parece incluso llevarnos a una forma de pensamiento todavía más arcaica. Así, se revela una ausencia de asombro que se manifiesta en el soñador como un estado de pasividad y de entorpecimiento análogo quizás al que tiene el animal.

Sin embargo, no hay que olvidar que el sueño, precisamente porque surge en un estado de oscurecimiento pasajero de la consciencia, que encierra la realidad en esquemas destinados a hacerla más práctica y utilizable, deja el campo libre a todo lo que pueda surgir del subconsciente, es decir, a todo lo que es instintivo, intuitivo y espontáneo. Los creadores, los hombres de genio, y más particularmente los artistas y poetas, han insistido tanto en la analogía que existe entre el sueño y el modo en que se desarrolla su actividad creadora, que estamos obligados a admitir esta analogía como un hecho establecido. Y es que parece que las actividades creativas se desarrollan, en efecto, en una semioscuridad psíquica, en un estado de semiinconsciencia, de distracción; cuando la atención, abstraída del mundo exterior, está intensamente concentrada, como en la hipnosis, en un solo punto y se olvida por completo del tiempo y del espacio, libre de toda influencia de la lógica y la voluntad. Entonces el sujeto está sumergido en una especie de vida pasiva, y no ve desarrollarse ante sus ojos más que imágenes concretas. En esta fase de creación artística, tan próxima al estado onírico, se ven manifestarse con una violencia elemental las primitivas tendencias al ritmo y a la estilización.

A menudo hemos tenido la ocasión de constatar las estrechas relaciones que existen entre las intoxicaciones religiosas y las diversas manifestaciones estéticas, y señalamos ahora lo que el sueño y el arte pueden tener en común. No hay que asombrarse de que este último, como la religión, haya encontrado en la ebriedad una fuente de inspiración.

Además del estado de somnolencia, la acción de los tóxicos puede provocar un delirio onírico, con sus síndromes de influencia, de posesión y de despersonalización, que implica la pérdida gradual de la consciencia de sí mismo ante la irresistible invasión de lo subconsciente.

«Aquí, más aún que en el sueño, predominan las perturbaciones sensoriales, las ilusiones, los falsos reconocimientos, las alu-

cinaciones». Brotan sin control los impulsos instintivos, los recuerdos latentes, los sentimientos rechazados, que suben de las profundidades del ser con una fuerza tanto más grande cuanto que habían estado reprimidos largo tiempo. Con todo lo que saca de sí mismo, el intoxicado se crea un mundo imaginario en el que se encierra momentáneamente. Su actividad psíquica prosigue con una completa incoherencia resultante de una total falta de adaptación a la realidad. Llegado este punto, ¿no se asemeja al esquizofrénico, puesto que ha perdido, como él, aunque de modo pasajero, lo que se ha podido llamar muy justamente el contacto vital con el mundo exterior?

No nos corresponde aquí sacar una conclusión cualquiera, desde el punto de vista de la patología mental, de los efectos opuestos que produce la intoxicación según se trate de un demente o una persona sana. Pero debe subrayarse este contraste porque nos interesa constatar la capital importancia del factor individual en las reacciones provocadas por la ingestión de tóxicos; como en tantos otros ámbitos, la disposición personal es algo fundamental. *«Todo hombre lleva en sí sus leyes biológicas individuales, y cada uno tiene características psicológicas que le son propias»*.

Es apropiado recordar en este estudio consagrado a los venenos místicos, es decir, a las sustancias que los primitivos toman para sumergirse en esos estados, a la vez físicos y psíquicos, que consideran el éxtasis religioso por excelencia, que el factor individual, la disposición personal, desempeñan en esto un papel importante. Por tanto, todas las experiencias que hemos registrado nos obligan a tratar de determinar cuáles pueden ser en la religión, al menos en un caso semejante, los factores atribuibles a la sociedad y al individuo. Es evidente, primero, que la elección de los diversos tóxicos utilizados por los primitivos está impuesta por la tradición de su cultura y que las ceremonias de las que acompañan este consumo se inscriben en un contexto social determinado. Es cierto igualmente que sus alucinaciones y sus sueños están sugeridos en gran medida por las creencias del grupo al que pertenecen, aunque sea necesario admitir aquí la posibilidad de que sean creaciones espontáneas de la imaginación, como se producen en el artista y, a veces, en el demente.

Pero no es menos evidente que la intoxicación, por su misma naturaleza, conserva siempre cierto carácter estrictamente individual y que implica manifestaciones de idiosincrasia, y el resultado tiene que ser necesariamente una experiencia personal, la cual, por encima de las formas en las que se envuelve y las interpretaciones que recibe, supone un contacto directo e inmediato con una fuerza misteriosa que toma posesión del hombre para arrastrarlo fuera de sí mismo.

Esta experiencia no es sólo el objetivo y el fin último de las prácticas a las que se entregan y de los ritos que cumplen; está también en su origen, las ha hecho nacer, porque no hay duda de que es anterior a la organización colectiva de los procesos más o menos técnicos destinados sólo, en definitiva, a provocar su renovación.

Tenemos que concluir, de este modo, que la religión de los pueblos primitivos, al menos en cuanto al uso de los tóxicos, se basa en los estados de la consciencia individual al menos tanto como sobre los estados del grupo, y que depende tanto de la fisiología y de la psicología como de la sociología.

TERCERA PARTE:

LAS EBRIEDADES DIVINAS EN LAS RELIGIONES DE LOS PUEBLOS INDOEUROPEOS

CAPÍTULO I

SOMA Y HAOMA

El sacrificio del soma. Los efectos del soma sobre los dioses y sobre los hombres. La embriaguez en la India. El soma y el amrta. El haoma. El problema del soma y del haoma.

Al comenzar la tercera parte de nuestro trabajo, consideramos de utilidad echar una mirada atrás sobre el camino ya recorrido.

Nuestro punto de partida ha sido el problema que se plantea ante nosotros, en el mundo civilizado: el consumo tan ampliamente extendido de sustancias tóxicas. Nos ha parecido que el único modo de explicar este hecho era reconocer que el uso de excitantes y estupefacientes responde a una profunda necesidad de evasión y trascendencia que no es otra cosa que una necesidad mística.

Esta interpretación ha quedado confirmada por el análisis del papel de los tóxicos entre los pueblos primitivos. Éstos emplean habitualmente venenos y bebidas embriagantes para sumergirse en estados de éxtasis y entrar así en comunicación con los espíritus.

Los ejemplos que hemos citado nos han mostrado que estas intoxicaciones voluntarias existieron en algún momento en las más diversas religiones y en todas las latitudes. Podemos, pues, concluir que se trata de un fenómeno general de la organización religiosa de la humanidad.

Es ya un hecho significativo que nuestros contemporáneos hayan llegado a retomar e imitar en este punto las costumbres de los salvajes. Sin embargo, nos podemos preguntar si no han sido impulsados por tradiciones que podían haberse conservado entre nosotros y que habrían mantenido en la conciencia colectiva el confuso recuerdo del carácter místico atribuido en el pasado a alguna forma de embriaguez. Conviene, por tanto, averiguar si en alguna de las grandes religiones que han marcado la historia de nuestro mundo occidental no se ha recurrido también a estas costumbres cuya existencia hemos constatado entre los no civilizados. Esto nos lleva a considerar algunas prácticas y concepciones religiosas de distintos pueblos indoeuropeos.

Se sabe que hindúes e iraníes han conservado, de la época lejana que precedió a su separación, costumbres y creencias que les siguen siendo comunes. En esta herencia, que por ambas partes ha sido mantenida piadosamente, figuraban por ejemplo algunos brebajes sagrados; el soma del Veda y el haoma del Avesta.

El acto esencial del culto en la religión védica es la preparación y oblación del soma; este sacrificio está por encima de todos los demás elementos del rito. Constituye el más importante y casi el único tema de los himnos del Rig-Veda. La ceremonia se desarrolla siguiendo un ritual extremadamente complicado. Tiene lugar en un emplazamiento sagrado que debe reproducir la configuración del mundo. Hay allí tres fuegos: el fuego principal y perpetuo; el «fuego de las oblaciones», al este del primero; y el fuego del sur, que tiene especial relación con los padres, los manes. Se requiere la presencia de siete oficiantes, los siete hotars, o más exactamente el Hotar, el Potar, el Neshtar, el Agnidh, el Adharvaryu, el Prasastar y el Brahman.

Hotar significa «el que vierte». A pesar del sentido del nombre que lleva, su función en la liturgia védica es la de recitante. En efecto, a él incumbe decir de memoria, en cada una de las fases esenciales del sacrificio de soma, las estancias por las que se celebran las hazañas, el poder y la majestad del dios a quien invocan, invitándole al festín y transmitiéndole los deseos del sacrificante. Esta poesía (*uktha*), a la que desde la época del Rig-Veda se asocia la idea de embriaguez (*mada*), se entremezcla de invocaciones en prosa en las que se reconocen algunos fragmentos sueltos de versos: el dios, en ese momento, es designado por sus títulos honoríficos e invocado para embriagarse de soma.

El Potar, o clarificador, tenía en el pasado un papel importante en las diferentes manipulaciones del brebaje sagrado, que él debía filtrar y decantar.

Al Neshtar, o conductor, correspondía el cumplimiento de un rito que quizá estaba en relación con las virtudes afrodisíacas del soma, y que se consideraba un rito de fertilidad.

La función del Agnidh, «el atizador del fuego», está claramente descrita por su título. Está asociada estrechamente a la del Adharyaryu, que estaba encargado de la parte material del sacrificio, de la «obra manual».

Por último, el Presastar o «dador de órdenes» y el Brahman parecen haber sido acólitos del Hotar. Como él, debían pronunciar las palabras precisas.

Estos siete sacerdotes, ¿constituyen el personal necesario desde el origen en la oblación del soma, o bien era más reducido en un principio? Hay que resaltar que en el Avesta, para la ofrenda de haoma es necesaria la presencia de ocho oficiantes. Evidentemente se podría imaginar una liturgia más sencilla en los orígenes, pero nada demuestra que la sencillez corresponda siempre a un estado más antiguo que una técnica ritual.

El sacrificio propiamente dicho consiste en numerosas acciones y conlleva un gran boato. La planta de la que se obtiene el soma tiene que ser sometida a tres prensados: el primero, por la mañana; el segundo, a mediodía, y el tercero, por la tarde. Se machaca, se exprime con piedras en un mortero. El jugo es filtrado a través de un tamiz de lana de oveja y se almacena en vasos de madera. Luego se vierte en otras copas donde se mezcla con agua, leche y leche cuajada. Se añaden además algunos granos de trigo o un poco de harina.

En el transcurso de estas manipulaciones, con cantos e invocaciones, llaman a Indra y a otras divinidades a la fiesta. Se han inmolado once machos cabríos en su honor. Cuando las diversas mezclas están preparadas, los dioses reciben su parte esparcida en libación sobre el fuego oriental. Los hombres toman a su vez el líquido sagrado, porque en la oblación del soma deben unirse a la embriaguez divina.

La jornada en la que se realizaban los tres prensados podía ir también seguida de una vigilia nocturna. En ocasiones incluso se prolongaba durante varios días consecutivos. ¿En qué momentos se celebraban estas ceremonias? La lectura de la literatura védica nos da la impresión de que tenían un carácter extraordinario, excepcional. Además, aunque según los textos modernos el sacrificio de soma debe tener lugar en primavera, éste no tiene, como otras fiestas, una fecha fija en el calendario. Sin embargo, las manifestaciones actuales que se han mantenido de los viejos ritos del solsticio de invierno *«son la culminación, en la liturgia oficial, de una serie de sacrificios de soma que día a día, durante todo un año, se han hecho siguiendo el curso del sol».*

La relación del soma con el sol explica la elección de las horas en las que se hacen los tres prensados, que corresponden a las tres posiciones del astro en el cielo. Referencias a esta asociación se vuelven a encontrar en los himnos que mencionan el acto de beber el soma al salir el sol, o que, incluso, lo identifican con el brebaje sagrado. Podemos preguntarnos si, primitivamente, el consumo de soma no fue más frecuente y más regular de lo que dejan suponer los textos védicos. Puede que se haya hecho cada vez más raro por ciertas razones que tienen que ver con el origen la planta de donde se extraía el jugo, y que examinaremos cuando analicemos este punto. Pero antes de llegar a esto, es importante que nos detengamos en los efectos que se esperaban de semejante brebaje. En primer lugar, sin duda, la embriaguez; una embriaguez destinada a manifestarse tanto en el mundo divino como en el humano. Indra, el gran dios guerrero de los hindúes védicos, estaba ebrio de soma. En las libaciones ofrecidas a las diferentes divinidades, él es el primero en recibir su parte, que es, además, mucho mayor.

«Embriágate, oh Indra, del soma divino —cantan los oficiantes—, *embriágate del jugo que se ha elaborado entre los habitantes de la tierra».*

El dios toma tal cantidad de este brebaje que los himnos védicos no vacilan en llamarlo «cuba destinada a recibir soma» o «odre lleno de soma». También de Indra se dice que tiene el soma en el vientre, o más poéticamente, que el soma es su alma.

Gracias a esta bebida, el dios se crece, se fortifica, porque recibe la «energía de la embriaguez» (*somasya made*). Así se hace capaz de cumplir todas sus hazañas y de alcanzar todas sus victorias. Ebrio de soma, aguzó su rayo, venció al dragón Utra, desafió a los Panis que retenían a las vacas prisioneras en una caverna, y destruyó a los negros Dasas.

Estos éxitos deslumbrantes, que Indra debe a su ebriedad, son atribuidos al brebaje que la produce.

El soma es elevado al rango de compañero y amigo de Indra. «*La alianza del soma con Indra es un elemento esencial de la religión y la mitología védicas, que se manifiesta en la expresión "Indra-Soma"*». La unión entre ellos es tan fuerte que el soma acabó por confundirse con el propio Indra.

Pero este dios no es el único en beber el licor sagrado. Como hemos dicho, otras divinidades gozan de ese mismo privilegio, así como los hombres. Al beber soma, éstos se convierten también en personajes divinamente ebrios. Por esta razón se ha vacilado entre atribuir a Indra o a alguno de sus adoradores las palabras de un himno que describe los efectos del soma en el estado mental de que lo bebe.

> «*Pienso: tengo que apoderarme de la vaca, del caballo; luego, ¿he bebido soma? La bebida me ha transportado lejos como un viento impetuoso; luego, ¿he bebido soma? El pensamiento (la oración) se ofrece a mí como una vaca a su pequeña cría; luego, ¿he bebido soma? Transformo mi pensamiento (mi oración) en mi corazón como un carpintero hace su carro; luego, ¿he bebido soma? Las cinco razas me han parecido nada; luego, ¿he bebido soma? Una mitad de mí sobrepasa los dos mundos; luego, ¿he bebido soma? He sobrepasado en grandeza al cielo y a esta gran tierra; luego, ¿he bebido soma? ¿Transportaré esta tierra aquí o allá? ¿He bebido soma? ¿Voy a ocultar rápidamente esta tierra aquí o allá? ¿He bebido soma? Una mitad de mí está en el cielo, y he diluido la otra hasta abajo; luego, ¿he bebido soma? Soy altísimo, me elevo hasta las nubes; luego, ¿he bebido soma?*».

Ya se considere este himno como «el monólogo de Indra ebrio», o se vea en él simplemente una descripción de la potencia sobrehumana que se atribuye a sí mismo un bebedor cualquiera, es evidente que estamos aquí en presencia de una de las manifestaciones clásicas de la embriaguez del héroe que no duda de nada. Poseídos por la bebida, el dios o el hombre se sienten capaces de todo. Sin embargo, esta fuerza mágica no está exenta de peligro. El soma puede tener una acción muy perjudicial en quien lo toma.

«No nos hagas temblar, oh Soma –le imploran–; *no nos inspires temor, oh rey, que tu violencia no nos rompa el corazón».*

El mismo Indra, un dios, ha sufrido cruelmente por haber bebido demasiado, según la mitología.

A pesar de los riesgos, el jugo de la planta sagrada tiene también algunas virtudes maravillosas. En lo que concierne a lo físico o corporal, muchos han coincidido en reconocerle extraordinarias propiedades curativas. Es el remedio del enfermo, devuelve la vista al ciego y la movilidad al paralítico. Y, además de curar los más diversos males, es responsable de la salud, la prosperidad y la longevidad. Incluso se le atribuye el poder de dar la inmortalidad. Verdaderamente es considerado un elixir de vida y de felicidad.

Veamos, por otra parte, con qué palabras cantan sus alabanzas:

«Sé propicio a nuestro corazón cuando te bebemos, oh Soma; sénos propicio como un padre a sus hijos; sé para nosotros como un amigo para su amigo, oh tú, cuya fama se extiende lejos; tú que eres sabio, oh Soma, prolonga nuestra vida.

«Soma glorioso y caritativo, cuando te he bebido me has atado sólidamente las articulaciones, como las correas atan el carro. ¡Que el Soma impida a mi pie resbalar, que me proteja de caídas!

«Hazme arder como un fuego encendido, haznos brillar, haz-
nos más ricos; porque yo creo, oh Soma, en tu embriaguez, ca-
minaré como un rico a la prosperidad.

«Que podamos, oh Soma, que hemos prensado con celo, reci-
birte en patrimonio como una riqueza transmitida por herencia.
Oh, rey Soma, prolonga nuestra vida como el sol renueva los
días cada mañana.

«Oh, rey Soma, ten piedad de nosotros, protégenos; segui-
mos tus leyes, nótalo bien; nuestra voluntad, nuestra inteligen-
cia, está excitada por ti; oh Soma, no nos entregues al enemigo
porque tú eres el guardián de nuestro tiempo; tú has descendido
a todos nuestros miembros. Oh, tú que ves a los hombres, si
violamos tus leyes, ten piedad de nosotros, oh dios, favorécenos
a nosotros, que somos tus buenos amigos.

«Pueda encontrar en él un amigo misericordioso que no me
haga mal, oh dios de los caballos bayos [Indra], *cuando lo haya*
bebido; en consideración a este soma que ha descendido a noso-
tros pido a Indra que prolongue nuestra vida.

Las enfermedades han huido sin fuerza; han temblado, se han
horrorizado las que perturban, el Soma poderoso ha descendido
a nosotros; hemos llegado al punto en que la vida se prolonga».

No menos importante es la acción que esta bebida divina
ejerce en el ámbito intelectual y en el religioso.

El soma llena la inteligencia, inspira al hombre entusiasta, hace cantar a los poetas, abre el camino al himno nuevo,
como lo abrió al antiguo, es el señor del espíritu, el primer
inventor y el guardián de la oración. Por supuesto, la sabiduría que da es esencialmente la ciencia sagrada. Revela dónde

están los dioses, los hace descender a la tierra, es el intermediario entre ellos y los hombres, el mediador, el sacramento que los une.

Por último, el soma desempeña un papel aún más destacado: es la bebida de la inmortalidad y, como tal, se confunde con el *amrta*, la ambrosía. Quienes lo beben proclaman su fe en el destino glorioso que les aguarda.

«*Hemos bebido el Soma, hemos llegado a ser inmortales, hemos llegado a la luz, hemos alcanzado a los dioses. ¿Ahora, qué podría contra nosotros la malevolencia? ¿Qué podría contra nosotros, oh inmortal, la perfidia de un mortal?*».

La misma confianza, la misma esperanza, se encuentran en esta otra oración:

«*Allí donde la claridad imperecedera, pronunciando palabras amadas, prensa magníficamente el Soma con la piedra, esparciendo la alegría con este Soma, vierte el Soma para Indra.*

«*Allí donde la claridad imperecedera, en el mundo donde está depositada la luz, en ese mundo inmortal e indestructible, oh tú, que te clarificas, llévame allí. Vierte el Soma para Indra.*

«*Allí donde está el rey hijo de Vivasvat*[36]*, allá donde está la parte más recóndita del cielo, allí donde está esta agua y lo hallas siempre brotando, en ese lugar, hazme inmortal. Vierte el Soma para Indra.*

---

[36] Se trata de Yama, el dios de los muertos [Nota del autor]

«Allí donde se puede mover a gusto en el triple firmamento del cielo, allí donde están los mundos resplandecientes, en ese lugar hazme inmortal. Vierte el Soma para Indra.

«Allí donde están los objetos de todos los deseos, allí donde está la elevada estancia del brillante, allí donde los espíritus se sacian de la svadhâ[37], en ese lugar, hazme inmortal. Vierte el Soma para Indra.

«Allí donde están las alegrías, los placeres, las satisfacciones; allí donde el deseo alcanza sus objetivos, en ese lugar, hazme inmortal. Vierte el Soma para Indra».

Se puede entender fácilmente que se haya atribuido un origen sobrenatural a este brebaje que se cree que da la inmortalidad. El soma terrestre corresponde a un Soma celeste, que un águila mensajera de Indra llevó a los humanos, o que las lluvias y el rayo han hecho penetrar en la planta de jugo embriagador. Éste, a causa de su naturaleza, su color y sus efectos, se compara con el agua fecundante, la luz, la llama, el relámpago, los astros. No es otra cosa que *«fuego en estado líquido»*, la combinación en una sola esencia del elemento húmedo y el elemento ígneo. Si, como hemos visto, se asocia con el sol, lo identifican también con la luna, a la que se da su nombre, porque se ve en ella la ambrosía del cielo y se explican sus fases por el consumo de soma que hacen los dioses.

En conclusión, la oblación del soma tiene una eficacia cósmica y extiende su acción al universo entero. Se explica igualmente que la especulación mitológica haya hecho del

---

[37] Esta palabra designa las ofrendas a los manes [Nota del autor]

espíritu de la planta prensada un ser divino, cuya personalidad permanece sin duda bastante vaga, pero que, nacido del sacrificio que lo libera de su envoltura material, está realmente presente en el brebaje sagrado y renueva por su potencia mágica tanto la vida del mundo como la de los hombres y los dioses. Hay en todo esto representaciones religiosas, que son extrañamente similares a las que hemos podido constatar entre los primitivos a propósito de otras sustancias tóxicas, sobre todo del peyote.

El haoma del Avesta corresponde exactamente al soma de los Vedas. «*La ofrenda de haoma es la esencia del sacrificio mazdeísta, como la de soma lo es del sacrificio védico. Tanto en un caso como en otro, se trata de una planta embriagante que concentra en sí tanto las virtudes naturales como las sobrenaturales*».

Esta planta se prepara y trata del mismo modo en los dos cultos. Entre los iraníes, así como entre los hindúes, se exprime el jugo machacando la planta en un mortero. La liturgia avéstica del haoma incluye las siguientes formulaciones recitadas por el oficiante:

«*¡Celebro en voz alta el mortero en el que se depositan tus tallos, oh dios de la hermosa inteligencia!*

¡Celebro en voz alta el mortero con el que te golpeo con toda mi fuerza de hombre, oh dios de la hermosa inteligencia!».

El jugo de la planta se vierte en seguida en un vaso, que uno de los sacerdotes coge con la mano izquierda. Por tres veces bebe el líquido sagrado y después purifica el vaso.

Lo que se espera y se busca en el soma y el haoma es, sobre todo, la ebriedad divina, la ebriedad que «*va con la alegría santa del corazón*».

«*¡Dame tu ebriedad* –le dijo Zarathustra–. *Que tu embria-guez me penetre, me penetra iluminándome*».

Esta ebriedad es ligera para el verdadero adorador, que bebe el haoma «en la medida del buen sentido», pero funesta para el impío, que se extravía y perturba su espíritu.

Al mismo tiempo que los sumerge en la embriaguez, el haoma procura a sus fieles todos los bienes de este mundo y les asegura la inmortalidad.

«*Yo soy el santo haoma que aleja la muerte*», dijo el brebaje personificado al profeta Zarathustra, y éste responde:

«*¡Oración a Haoma!, Haoma es bueno: Haoma está bien creado, ha sido creado justo, ha sido creado bueno y curador. Es hermoso de forma, quiere el bien, es victorioso. De color oro, de tallo flexible, es excelente para beber y el mejor de los viáticos para el alma.*

«*Oh, Haoma de oro, yo busco en ti la sabiduría, la fuerza y la victoria, la salud y la curación; la prosperidad y la grandeza; la fuerza de todo el cuerpo y la ciencia universal; ir por el mundo como señor soberano, aplastando el maleficio, destruyendo el Druj*[38]*...* ».

Zarathustra continúa su oración:

«*El primer don que imploro de ti, oh Haoma que alejas la muerte, es el Paraíso de los justos, resplandeciente y bienaventurado. El segundo don que imploro de ti, oh Haoma que alejas*

---

[38] El Druj es en este contexto cultural el principio del Mal [Nota del editor]

la muerte, es la salud de este cuerpo. El tercer don que imploro de ti, oh Haoma que alejas la muerte, es la longevidad».

Así, la liturgia avéstica atribuye a esta bebida sagrada las virtudes de curación, de fuerza, de longevidad, de prosperidad, de sabiduría y de inmortalidad que los himnos védicos celebran cuando cantan al soma. Igual que éste, el haoma es un elixir de vida de una eficacia soberana.

Por último, *«el desarrollo místico que se produce en torno al soma se encuentra también, a grandes rasgos, en torno al haoma».* Tiene un origen casi celeste: ha crecido en la altura misteriosa de Haraithi, la cumbre de el Elbourz, desde donde los pájaros divinos lo han llevado en todas direcciones hacia otras montañas. Las nubes y la lluvia lo han hecho crecer. Es a la vez planta, brebaje y dios. Aunque su personalidad sea un poco confusa, es sagrado, omnisciente y siempre victorioso. En él se concentran todas las energías saludables que necesitan los hombres y de las que los mismos seres divinos no pueden prescindir. Su acción vivificante se extiende al universo entero. Es *«el vigorizante que hace crecer el mundo».*

Aunque los textos de los Avesta sean mucho menos antiguos que los himnos védicos y lleven el sello de profundas transformaciones religiosas, no se puede dejar de notar, cuando se trata de estos brebajes sagrados, la perfecta correspondencia entre los documentos iraníes y los hindúes. Se han conservado, de ambas partes, tradiciones que se remontan más allá de la historia, pero cuya veracidad es incontestable, puesto que se confirman mutuamente. Quizás no deberíamos olvidar, en otros ámbitos, esta extraordinaria vitalidad de los datos tradicionales, de los que tenemos aquí un ejemplo impresionante.

Sin embargo, por coherente que sea el conjunto de prácticas y creencias relativas al soma y al haoma, un misterio persiste: ¿cuál podría ser la sustancia embriagante utilizada por la población de origen, que se escindirían luego en dos grupos distintos?

Se admite, generalmente, que hacia el fin de la época védica el soma se extraía de una planta que debía ser o bien la *Asclepias acida*, o bien la *Sarcostemma viminalis*, o la *Sarcostemma intermedium*.

Por otra parte, Anquetil Duperrou habla así sobre el vegetal del que los parsis sacaban el haoma: «*Pretenden –escribe– que no hay en la India, y añaden que este árbol no se pudre jamás, que no tiene frutos y que se parece a la viña. El Farhang Djehanguiri añade algunas particularidades propias para dar a conocer el Hom. Según esta obra, el Hom es un árbol que crece en Persia, parecido al brezo, cuyos nudos están muy cerca unos de otros y las hojas son como las del jazmín. Esta descripción, lo que dicen los libros parsis del Hom amarillo y del Hom blanco, los lugares donde crece este árbol: las montañas de Schiran, el Gulian y el Mazendran, los alrededores de Ieza; las cualidades que los mismos libros le atribuyen, todas estas particularidades me llevan a creer que el Hom es el "amomos" de los griegos y el "amomun" de los latinos*».

Anquetil Duperrou afirma igualmente que «*los Destrers de la India tienen la costumbre de enviar, al cabo de cierto tiempo, a dos parsis al Kirman a buscar ramas de Hom*».

Pero no son ni los informes tardíos que nos vienen de la India, ni las conjeturas aún más tardías de Anquetil Duperrou, lo que mejor puede iluminarnos sobre la naturaleza de la sustancia tóxica en la que los antiguos indoiraníes buscaban en el pasado sus ebriedades divinas. Por el contrario, tenemos razones para creer que, en sus migraciones a otras tierras, debieron sustituir por nuevas drogas el brebaje sagrado que les era común antes de su dispersión. Tal ha sido el caso en la India meridional.

Esto ha hecho suponer que el soma y el haoma de las liturgias védica y avéstica habrían ocupado el lugar de una bebida mística más primitiva que sería el hidromiel. Para apoyar esta hipótesis se aduce el hecho de que el soma es llamado con frecuencia *madhu*, miel. Pero se trata simplemente de un calificativo laudatorio que los poetas védicos emplean corrientemente y que aplican al soma como a muchos otros productos. Por tanto, es imposible fundarse sobre semejante argumento para pretender que el uso del soma y del haoma no haya hecho más que suceder al del hidromiel. Del mismo modo creemos que no hay ninguna necesidad de admitir que la bebida sagrada de los indoiraníes fue al principio una especie de cerveza. Los hindúes fabricaban un licor fermentado, de fuerte contenido alcohólico, la *sura*. Pero la distinguían tan netamente del soma que la hacían competir con él. Ya el Rig-Veda opone al *somapa*, bebedor de soma, al *suraza*, hombre lleno de sura. Sólo el primero es calificado de piadoso mientras el segundo no es más que un impío que desprecia a Indra y a quien el dios rechaza. Añadamos, sin embargo, que según un relato mítico, la sura habría servido para curar a Indra de las enojosas consecuencias de un abuso de soma. Tales indicaciones nos llevan a creer que más bien ha sido la bebida alcohólica la que en un momento dado debió sustituir al soma en algunos grupos de fieles. Por otra parte, nada impide que la sura y otras bebidas fermentadas fuesen también utilizadas de manera muy temprana en las prácticas culturales. Pero no es menos cierto que la prioridad pertenece a la droga embriagante que el Veda y el Avesta concuerdan en celebrar con exclusión de cualquier otra, bajo los nombres misteriosos de soma y haoma.

En lugar de entregarse a suposiciones que ningún documento permite confirmar, ¿no convendría preguntarse si para obtener la bebida que los sumergía en el éxtasis los antiguos indoiraníes habrían recurrido, como tantos otros primitivos, a alguna planta de la que hubiesen descubierto las propiedades tóxicas? Esto es lo que el análisis de los textos parece demostrar. El licor del que siempre hablan está sacado de una planta; ésta crece en las montañas que, a medida que pasa el tiempo, parecen hacerse cada vez más lejanas e inaccesibles. No son ni las hojas ni los frutos lo que sirve para elaborar la poción mágica, sino los tallos. El jugo que corre cuando los machacan en un mortero es rojo o amarillo claro. Debe ser filtrado y decantado a fin de eliminar ciertos elementos que lo enturbian y que tal vez amenazarían con hacerlo demasiado nocivo. A veces tiene mal gusto e incluso huele a carroña, pero no se bebe por placer. La embriaguez que provoca puede presentar graves peligros: extravía el espíritu y amenaza con llevar a la locura. Igualmente, se acompaña de perturbaciones orgánicas, que en realidad no son más que síndromes de intoxicación aguda.

Los hombres conocen y rechazan los efectos funestos de la droga y, aunque Indra sea un dios, ni él mismo ha escapado a ellos, puesto que un día el Soma le salió por todos los orificios del cuerpo. Esta acción emético-catártica está confirmada en un viejo libro de medicina hindú:

«El soma –se lee– *es una liana de color oscuro, amarga, sin hojas, lechosa y carnosa, que produce flemas y provoca vómitos. Es comida por las cabras».*

Creemos que puede concluirse de todo esto que los indoiraníes, cuando aún permanecían juntos en su hábitat primitivo, empleaban un brebaje especial, reservado exclusivamente para las ceremonias de su religión, que extraían de una planta venenosa. Los documentos que tenemos sobre ella no nos permiten, desgraciadamente, determinar la especie, pero bastan para clasificarla entre los venenos vegetales cuyo uso está tan extendido en todo el mundo por razones de orden místico.

No se bebía el soma o el haoma sin haberse preparado con mortificaciones que podían favorecer la acción psíquica y fisiológica de la droga. Esta consagración preliminar ha recibido entre los hindúes el nombre de *Diksha*. Implicaba la reclusión en una cabaña aislada, el baño ritual, el ayuno, la exposición al sol y el calor de uno o varios fuegos, la inmovilidad contemplativa, las vigilias y otras observancias, como la obligación de hablar solamente balbuciendo, retener la respiración, mantener tres dedos de la mano replegados, etc.

Todas estas maceraciones, llamadas «tapas», tenían el objetivo de facilitar o incluso provocar la aparición de los estados extáticos. Como ya hemos visto, son numerosos los primitivos que aún hoy en día se entregan a prácticas de este género cuando toman estupefacientes.

Conviene dar una importancia particular al prodigioso desarrollo de esta técnica mística en el mundo hindú. Allí alcanzó su apogeo, sin lugar a dudas, en particular en la práctica del yoga. ¿El problema del soma es diferente a estos refinamientos en la preparación para el éxtasis, que debían ejercer una influencia decisiva sobre la evolución religiosa de la India y sobre sus doctrinas filosóficas? No lo creemos. En efecto, es fácil darse cuenta, según los textos védicos, de que los hindúes, a causa de sus migraciones, han tenido dificultades cada vez mayores para conseguir la planta que procuraba la embriaguez a sus antepasados.

El soma debe buscarse muy lejos, en las regiones del norte, en los límites del mundo, entre gentes que no lo consumen pero que lo hacen pagar muy caro. Se compra a precio de oro, y no siempre se obtiene en las condiciones de frescura adecuadas para que pueda utilizarse. Pronto no fueron más que algunos privilegiados por el nacimiento y la fortuna quienes conseguían adquirirlo. De ahí las hiperbólicas alabanzas que los sacerdotes les conceden. De ahí también una especie de rivalidad entre sí en la munificencia que era necesario desplegar para hacer posible la celebración del sacrificio más solemne de la religión védica.

Estos brotes de generosidad que enfrentan a piadosos competidores, igualmente interesados en triunfar en las cosas divinas y en las humanas, son designados en el ritual por la palabra *samsava*.

Debido a todos los obstáculos que se oponen al uso del auténtico soma, se ven obligados a recurrir a algunos sucedáneos. Éstos son tanto otras plantas, que sin tener los mismos efectos que la planta primitiva presentan algunas semejanzas con ella, como las bebidas fermentadas. Es probable que se esfuercen siempre en ofrecer a las divinidades el licor auténtico porque, dicen, «*el soma es el mejor alimento de los dioses; la sura, de los hombres*», y al mismo tiempo la casta sacerdotal cree reservarse el privilegio de consumir aún, en los ritos del culto, el viejo brebaje sagrado. «*El soma que conocen los sacerdotes* –proclama un texto sagrado del Rig-Veda–, *nadie lo alcanza*». Pero estas pretensiones nada pueden contra la creciente escasez de la planta mística. Se hace cada vez más necesario buscar otros procedimientos para alcanzar el éxtasis.

Nos parece que así es como los hindúes han debido llegar a desarrollar las mortificaciones y las prácticas preliminares que servían antaño para ayudar al veneno y que ahora lo tienen que suplir. Desde el momento en que el soma deja de ser indispensable, retrocede a un segundo plano y acaba por ser eliminado tan completamente del consumo corriente que no desempeña ningún papel en la religión popular, y en la vieja literatura budista ya casi ni se nombra.

Esta pérdida de importancia que ha sufrido no es la consecuencia de una espiritualidad mayor; resulta simplemente de los progresos de un entrenamiento psíquico que permite prescindir de la droga.

Pero la desaparición del ritual embriagante provoca al mismo tiempo la del dios Soma, que nacía, por decirlo así, de su propio sacrificio y que manifestaba su presencia y su acción en las energías misteriosas de las que colmaba a los bebedores. El dios se hace inútil, puesto que se llega sin él a la embriaguez extática. Por otra parte, el fiel no tiene necesidad de ningún mediador: su alma se une directamente al alma divina del mundo.

Si nuestro modo de interpretar los hechos es exacto se podría explicar más fácilmente, según nos parece, la evolución religiosa de la India hacia un ascetismo que no retrocede ante ninguna extravagancia para alcanzar lo sobrenatural, hacia una filosofía mística y panteísta en la que el ser individual sólo aspira a fundirse en el Atman universal que reemplaza a las antiguas divinidades; en definitiva, hacia el misticismo ateo del budismo en el que el hombre, a través de la práctica de la contemplación, de la meditación, la absorción interior y la autohipnosis, alcanza, por sí mismo y sin la ayuda de ningún dios, el éxtasis perfecto: el nirvana.

CAPÍTULO II

LA EMBRIAGUEZ DIONISIACA

Carácter de Dionisos. Sus orígenes. Las orgías tracias. El milagro griego. Dionisos y Orfeo. Las bacantes de Roma.

Los griegos, como los indoiraníes, tuvieron la experiencia de la embriaguez divina. Ésta iba unida indisolublemente al culto de Dionisos.

Se sabe el lugar que este personaje ocupaba en la religión helénica. Es el dios invasor que se introduce por todas partes y no se deja encerrar en ninguna, el dios que se une a las divinidades indígenas o extranjeras sin confundirse con ellas y que se invoca bajo diversos nombres, porque se multiplica[39]. El dios ilimitado que quiere apoderarse del mundo.

Puede decirse de él que todo lo absorbe, que es todo, que resume en sí lo divino, que es el dios por excelencia. Así es como en las regiones y ciudades en las que se introduce su culto se mezcla inmediatamente con las viejas tradiciones que no tienen ninguna relación con él, pero que se adjudica sin vergüenza y que se reaniman al contacto de su propia vitalidad. De ahí la extraordinaria complejidad y la exuberante riqueza de los mitos que le conciernen.

---

[39] He aquí algunos de estos nombres: Baccos, Baqueus, Iacos, Bassareus, Bromios, Euios, Lenaios, etc. [Nota del autor]

Su poder conquistador no proviene sólo de la naturaleza que se le atribuye, sino más aún del culto que se le tributa. Dionisos es el dios del dinamismo religioso. Es para los griegos el principal responsable de la exaltación del hombre. Por el vino que lo representa, la música que desencadena, las danzas de las que es iniciador, toma literalmente posesión de sus fieles y les procura una trascendencia que se manifiesta tanto en los transportes de una embriaguez delirante como en la locura sagrada de la mántica y en la inspiración divina que hace cantar a los poetas.

Provoca así, entre sus adoradores, emociones religiosas particularmente intensas, un entusiasmo, en el sentido original de la palabra, que se encuentra bajo una u otra forma en todos los místicos.

Resulta extraño, a pesar de la importancia de su papel y la posición preeminente que acaba por ocupar, que parece haber sido considerado en el origen de la religión griega como un retrasado y un extranjero. Los poemas homéricos no lo citan más que cuatro veces y no lo sitúan entre los Olímpicos. Sólo a principios del siglo VI se descubren pruebas ciertas de su admisión en el círculo de las grandes divinidades helénicas, y todavía se muestra un poco como un intruso que fue preciso buscar porque se necesitaba. Numerosas leyendas cuentan su llegada a las ciudades griegas y dejan entrever sus disputas con los dioses más antiguos a los que pretende sustituir, y las dificultades que su culto encontró antes de ser aceptado unánimemente. En fin, por así decirlo, nunca figura entre los antepasados míticos a quienes hacen remontar su genealogía los grupos tribales o locales[40].

---

[40] «*Aún más convincente es la evidencia de las genealogías locales y tribales en las que Dionisos aparece muy raramente y de forma confusa*» [Nota del autor citando la obra de Farnell, ver Bibliografía final]

¿De dónde procede Dionisos? Los antiguos, impresionados ya por la complejidad del personaje, habían creído llegar a la conclusión de la existencia de varios Dionisos, a los que atribuían diferentes patrias.

No podemos aceptar sin más todo lo que afirman. Por ejemplo, no admitiríamos, aun cuando esta hipótesis haya sido retomada recientemente, que el Dionisos venerado en el Ática fuera originario de Egipto y que, a fin de cuentas, no fuera más que un Osiris importado[41].

En efecto, se conoce la moda en un momento dado de la religión egipcia entre los autores clásicos, que se mostraban gustosamente inclinados a llevar sus propias creencias a quienes consideraban los más religiosos de los hombres.

Por el contrario, es incontestable que en la figura extrañamente compuesta del Dionisos griego se superponen y entremezclan los rasgos de antiguas divinidades que tenían caracteres comunes con él. Igual que los demás dioses, Dionisos no aparece como un solitario, único en su especie. El mundo divino de las regiones mediterráneas estaba poblado de seres que, en diversos aspectos, podían pasar por sus semejantes, con quienes era natural que se les asociase. Así, encuentran en esta divinidad elementos que provienen de la antigua mitología cretense, cuya influencia en la religión helénica se nos revela como una evidencia cada vez más indiscutible.

Pero no es menos cierto que, por sus orígenes personales, Dionisos es un personaje indoeuropeo. Lo prueba, en primer lugar, su nombre. Por misterioso que permanezca aún su sig-

---

[41] Es la tesis que sostiene Foucart en su obra sobre *El culto de Dionisos en Ática* [Nota del autor]

nificado exacto, su primera sílaba no es otra cosa que la raíz que en las lenguas arias designa la divinidad[42].

Esto se desprende también de los datos transmitidos por los mismos griegos, que veían en Dionisos un dios venido del norte. Sabían que era venerado en las regiones que ellos habían atravesado antes de penetrar en la Hélade. Ya Homero da a entender claramente que Dionisos era adorado en los confines de Tracia y Macedonia, en las montañas de Nisa. Heródoto lo cita entre los dioses tracios, y como tal se aparece a las demás divinidades veneradas por las poblaciones del tronco indoeuropeo que ocupaban entonces la península de los Balcanes, al dios Sabacios, que se encuentra igualmente en Frigia; a Zalmolxis, a Resos, etc.

Una tribu tracia, la de los dioï, que le estaba consagrada especialmente, parece deberle el nombre que llevaba. Es verdad que Eurípides le asignaba otra patria. Pretendiendo que nació en Tebas, y situando su retorno aquí como punto de partida de la tragedia de las Bacantes, proclama que Frigia es su verdadera residencia. En realidad, el aserto del poeta no hace sino confirmar los datos que preceden, porque Frigia estaba ocupada por grupos tracios que se habían apoderado de ella, tras haber franqueado el Helesponto. Se sabe que habían encontrado en Asia menor otros emigrantes indoeuropeos, mezclados desde hacía largo tiempo con las poblaciones autóctonas entre las cuales un dios misterioso, cuya imagen subsiste aún en bloques de roca, era objeto de un culto orgiástico análogo al que se rendía a Dionisos. resaltemos, por otra parte, que el mismo Eurípides no olvida

---

[42] La madre de Dionisos, la diosa Sémele, lleva también un nombre que es indudablemente de origen indoeuropeo. En cuanto al nombre de Dionisos, significaría «el hijo del dios del cielo» o, más sencillamente, «el dios de Nisa» [Nota del autor]

mencionar la existencia en Tracia de uno de los principales centros de la religión dionisiaca.

Resulta de estos diversos testimonios, apoyados por un gran número de autores antiguos, que Dionisos era una divinidad originaria de países septentrionales situados más allá de las fronteras de la Hélade, y que los griegos lo recibieron de los tracios, con quienes tenían lazos de parentesco pero que no se habían beneficiado como ellos de la antigua civilización mediterránea.

De este origen extranjero de Dionisos, y al mismo tiempo del estado bárbaro de sus primeros fieles, podemos ver todavía una prueba en las imágenes que los artistas griegos trazaron de quienes lo acompañaban en su marcha conquistadora y que jamás cesaron de hacerle cortejo: son los sátiros, seres medio humanos, medio animales, que a veces tienen la grupa equina, parientes próximos de los centauros, y otros monstruos míticos. Bajo este aspecto bestial, los helenos quisieron representar a sus vecinos del norte, los satras, congéneres de los dioï, que vivían en los bosques del macizo del Pangé.

¿Cómo concebían a Dionisos en su antigua patria y cómo lo adoraban? Entre los rasgos que le caracterizaban hay uno que prima sobre los demás. Dionisos es el dios enloquecido y enloquecedor que toma posesión de los humanos y los arrastra tras él en las furiosas revueltas de las orgías. Ya la Ilíada lo describe así. También Heródoto, que fue el primero en darle el nombre de Baco, ve en él el dispensador de una ebriedad que confina a la demencia; la embriaguez ruidosa y violenta de las bacantes.

La acción que ejerce sobre quienes celebran su culto basta para explicar todos sus demás atributos. El delirio que provoca y en el que se afirma su presencia hace que sea considerado como un dios revelador, que hace de sus adeptos sus intérpretes inspirados. Entre los satras, una sacerdotisa del clan de los besses profetizaba en su nombre en un santuario del Pangé. La tribu tracia de Ligia contaba también con un oráculo de Dionisos. Así, sacando a sus fieles fuera de sí mismos y llevándolos de este modo a tomar conciencia de un desdoblamiento de su personalidad, se convierte a sus ojos en el dios de otra vida, de un carácter sobrenatural que su poder les comunica en el momento de las orgías y que es el de los espíritus y los muertos.

Por otra parte, como preside las idas y venidas de estos seres misteriosos, cuya intervención sobre la tierra y bajo ella está asociada estrechamente a la conservación de las energías que aseguran la reproducción de las plantas, los animales y los humanos, el viejo Dionisos tracio extiende su dominio en este mundo y en el otro a todas las manifestaciones de la vida. Él es esta misma vida, en su ilimitado poder siempre renaciente.

De ahí el grosero realismo de los símbolos que lo representaban. De ahí también las relaciones que lo unen a los árboles y las plantas, en particular a la hiedra, a la que el invierno no consigue despojar de sus hojas. De ahí, por último, su identificación con ciertas bestias y sobre todo con las que, como el toro y el macho cabrío, son famosas por su sagacidad.

Puesto que el carácter esencial del Dionisos tracio es ser la divinidad que provoca entre sus adoradores accesos de locura, hay que preguntarse ahora de dónde provenían estos transportes. Podían resultar, en primer lugar, al menos en cierta medida, de la música salvaje que acompañaba las orgías, una música donde se mezclaba el ruido ensordecedor de los tambores y los címbalos, con los sonidos punzantes de las flautas, llamadas frigias, a las que los antiguos atribuían el singular poder de hacer a las almas «plenas de dios». A la acción ejercida por estos instrumentos se añadían las danzas frenéticas que implicaban, por parte de los participantes, movimientos cuyo recuerdo nos han conservado los monumentos griegos y que probablemente tendían a favorecer la aproximación a la inconsciencia y al éxtasis. Parece que ésta pudo haber sido la razón profunda de algunas actitudes frecuentes en los danzarines, por ejemplo, la de echar violentamente la cabeza hacia atrás, y quizás también la forma de caminar, como dando pequeños saltos sobre las puntas de los pies[43].

Pero la auténtica causa de las crisis de demencia de los adoradores de Dionisos debe buscarse en las intoxicaciones a las que recurrían. Es posible que los tracios utilizaran también, para embriagarse, fumigaciones de cáñamo similares a las que usaban los escitas, pero lo que es indudable es que recurrían a la bebida.

Desde el pasado más lejano, la bebida que les procuraba esta embriaguez divina no era otra que el vino. Sin duda lo obtuvieron primero, como sucedió en otras partes, prensando racimos cogidos de las cepas salvajes. Pero debieron aprender pronto a cultivar la viña, puesto que, según las antiguas leyendas, el rey Agamenón podía procurarse en su país un excelente crudo. Su afición a emborracharse era bien conocida por los antiguos, y entre ellos, además, las mismas mujeres parecían beber tanto como los hombres.

En cuanto a Dionisos, era el dios del racimo y, más aún, el dios del jugo que contiene y que la misteriosa operación de la fermentación llena de una fuerza sobrenatural. Él era

---

[43] El Dr. Janet constata en una enferma aquejada de delirio místico la marcha sobre la punta de los pies. Añade: «esta actitud, que podríamos mantener nosotros durante algunos minutos, era absolutamente constante en esta persona» [Nota del autor]

el mismo vino, el espíritu del vino, por ello su oráculo en la tribu de los ligios comenzaba por embriagarse antes de profetizar en su nombre.

Es probable que Dionisos no haya sido únicamente el dios del vino, sino también de otras bebidas alcohólicas. Quizás haya sido el dios del hidromiel, si es exacto que ciertas de sus sacerdotisas han sido consideradas como encarnación de abejas, cuyo bordoneo habrían imitado mientras cantaban[44]. También debió ser asociado a diversas clases de cerveza. Esto es lo que algunos han tratado de demostrar a partir de algunos de los nombres o epítetos con los que lo llamaban: Braites, Bromios y Sabacios. Braites provendría del latín «brasium», que designa los granos preparados especialmente para obtener un brebaje. Bromios tendría su origen en la palabra «bromos», que significa avena. Sabacios se acercaría al nombre de una bebida illiria, la «sabaia»[45]. Incluso se ha pretendido relacionar la palabra «tragedia» con «tragos», que se refiere a una especie de trigo, la espelta[46]. Todas estas hipótesis etimológicas tienen que ser analizadas con precaución pero, a pesar de las reservas que puedan inspirar, un hecho es cierto: como el Soma de los hindúes, como el dios Haoma de los iraníes, Dionisos es el dios de la bebida embriagadora.

El culto que le rendían los tracios respondía exactamente a su verdadera naturaleza. Cuando querían unirse con él, se

---

[44] Es la hipótesis que Harrison propone para explicar el origen del ditirambo, canto a Dionisos, frente al peán, canto a Apolo [Nota del autor]

[45] La palabra *savos* sigue utilizándose en Macedonia y significa *loco* [Nota del autor]

[46] La etimología más comúnmente aceptada para esta palabra «tragos» es, sin embargo, «macho cabrío» por lo que la tragedia haría referencia a los cantos del macho cabrío, en alusión a los ropajes de los primitivos representantes de estos rituales [Nota del editor]

sumergían en la embriaguez. Ésta, entre las poblaciones salvajes, se manifestaba en el desencadenamiento de las orgías.

Para darse cuenta de lo que podían ser estas singulares prácticas basta con releer las Bacantes, de Eurípides. Hay razones para pensar que la pieza fue escrita en la corte del rey Arquelao, en Pella, Macedonia, es decir, cerca de la cuna de la religión dionisiaca. El poeta debió de tomar de buena fuente las descripciones que da de las ceremonias orgiásticas.

Estos rituales tienen lugar por la noche. Se reúnen los siervos del dios, agrupados en torno a quien los dirige. Unos y otros están coronados de hiedra y extrañamente ataviados con pieles de animales. Llevan la piel moteada de un ciervo sujeta a los hombros. Se preparan a desempeñar el papel de una jauría salvaje lanzada en persecución de alguna misteriosa presa. Todos han bebido el brebaje sagrado, todos están ebrios, con una embriaguez divina, porque es el mismo Dionisos quien se ofrece a sus adoradores en el vino o en cualquier otra bebida fermentada, y sin duda también en la savia amarga y tóxica de las hojas de hiedra que han masticado. Las mujeres ocupan un lugar especialmente destacado en este culto; se sumergen a causa de la ebriedad en un estado de frenesí. Han enloquecido, se han convertido en ménades.

Al son de tambores, címbalos y flautas, el cortejo se agita y se precipita, saltando y gritando, por los bosques que cubren la montaña. Cada fiel blande en una mano una antorcha de resina y en la otra su tirso, una jabalina adornada de hiedra y cuya punta está clavada en una piña. Las llamas que agitan en todos los sentidos dan a las cosas y a los hombres un aspecto irreal y fantástico. El dios está allí precediendo a los suyos, a quienes arrastra en su carrera demente, y al mismo tiempo está presente en su interior, por el delirio que les ha inspirado. Lo llaman, lo aclaman con los gritos repetidos sin cesar de «Evohé, Evios, Baco, Iaco». La excitación crece a cada instante; la embriaguez se transforma en furia. El mismo Dionisos parece aliarse con Ares, el dios de la guerra, para extender ante sí el espanto y la muerte.

En el momento en que la locura de los *thiases* alcanza su paroxismo, animales y seres humanos son capturados, lacerados y desmembrados. Los compañeros y compañeras de Dionisos se alimentan de carne cruda. La víctima que devoran es una encarnación del dios que se ofrece a ellos de nuevo tras haberse dado una primera vez en el brebaje sagrado que han bebido. Se trata en su origen no de un rito agrario como se ha pretendido, sino más bien de un rito de caza, de una cura sangrante que los llena de una fuerza sobrenatural y donde se sacia la rabia que los posee. Así es como el héroe tebano Penteo es despedazado por las bacantes, según la leyenda. Así pereció también Orfeo, desmembrado por haber excitado los celos de las ménades.

Este periodo de excitación intensa que caracteriza primero la embriaguez dionisiaca, es seguido inmediatamente una postración no menos significativa. Los seguidores del dios caen en un profundo sueño. «*Todas dormían, el cuerpo abandonado*», dice un pastor que, en la tragedia de Eurípides, puede contemplar de lejos a las mujeres de Tebas. Plutarco, por su parte, relata la aventura histórica sucedida a estas mismas tebanas, a las que el delirio divino arrastra durante la noche a una ciudad enemiga y que fueron encontradas tumbadas en el suelo, inconscientes, en el ágora.

Se reconoce en estas descripciones una de las manifestaciones clásicas de la intoxicación alcohólica.

Que la embriaguez ha sido el elemento esencial de la antigua religión dionisiaca lo prueban también las figuras en los monumentos y sobre todo las pinturas de los vasos griegos. El estado en que se encuentran los adoradores del dios está representado con un realismo que indica claramente su naturaleza.

El rey Filipo de Macedonia veía con muy malos ojos que su mujer Olimpia, la madre de Alejandro Magno, se afiliase al culto de Dionisos. Tampoco es extraño que las ciudades griegas no hayan aceptado sin resistencia las prácticas bárbaras que amenazaban con llevar a los peores excesos a su población masculina y sobre todo a la femenina.

A las orgías propiamente dichas, verdaderas «cazas salvajes» que parecen haber sido reservadas a algunas fraternidades de iniciados y, particularmente, a las asociaciones de mujeres designadas a veces por su vestido con el nombre de *bassarai*[47], o por razones desconocidas por los extraños apelativos de *klodones* y *mimallones*, se añadían mascaradas, que probablemente coincidían con ciertos momentos importantes en la fabricación del vino, por ejemplo con la época de las vendimias y con la fermentación del mosto.

Los hombres se cubrían con pieles de macho cabrío, para hacerse semejantes a los animales que encarnaban la divinidad o, quizás, para desempeñar el papel de odres vivientes. Llevaban máscaras con cuernos y se pintaban el rostro con carbón. Se puede concluir de los datos proporcionados por los autores antiguos, y también por la supervivencia actual de estas antiguas costumbres en algunos cantones de Tracia, que los participantes se entregaban a danzas y pantomimas obscenas, intercambiaban frases groseras e injuriosas con los asistentes, cantaban encantamientos mágicos y la ceremonia terminaba tras una especie de batalla por la muerte, primero real y luego solamente simulada, de uno de los personajes del cortejo.

---

[47] La *bassara* era una especie de vestido llevado por las mujeres de Tracia que primitivamente estaba hecho con piel de zorra [Nota del autor]

Así debían de ser los principales ritos de la religión de Dionisos en el momento en el que éste se introdujo en Grecia. No vamos a investigar aquí cómo consiguió imponerse en todas partes. Además, los datos que se poseen a este respecto provienen menos de datos históricos ciertos que de tradiciones legendarias anteriores a la historia.

Limitémonos a recopilar algunas indicaciones relativas a los principales focos desde donde el culto dionisiaco pudo irradiarse hacia el conjunto de la Hélade. Beocia y Tebas tuvieron, sin lugar a dudas, un papel de primer orden en la propagación de los ritos orgiásticos. Así, se sabe por una inscripción que tres ménades tebanas fueron llamadas a formar *thiases* a Magnesia del Meandro. Del mismo modo, Delfos contribuyó en gran parte al éxito de Dionisos. Éste había hecho un pacto con Apolo sobre las pendientes del Parnaso. Los dos dioses se repartieron el santuario y se los veneraba alternativamente en el ciclo de las fiestas. Incluso se pretendía que el famoso oráculo había pertenecido primero al dios tracio. Sea cual fuere el crédito que conviene conceder a esta afirmación, es fácil explicársela si se piensa en la embriaguez en la que se sumergía la Pitia respirando los vapores tóxicos que subían del suelo y masticando hojas del laurel sagrado.

No fue menos importante para Dionisos su asociación en Ática con las diosas Deméter y Cora. Así se encontró mezclado a los misterios de Eleusis y recogió el beneficio de su inmensa fama. Atenas, donde su culto había penetrado antes del reinado de Teseo, pronto iba a transformar sus rudimentarias manifestaciones artísticas primitivas para darles un prestigio incomparable en todo el mundo antiguo.

Creta merece igualmente aquí una mención especial. Sin duda fue de Frigia y no de Tracia de donde llegó esta divinidad. Debieron acogerlo con un fervor tanto más grande cuanto que habían conservado en su propia religión huellas de una mística más apasionada que la de Grecia. En Creta, Dionisos se unió a Zagreus, el divino niño despedazado por los titanes y devuelto a la vida por la diosa madre. Los órficos se apoderaron más tarde de este mito para elaborar toda una doctrina cosmológica y teosófica, que su influencia extendió ampliamente entre los devotos y los pensadores.

Tras habernos detenido en la difusión de la religión dionisíaca, vamos a preguntarnos ahora cómo vieron los helenos a esta divinidad prestada de sus vecinos del norte. La respuesta a esta pregunta es bien simple: lo que Dionisos era entre los tracios lo siguió siendo entre los griegos. Para éstos, en efecto, es ante todo el dios del vino o, mejor dicho, el dios-vino, porque se confunde con el brebaje en el que se entrega a sus adoradores. La embriaguez que les procura, si bien menos brutal que la de los bárbaros, conserva, no obstante, el carácter de una verdadera posesión. Confiere al hombre una existencia sobrehumana, atestigua en él, por el entusiasmo que le inspira, la presencia real de la divinidad.

Puesto que es el dios del vino, Dionisos preside la viticultura. Sustituye a los héroes locales más antiguos, a quienes estaba consagrada la viña. Se convierte al mismo tiempo en colaborador de los dioses y diosas de quienes dependen, a títulos diversos, los productos y los trabajos de las huertas y los campos. Esta asociación se impone tanto más cuanto que Dionisos sigue siendo a los ojos de los helenos lo que ya era para los tracios, es decir, el señor y dispensador de vida, y la embriaguez no es, en definitiva, más que una de sus manifestaciones más características.

Esta vida está extendida por la naturaleza entera. Es la fuente de todas las energías fecundas. Así, no hay que asombrarse de que Dionisos sea siempre en Grecia el dios del falo, el dios toro, le dios macho cabrío. Pero esta vida se prolonga también en el otro mundo, donde se operan sus perpetuas renovaciones. El Dionisos helénico extiende su imperio a las regiones misteriosas que sirven de residencia a los muertos. Los estados sobrenaturales en los que sumerge a sus fieles desde aquí abajo son una demostración de la existencia de su alma y una garantía de la suerte bienaventurada que les espera en el más allá. Bajo su égida, las prácticas secretas de ciertos antiguos cultos agrarios, destinados primero a renovar la fertilidad del suelo, se hacen, cada vez más, ritos de salvación que preparan a los iniciados para una inmortalidad radiante.

También, por el contacto que se establece entre los humanos y el mundo invisible, Dionisos sigue siendo el dios revelador, el dios de la inspiración profética.

Sin embargo, su entrada triunfal en las regiones de la Hélade, donde reinaba una civilización desconocida en Tracia, pronto iba a transfigurarla. No hablaremos aquí de los mitos que se apropia, ni de las relaciones que crea con otras divinidades, ni tampoco de las funciones que se le atribuyen en la organización a la vez religiosa y política de varias ciudades, sino de un cambio que, imponiéndose a su misma naturaleza, lleva verdaderamente la marca del genio griego.

Esta transformación se afirma en primer lugar en su aspecto externo. El misterioso espíritu que manifestaba su presencia en el brebaje embriagante, y cuyas apariencias podían ser infinitamente variadas, se hace antropomorfo. Se desprende del fetiche en el que residía antaño y que primitivamente no era sino un simple tronco de árbol, adornado ocasionalmente con una máscara y vestidos. Se libera de los objetos simbólicos, falos, vasos, etc., que lo representaban o del animal en el que debía encarnarse. Como las demás divinidades de Grecia, el viejo dios tracio se humaniza.

En las imágenes más arcaicas es un personaje barbudo que lleva una corona de hiedra sobre sus largos cabellos rizados y que lleva tanto un tirso como una copa o un sarmiento cargado de racimos. Las pinturas de ciertos vasos lo muestran participando de la embriaguez que da a los hombres y de los éxtasis que procura.

Más tarde, Dionisos es representado como un efebo gracioso, afeminado, de cabellera lujuriosa y expresión soñadora. Esta nueva imagen no excluyó enteramente la antigua, pero se impuso cada vez más entre los artistas griegos.

Mientras los ceramistas y escultores adaptaban así a los gustos refinados de los helenos la ruda divinidad de las bacantes y las ménades, los pensadores y poetas trabajaban, por su parte, para idealizar su personalidad y sus acciones. Dionisos ya no era para ellos el dios salvaje que hace de sus seguidores unas furias, sino el dios de las artes, el dios de la música y la danza, compañero de las Gracias, aquél que los compasivos inmortales han enviado a la humanidad miserable con Apolo y las Musas, para ayudar a los hombres a soportar su triste suerte. Él es quien disipa sus penas, él quien les aporta alegría y paz. Pero no es sólo el gran animador para ellos, el papel que se le otorga se extiende a todo el Universo. Tiene un carácter cósmico. Eurípides proclama que pronto toda la tierra tomará parte en las danzas de Dionisos, y en una invocación espléndida, Sófocles lo menciona como aquél que conduce el coro de los astros relucientes.

Del mismo modo que el genio griego ha terminado por transfigurar al dios del vino y la embriaguez, así ha conseguido proyectar una luz tan viva sobre ciertas prácticas de la religión dionisiaca, que ha hecho manifestaciones deslumbrantes de arte y belleza.

Se deduce que semejante cambio no podía efectuarse sobre las orgías propiamente dichas. Sin embargo, no han escapado a la influencia moderadora de la civilización helénica; esta adaptación, que las convirtió en costumbres más civilizadas que las de los tracios, debió de operarse poco a poco a juzgar por la pervivencia de la primitiva violencia de los ritos orgiásticos que se encuentran en Grecia, desde las fronteras de Macedonia hasta la extremidad del Peloponeso. Así es como, por ejemplo, Atenas tuvo en un momento dado sus propias mujeres furiosas, sus *lenai*, cuya fiesta de las lenaias ha conservado el nombre, y la Laconia sus *dusmainai*, sus peligrosas dementes, que frecuentaban las cumbres del Taigeto. Se descubrirían sin dificultad, en las tradiciones y en los cultos locales, gran número de diferentes huellas de la locura sanguinaria que Dionisos, el comedor de carne cruda, inspiraba a sus fieles. Por otra parte, las ménades de Tebas y las thiades de Delfos continuaron largo tiempo con sus rondas nocturnas, las primeras por el Citerón y las segundas por el Parnaso. Pero es incontestable que la barbarie de los antiguos ritos no cesó de atenuarse en el mundo griego. Con respecto a esto, la tragedia de las Bacantes nos proporciona algunas indicaciones muy significativas. Las descripciones que hace Eurípides de los transportes de las mujeres tebanas evidentemente no reflejan lo que sucedía en su época. Se han tomado de un pasado extremadamente lejano. Sin embargo, cuando el poeta habla de antiguas orgías, se percibe como una preocupación por corregirlas, por sublimarlas. En este caso, como en tantos otros, el sentido de la medida que los helenos han poseído en tan alto grado ha intervenido para remediar los excesos de las prácticas salvajes y acabar con su ferocidad.

Además de eliminar progresivamente las orgías, o al menos refrenar la embriaguez, Grecia trataba también de absorber en las maravillas de su teatro las groseras mascaradas que constituían también uno de los ritos esenciales de la religión dionisiaca. Estas mascaradas se habían extendido por los campos, donde habían dado origen a las fiestas que llamaban las dionisias campestres. En Ática, cada pueblo tenía las suyas. El elemento principal era una procesión en la que los aldeanos llevaban un ánfora llena de vino, un cesto de higos secos y un falo. También figuraba en el cortejo un macho cabrío destinado al sacrificio. Durante el trayecto, uno de los asistentes, o un coro, entonaba un himno improvisado. Con ocasión de estas ceremonias, tanto en Grecia como en Tracia, había personajes disfrazados con máscaras, o pintarrajeados, que saltaban a la pata coja y se entregaban a danzas, acompañados de cantos. Otros, con las manos y el rostro ennegrecido de hollín, combatían a un adversario enharinado. Organizaban, igualmente, sobre tablados o sobre carros, una especie de escenificación durante la cual decían frases obscenas e injuriaban a los espectadores. Estos bufones rústicos eran los hombres-macho cabrío.

Nos engañaríamos sobre el significado de estas prácticas si viésemos en ellas únicamente una manifestación de la brutalidad popular. En realidad, responden a preocupaciones mágico-religiosas. El momento en el que se hacían, a principios de enero, era una época crítica primero para la naturaleza, cuya fecundidad era necesario reanimar, y más aún para el vino, en el que se operaba el misterioso trabajo de la fermentación y que era indispensable proteger contra la acción perniciosa de los malos espíritus. Estos hubieran podido provocar en el líquido sagrado, que se impregnaba del dios, perturbaciones tales como el agriarse o el fermentar mal, que lo harían inapropiado para el consumo. Los demonios hubiesen tomado ahí el lugar de Dionisos. Basta recordar las múltiples precauciones con las que los primitivos rodean la fermentación de sus bebidas embriagantes y el papel profiláctico que atribuyen a ciertos ritos violentos, groseros o indecentes, para comprender el verdadero fin de las dionisias campestres o purificadoras, destinadas primitivamente a apartar las enfermedades que amenazan con impedir la vinificación.

Lo que da a estas faloforias, a los coros, danzas, escenificaciones y justas que los acompañan, una importancia capital desde el punto de vista literario es que se encuentran ahí los orígenes de la comedia y la tragedia griegas. La primera está originada en el canto del cortejo dionisiaco; la segunda, del macho cabrío o de los machos cabríos, es decir, de los hombres-macho cabrío, cuyos juegos podían terminar muy mal.

¿Cómo pasaron los griegos de estas diversiones bárbaras y estos informes balbuceos a los esplendores de su teatro? Sin duda ha hecho falta, en primer lugar, la extraordinaria aptitud de la que estaban dotados en el terreno de la estética. Pero independientemente de estas disposiciones naturales, que los inspiraban hacia la belleza, gran parte del desarrollo de su arte dramático se debe a los concursos que ciertas demarcaciones instituyeron con motivo de sus fiestas dionisias. La primera en entrar por esta vía fue probablemente la de Icaria, patria de Tespis, que los antiguos consideraban como inventor de la tragedia. Así, estas ceremonias campestres, conservando siempre su carácter religioso, tendían a convertirse en manifestaciones artísticas en el curso de las cuales grupos rivales se disputaban los votos del público. El ejemplo de Icaria fue imitado en otras partes, y sobre todo en Atenas, donde la fiesta de las lenaias, que correspondía a las dionisias rurales, a partir del siglo vi, dio lugar a competiciones de autores dramáticos y a representaciones populares en un teatro construido en madera.

Un siglo más tarde, las grandes dionisias, o dionisias urbanas, iban a transformar estos concursos en una verdadera institución del Estado y a provocar la aparición en la escena ateniense de obras inmortales que jamás han sido superadas.

Al menos se puede conceder un valor simbólico a una anécdota que Pansanias cuenta a propósito de Esquilo: un día que se había dormido a la sombra de un emparrado, el poeta vio en sueños a Dionisos, que le daba la orden de escribir una tragedia; al despertarse no tuvo ninguna dificultad en obedecer al dios.

Hay que resaltar que en las grandes dionisias se celebraba también una procesión solemne que tenía el aspecto de un cortejo báquico. Poco después tenía lugar otra fiesta dionisiaca, la de las Antesterias, en la que el viejo dios recibía homenajes totalmente conformes con sus orígenes. Se abrían primero las jarras que contenían el vino nuevo, debidamente fermentado y del que habían arrojado a los malos espíritus. Después de esto se realizaba el concurso de los *brocs*, cuyo vencedor era el bebedor que primero había vaciado su jarro.

Tampoco se olvidaba a los muertos en estas celebraciones, y se les preparaba una comida especial en pequeñas marmitas de barro. Hay tres palabras que se emplean corrientemente para designar a las tres ceremonias principales de las Antesterias (πιθοιγια, χοεζ y χυτροι).

Sin embargo, si la unión de Dionisos y el vino era indisoluble, lazos no menos fuertes iban a ligarlo con el arte dramático. A él se atribuye su creación. En su presencia y en su honor se hacían grandes juegos escénicos que se desarrollaban ritualmente como una fiesta religiosa. El teatro era un edificio consagrado al dios. Su estatua se alzaba en la orquesta. Sus sacerdotes tenían un lugar reservado en la primera fila. El corifeo y los actores ejercían un auténtico sacerdocio. Su persona era inviolable, atentar contra ellos era cometer un sacrilegio.

A partir del siglo IV, todos cuantos desempeñaban un papel cualquiera en estos espectáculos se agrupaban en una corporación, cuyo patrón era el dios, llamada «artistas de

Dionisos». Esta organización no existía sólo en Atenas. Confraternidades similares se fundaron en numerosas ciudades. El prestigio del que gozaban y la influencia que ejercían eran considerables. Los poderes públicos debían contar con ellas. Eran estos artistas de Dionisos quienes, ofreciendo representaciones teatrales por todas partes, mantenían o propagaban en el mundo antiguo, al mismo tiempo que las más nobles tradiciones de la cultura clásica, la religión dionisiaca. También ellos acabaron de imponer la gran transformación que se debe al genio griego. Desde ese momento, el consumo de una bebida embriagante no sería el único medio de llegar al entusiasmo; emborrachándose de poesía, de canto, de belleza, se puede disfrutar también una ebriedad divina.

La sustitución por gozos estéticos de estados que revelan una mística elemental no es particular del culto a Dionisos. Esto, que se produjo en el caso que nos ocupa, es una de las manifestaciones de la tendencia general que caracteriza la evolución religiosa de Grecia. Poco a poco, lo bello ocupa el lugar de lo divino, envuelve con un ropaje tan brillante las prácticas, los símbolos y los mitos extrañamente salvajes y oscuros de la antigua religión helénica, que parece ser únicamente alegría y luz. Sin embargo, este esplendor prestado distrae más de lo que conmueve. En la claridad demasiado viva que las rodea, la mayor parte de las divinidades se humanizan hasta el punto de no conservar ya nada del prestigio que da el misterio y cesan así de despertar en las almas las emociones profundas que mantienen el fervor.

El mundo antiguo se apartará de estos dioses tan brillantes. El arte los ha transfigurado únicamente para preparar mejor su declive y su muerte.

Sin embargo, no fue éste el destino de Dionisos. Aun revistiéndose de belleza, no pierde enteramente su atractivo místico. La entusiasta piedad que le consagraran las bacantes y las ménades encontrará una singular renovación en los círculos órficos.

El orfismo está ligado estrechamente a la religión dionisiaca. Aunque uno de sus centros principales esté situado en la Italia meridional, la leyenda de su fundador nos lleva a Tracia. Según dicen, Orfeo pertenecía a la tribu de los cicones, vecinos cercanos de los satras y los dioï. Con el mágico poder de su música había conseguido encantar no sólo a sus congéneres, sino también a los animales salvajes, los árboles, las rocas, y hasta a la misma diosa Coré, soberana de las regiones infernales. Se le atribuía la institución de nuevas orgías de Dionisos sobre el monte Haemus, pero como quería reservarlas sólo para los hombres, fue despedazado por las ménades del Pangé y sus restos arrojados al mar. Unos pescadores encontraron la cabeza, respetada por las olas, cuya boca continuaba cantando.

¿Orfeo es únicamente un ser mítico, una especie de Dionisos? ¿Su muerte no evoca otra cosa que el sacrificio del mismo dios, que se deja destrozar para que la vida de la que está penetrado pueda pasar a sus adoradores? Los antiguos veían en Orfeo un personaje real, un poeta y un profeta, que habría emprendido la renovación de las prácticas bárbaras de sus compatriotas y que, víctima del odio desencadenado, habría sufrido el martirio.

Así se explica por qué la iconografía cristiana primitiva pudo dar a Cristo los rasgos del héroe tracio.

Sea lo que fuere, el orfismo se presenta en su origen como una reforma de la religión dionisiaca. No se limita a sustituir el tumulto de los tambores, címbalos y flautas, por la música más dulce de la lira apolínea; sino que recurre también a nuevos métodos para provocar los estados místicos. En lugar de la embriaguez, propone a sus adeptos la renuncia y el ascetismo como los medios más seguros de liberar el alma de las ligaduras del cuerpo y sustraerla al ciclo de los renacimientos terrenales. Por chocante que sea el contraste entre las viejas costumbres que pretende reemplazar y sus propias exigencias, se puede pensar que éstas encontraron un punto de apoyo en las tendencias ascéticas que existían ya entre los tracios y en la creencia en la reencarnación de la que estaban profundamente penetradas estas poblaciones.

El orfismo se presenta como una verdadera redención a quienes toman parte en sus orgías y se esfuerzan en llevar la vida especial que prescribe. Dionisos se convierte aquí en el dios liberador.

No vamos a exponer aquí cuánto enseñan sobre los orígenes y los destinos del alma las doctrinas que los pensadores órficos elaboraron poco a poco y en las que se superponen elementos dispares provenientes de la filosofía pitagórica, de la mitología cretense e incluso de la religión egipcia. Baste decir que las comunidades de los discípulos de Orfeo conocieron en el mundo antiguo un extraordinario desarrollo e hicieron gala de una vitalidad que se prolongó mucho más allá de la época helenística, y que, además de transformar profundamente el paganismo grecorromano, ejercieron cierta influencia sobre el cristianismo naciente.

Sin embargo, no se debe dar a este gran movimiento religioso una unidad de creencia y de acción que no correspondería a la realidad. De hecho, hubo al menos dos orfismos: uno, popular y grosero, contra el que Platón elevó una vigorosa protesta, el que expandían entre las masas extraños misioneros que, sobre todo, parecían preocupados por explotar la credulidad de los humildes y que prometían a sus seguidores una embriaguez eterna en el más allá. La otra, por el contrario, más pura y mística, conduce a la constitución de auténticas órdenes, en las que la ascesis era importante y cuyas especulaciones teosóficas seducían a los filósofos. El mismo Platón se inspiró directamente en ellos para tres de sus diálogos, el Georgias, la República y el Fedón. En esta última obra, un verso órfico que marca la diferencia entre los verdaderos y falsos iniciados, explica por boca de Sócrates cuál era su propio sentimiento en este punto. Para él, los verdaderamente inspirados, los bacantes auténticos, son quienes se entregan a la filosofía.

¿No resulta extraño ver el pensamiento griego, bajo su forma más pura, unirse de este modo a esta inspiración divina que, primero los tracios y tras ellos los helenos, creyeron obtener embriagándose? Tanto en Grecia como en la India fueron necesarios quizás estos primeros ímpetus hacia la trascendencia para hacer posibles aquéllos que debían sucederles y para sugerir a los hombres la ambición de elevarse a las más altas cumbres de la vida del espíritu.

Antes de terminar el capítulo debemos decir aún algunas palabras sobre la introducción de las orgías dionisiacas en Roma, a principios del siglo II a. C.

En Etruria, un griego de baja extracción, según escribe Tito Livio, se hizo ministro de los ritos secretos de una especie de religión a la que dieron un atractivo singular los gozos que procuran los banquetes y el vino. Las ceremonias del culto se celebraban de noche en medio de una embriaguez general que desencadenaba todos los desórdenes y permitía todos los crímenes. Los alaridos de los iniciados y el ruido ensordecedor de los tambores y los címbalos cubrían los gritos desesperados de los desgraciados a quienes asesinaban. El azote se extendió desde Etruria hasta Roma, como una enfermedad contagiosa. Allí encontraría un terreno particularmente favorable para su desarrollo.

Diversas circunstancias llevaron al cónsul Postumius a descubrir esta conjura clandestina. El asunto le pareció tan grave que lo llevó ante el Senado. Los testimonios recogidos establecieron que las bacanales tenían lugar en un bosque sagrado de los alrededores de Roma, cinco veces al mes. Al principio solamente se admitían mujeres, pero pronto una de ellas, convertida en gran sacerdotisa de las orgías, hizo iniciar también a los hombres, y los primeros fueron sus dos hijos.

Estas asambleas nocturnas daban lugar a los más infames libertinajes. Quienes intentaban sustraerse a estos desbordamientos monstruosos eran inmolados como víctimas de un sacrificio. El estruendo que se hacía en torno a ellos impedía oír sus gritos. Poseídos por la demencia, los hombres se entregaban a una agitación frenética y profetizaban; la matronas, según costumbre de las bacantes, tenían los cabellos desatados y corrían hacia el Tíber llevando antorchas ardientes que arrojaban al río. Toda una multitud se había afiliado a estos ritos escandalosos. Incluso contaban entre los iniciados a romanos y romanas de ilustre nacimiento.

El Senado, asustado por estas revelaciones, felicitó al cónsul por la discreción con la que había sido llevada a cabo la investigación y ordenó un proceso en el que comparecieron millares de acusados y que terminó con numerosas ejecuciones. Más tarde, en el año 186, dio un senatus-consulta, prohibiendo, bajo las penas más severas, como atentado contra la seguridad del Estado y como contraria a la moral y a la religión, la celebración de las bacanales, tanto en Roma como en toda Italia[48].

---

[48] El texto original de este senatus-consulta figura en una tabla de bronce descubierta en Tiriolo de Calabria y conservada en Viena, en el antiguo gabinete imperial. Estas medidas se explican tanto mejor cuanto que en la antigua Roma el vino estaba prohibido a las mujeres. Incluso les estaba prohibido tocar las llaves de la bodega. Rómulo asimila la embriaguez al adulterio. ¿La embriaguez no es también una posesión que entrega a la esposa a otro que no es su marido y que frustra a éste su derecho exclusivo? [Nota del autor]

El interés del pasaje de Tito Livio que acabamos de resumir es evidente. Los datos que nos proporciona nos iluminan sobre la rapidez con la que el culto de Dionisos consiguió propagarse, y del mismo modo nos muestran que los antiguos procedimientos destinados a provocar el éxtasis no dejaron de emplearse y que el salvajismo de las primitivas orgías se mantuvo hasta una época relativamente tardía en las fronteras del mundo helénico.

CAPÍTULO III

LA BEBIDA EMBRIAGANTE ENTRE LOS CELTAS

Sítulas y calderos sagrados. El vaso de Gundestrup. Los calderos mágicos en las leyendas irlandesas y galas. El Santo Grial. El dios Cernunnos. El dios del mazo.

Los antiguos habitantes de Tracia y Macedonia vivían en los confines de dos mundos: al sur, las orillas del Mediterráneo, bañadas de luz y en las que aún brillaban, en el momento del esplendor de Grecia, las antiguas civilizaciones orientales y egeas; al este, norte y oeste, la confusa inmensidad de los territorios en los que habitaban los bárbaros. Estos eran, entre otros, los escitas, illirios, venteas, ligures e íberos; todo un conjunto de poblaciones en proceso de diferenciación, de las que surgirían las tribus itálicas, celtas y germánicas.

Entre estos grupos había uno cuya vitalidad estaba destinada a afirmarse con una intensidad singular. Era el de los celtas, a quienes su habilidad para forjar espadas de hierro aseguraría, por un tiempo, una verdadera hegemonía y cuya expansión, tanto por masas compactas como por clanes aislados, tenía lugar en todas direcciones.

Desde la mitad del primer milenio antes de la era cristiana habían ocupado los altos valles de las cuencas del Rhin y del Danubio. Habían avanzado por las riberas bajas de los mares septentrionales donde habían alcanzado las islas británicas, conquistaron la mayor parte de las Galias hasta el litoral del océano y penetraron en España, donde se mezclaron con los íberos. Descendieron a Italia del norte, que invadieron de nuevo un siglo más tarde, llevando esta vez sus armas hasta Roma, de la que se apoderaron en el año 390; en fin, extendieron progresivamente su dominio por las regiones comprendidas entre los Alpes y el Ródano.

A finales del siglo IV, un nuevo impulso los llevaba hasta Oriente. Unos, tras haberse infiltrado en Illiria desde hacía mucho tiempo, se establecieron en Macedonia y en Tracia e hicieron una corta expedición a Grecia, que terminó con el saqueo de Delfos en el año 279. Otros se establecieron a lo largo del curso inferior del Danubio y hasta las orillas del mar Negro. Otros, en fin, se introdujeron en Asia Menor, donde, a pesar de las repetidas derrotas que les infligió, entre el 241 y el 230, el rey de Pérgamo, Attale, consiguieron mantenerse y crear un estado duradero: Galacia.

La gran expansión de los celtas y su hegemonía en la Europa bárbara coinciden con el desarrollo de una civilización peculiar y que dura desde el siglo V al I antes de Cristo. Esta civilización puede considerarse como una segunda edad del hierro. Los arqueólogos la llaman época de la Tene, por el nombre de una estación que se encuentra cerca del lago Neuchatel y que debió ser un puesto de peaje sobre las vías de comunicación que llevan del Ródano al Rhin. Entre los objetos que las excavaciones han encontrado, tanto en la Tene como en toda la extensión del territorio celta y en las regiones sometidas a su influencia, figuran espadas de hierro que se alargan cada vez más, puntas de lanzas, dardos, escudos, fíbulas, collares característicos, las torcas, jarrones de cerámica imitando el estilo de otros que son de metal y, en particular, sítulas o cubos de bronce ribeteado, encontradas anteriormente en las tumbas de Hallstat. Igualmente cabe datar del fin de la era de la Tene un caldero de plata descubierto en Gundestrup, en Jutlandia, y del que hablaremos más tarde.

En la época de la Tene se distinguen cuatro periodos. El primero deriva directamente de una civilización más antigua y compleja, la de Hallstat, que se aproxima a la edad del bronce y a cuyo desarrollo contribuyen diversos grupos étnicos. La cultura de Hallstat, o primera edad del hierro, se puede situar, aproximadamente, entre el año 900 y el 500 antes de nuestra era; debe su nombre a la gran necrópolis de Hallstat, en el Salzkommergut austriaco. Sobre los vastos territorios en los que se extendió se ha reconocido la existencia de varias provincias: una región meridional o adriática; otra llamada central o danubiana, que se prolonga hasta Bohemia y Hungría; una tercera que llaman occidental o reno-ródana; y una cuarta, entre el Elba y el Oder. Si la civilización de Hallstat aparece, en conjunto, como el resultado de diversas influencias, cuya acción se revela más o menos importante según los territorios en los que se ejerce, es incontestable que los celtas, antes de ser los principales herederos, fueron no sólo sus beneficiarios, sino en gran parte sus creadores.

Esta rápida incursión en el terreno de la arqueología protohistórica era necesaria porque es evidente que para saber si los celtas y sus congéneres bárbaros usaban, como los otros indoeuropeos de los que ya hemos hablado, bebidas embriagantes en sus prácticas religiosas, debemos examinar, en primer lugar, los documentos arqueológicos.

Una primera pista nos la dan las grandes sítulas de bronce encontradas en las tumbas de Hallstat. Las hay adornadas de símbolos e incluso de figuras humanas. Provienen, sin duda, de un centro de fabricación situado en territorio véneto o ilirio. ¿Para qué podrían servir estos utensilios decorados con cuidado sino para contener un líquido particularmente apreciado destinado al consumo?

Esta bebida desempeñaba, con toda certeza, un papel destacado en las ceremonias religiosas. Lo prueba, desde los comienzos de la edad del hierro e incluso desde el fin de la edad del bronce, la existencia de carros rituales, de gran tamaño o en modelos reducidos, sobre los que estaban colocadas algunas de las sítulas que acabamos de mencionar. Uno de los hallazgos más notables a este respecto es el que se hizo en una especie de túmulo en la costa de Saint-André, en el Delfinado. Son los restos de un carro, cuyas cuatro ruedas en bronce fundido miden 52 centímetros de diámetro, que llevaba una sítula formada con hojas del mismo metal unidas con remaches. La altura de este recipiente era al menos de un metro.

Se han exhumado numerosos vasos como éstos, montados sobre ruedas, en otras partes. Uno de ellos, semejante al de la costa de Saint-André, fue descubierto en Perusa, otro en Peccatel, en Meclemburgo; un tercero en Milavec, en Bohemia. Estos dos últimos son mucho más pequeños y debían de tener un carácter votivo. Parece que se remontan a un pasado más remoto que las sítulas de Hallstat, y su forma difiere. El de Peccatel tiene el aspecto de una copa de asas adornada; el de Milavec es más bien un caldero. Conviene añadir que objetos de este género, y datando de la edad del bronce, fueron descubiertos también en los países escandinavos.

Los carros llevando sítulas u otros recipientes estaban destinados a participar en una especie de procesiones. En un fragmento de cerámica decorada con la imagen tosca de uno de estos cortejos rituales, se ve, sobre un carro arrastrado por dos bueyes, una gran sítula provista de su tapadera. La precede un caballero y la siguen más personas a pie. Pensamos que puede aproximarse a esta escena un carrito votivo, de origen ilirio, encontrado en una tumba de la época de Hallstat, en Strettweg, cerca de Judenburgo, en Estiria. Es una especie de bandeja, montada sobre cuatro ruedas, en medio de la que se alza una figura femenina, a quien el artista pretendió dar talla sobrehumana. Lleva en la cabeza una ancha pátera que sostiene con los dos brazos. Alrededor se agrupan personajes más pequeños, infantes y caballeros, que llevan dos cérvidos. Se trata de una representación en relieve de una procesión análoga a la que reproduce el dibujo del tejón de Oedemburgo.

Las vasijas de metal que contenían el líquido sagrado no eran llevadas necesariamente sobre carros. A veces también las cargaban los hombres. La decoración que adorna la sítula, llamada «de la Certosa», nos muestra dos personajes, sin duda sacerdotes, llevando un gran vaso colgado de un palo, cuyas extremidades apoyan sobre sus hombros. Otros dos caminan tras ellos, llevando entre los dos un cubo sujeto por las asas. Los acompaña todo un cortejo.

Se concluye del examen de este primer conjunto que desde la edad del bronce, y en la época de Hallstat, las poblaciones bárbaras de Europa, con las que se mezclaron los celtas, utilizaban en las ceremonias de sus cultos un brebaje que era objeto de una veneración singular y que no podía ser otra cosa que hidromiel, o quizás cerveza. En efecto, ésta se ha convertido en la principal bebida embriagante de los pueblos del norte, a partir del momento en que la práctica de la agricultura les proporcionó los cereales que permitían su fabricación.

En un epigrama que escribió durante la guerra contra los bárbaros, el emperador Juliano expuso de modo muy divertido las impresiones que tuvo al probar lo que él llama un vino extraído de la cebada. Se dirige a Dionisos, pero a un nuevo Dionisos que no reconoce. «*¿Quién eres tú?* –le dice– *¿De dónde vienes, Dionisos? ¡Ciertamente no es al verdadero Baco a quien encuentro en ti! Él olía a néctar, pero tú* –aquí sigue un juego de palabras que nos resulta intraducible–, *tú tienes el olor del macho cabrío o de la espelta ("tragon")* [...] *¿Es que los*

celtas, faltos de racimos, te han sacado de las espigas? Habría que
llamarte hijo de Deméter y no de Dionisos, el que ha nacido del
trigo, el que es avena [...] y no el dios tronante».

Hay que destacar que Juliano parece encontrar natural el atribuir al mismo patrocinio divino la bebida embriagadora que le era familiar y la que le dieron los bárbaros. El «vino de ordio» del que habla llevaba entre los celtas nombres como el de *cerevisia* o *cervisia*, que ha derivado en el término *cerveza*. Era más exactamente una clase de cerveza porque, como explica Juliano, podían emplearse varias especies de cereales para obtener este brebaje.

En Pannonia, en Dalmacia y en Illiria lo llamaban *sabaia* o *sabaius*. Ya hemos visto que esta palabra ha sido relacionada con el nombre de una divinidad tracio-frigia, emparentada estrechamente con Dionisos, el dios Sabacios. Éste era también un dios de la embriaguez sagrada. Sus adoradores, los *saboï*, se asemejaban extrañamente a las bacantes y a las ménades. Se puede ver en él al dios de la cerveza, que él mismo penetraba con su presencia misteriosa y en la que se entregaba a sus fieles. ¿No es esto, quizás, lo que fue su vecino Dionisos antes de convertirse en el dios del vino?

El empleo de la cerveza en las prácticas religiosas de los bárbaros está atestiguado además por la existencia de ciertos utensilios que debían servir para prepararla y cuyo carácter sagrado parece evidente. Así es como desde la época de Hallstat se encuentran calderos de bronce llevados sobre trípodes de hierro y curiosamente adornados con cabezas de grifos desprendiéndose de los bordes con un relieve muy acentuado. La presencia de este motivo, de origen romano, no nos indica sólo que tenían objetos importados de Grecia o imitados de modelos griegos, sino que nos hace pensar que vasos tan lujosos no podían estar dedicados a usos profanos o cotidianos.

Parece que puede decirse otro tanto de ciertas cubas de grandes dimensiones hechas en metal o en arcilla. Una de estas últimas fue descubierta al lado de un altar cuadrangular en uno de los túmulos de Peccatel y cerca de la tumba en la que estaba enterrada la copa, montada sobre ruedas, de la que ya hemos hablado.

Como la época de Hallstat, la de la Tene nos ha dejado su contingente de cubos y calderas fabricados en talleres itálicos o celtas y cuya talla, decoración y, sin duda también, su valor económico, reservaban para una utilización ritual. Creemos que sucedía lo mismo con ciertos cubos de metal y madera que provienen de Gran Bretaña y cuyas duelas están unidas y sujetas por círculos de bronce adornados o repujados con máscaras humanas y animales fantásticos.

Por otra parte, el vaso de Gundestrup, que ha sido considerado «el monumento más importante de la arqueología celta»[49], es un documento de un valor inestimable que ilumina el papel capital que desempeñaban en la religión de los celtas y sus vecinos el brebaje embriagante y los calderos sagrados.

Este vaso circular se compone exteriormente de ocho placas de plata, sobre las que se destacan, en trabajo repujado, bustos de divinidades. Interiormente está formado por otra serie de placas del mismo metal, adornadas de extrañas escenas en las que intervienen distintos personajes. Uno hace girar una rueda, sin duda para encender el fuego, otro está sumergido de cabeza en un caldero, etc. Estos diversos suje-

---

[49] El vaso de Gundestrup se encuentra en el museo de Copenhague. El museo de Saint Germain posee una reproducción. Hemos podido estudiar este documento bajo la dirección de nuestro maestro y amigo H. Hubert. Los datos que siguen están tomados en gran parte de las notas que tomamos escuchando a este sabio [Nota del autor]

tos están rodeados de hojas de hiedra y de animales más o menos monstruosos, entre los que se pueden reconocer grifos y elefantes. Se trata de elementos decorativos debidos a influencias griegas y orientales. En el fondo del vaso se representa un sacrificio; el mismo sacrificio descompuesto en varios actos y seguido del renacimiento del personaje sacrificado que reproducen igualmente las placas interiores.

No vamos a discutir aquí las diferentes hipótesis que se han emitido sobre la procedencia y fecha aproximada del caldero de Gundestrup. Si no hubiese sido encontrado en Dinamarca, es decir, fuera de los territorios ocupados por los celtas, nadie hubiese pensado en poner en duda su origen, ya que todo indica que se trata de una obra celta.

La técnica de las cabezas corresponde exactamente a la que se empleaba en ciertos monumentos galos, tales como el dios Bouray y las cabezas de Compiègne. Los personajes del interior, así como los del exterior, tienen el cuello rodeado de torcas, van provistos de una trompeta llamada *carnyx* y de un escudo alargado, que figuran entre los trofeos del arco de Orange y sobre el altar de Nîmes. El dios que desempeña el papel principal en las escenas trazadas en las paredes del vaso tiene cornamenta de ciervo, como el dios galo Cernunnos, sobre el altar de Reims. Otra imagen divina del caldero de Gundestrup, la serpiente con cabeza de carnero, no es menos característica. La misma representación simbólica del fuego se encuentra en los morrillos de metal o arcilla que se utilizaban en Galia. Contra todos estos hechos no podría prevalecer ningún argumento en contra.

Sólo falta explicar cómo un objeto incontestablemente celta pudo descubrirse en Jutlandia. ¿Fue transportado hasta allí por una banda de saqueadores escandinavos? ¿Avanzó hasta esa región algún grupo de celtas aislados acarreando el tesoro? También es posible que se convirtiese en propiedad de una población germánica a la que se unieron elementos celtas. Una mezcolanza semejante existía entre los cimbrios, que, según Estrabón, poseían un caldero sagrado del que hicieron un homenaje al emperador Augusto. Igualmente lo tenían otras tribus de Germania.

Cuando S. Colombano llegó entre los alamanes, los encontró cantando himnos en torno a una gran cuba llena de cerveza. Sin duda, el vaso de Gundestrup servía para ceremonias de este género. Si los germanos lo recibieron de los celtas, es evidente que éstos debían entregarse a prácticas similares con esos utensilios que fabricaban y que eran objeto de tal veneración que algunas de sus monedas reproducían su imagen.

Las conclusiones que hemos sacado de los documentos arqueológicos están corroboradas por las tradiciones que se han conservado en la literatura irlandesa y gala. Aunque éstas sean posteriores a la era cristiana y nos hayan llegado de manuscritos relativamente recientes, puesto que los más antiguos no se remontan más allá del siglo XII, se encuentran en ellas numerosas huellas de un estado de civilización que corresponde a un pasado mucho más antiguo.

Tanto desde el punto de vista social como desde el punto de vista religioso, estos escritos nos retrotraen a un tiempo de pleno paganismo. Así, viejas leyendas épicas y mitológicas que los monjes irlandeses de la Edad Media recogieron piadosamente y redactaron a su modo, mencionan a menudo calderos maravillosos, siempre llenos de una cerveza no menos maravillosa porque tiene todas las virtudes de una verdadera fuente de juventud. Estos utensilios, donde un líquido sobrenatural no cesa de renovarse, son propiedad de los dioses. En el fondo de sus *sid*, o palacios subterráneos, los Tuatha de Danann, hijos de la diosa Dana, sacan de estos calderos a copas llenas, durante sus banquetes, la bebida embriagante que los preserva de la muerte. En su residencia de Brugh na Boinne, el dios Dagdé tenía uno que su hijo le arrebató el día que con engaño consiguió apoderarse de la casa paterna. Igualmente el dios Mider, en su sid de Bregleith, puede embriagarse con una cerveza más espirituosa que la de Irlanda, cuyos méritos alaba ante su mujer Etain cuando quiere conducirla al país encantado donde no se envejece.

Los calderos que contienen el brebaje de la inmortalidad se encuentran igualmente en el otro mundo, se confunda éste con los sid de los Tuatha de Danann o haya que buscarlo más allá de los mares, en las islas misteriosas donde reina una alegría sin fin.

Como los celtas de Irlanda, los del País de Gales han conservado en su literatura novelesca o poética el recuerdo de calderos mágicos que pertenecían a los dioses. Entre los felices poseedores de estos vasos milagrosos figuran el divino Brau y su hermana Branwen; Cerridwen, inspiradora de los bardos; y Arawn y Pwyll, los reyes del Annwfn, es decir, del otro mundo.

Se sobreentiende que tesoros tan preciosos han suscitado ardientes envidias. Los héroes se entregaron a la búsqueda de estos calderos sagrados. En Irlanda, Cuchulain consigue robar el del dios Mider. En el País de Gales, un Artur mítico, confundido más tarde con el rey del mismo nombre, roba el de Annwfn en presencia del bardo Taliesín.

Al analizar estas diferentes tradiciones, se constata que atribuyen a los recipientes misteriosos de los que acabamos de hablar un cierto número de propiedades características. En primer lugar, son inagotables. Cada uno encuentra indefinidamente con qué alimentarse y con qué apagar la sed. Un auténtico flujo de vida se renueva sin descanso. Son depósitos de abundancia, fertilidad, fecundidad. También la fe popular confía su custodia a las divinidades que habitan las profundidades del suelo y cuya función es mantener las energías productoras de la naturaleza.

Estos vasos maravillosos son, además, una fuente inacabable de inspiración profética y poética. Por la embriaguez que procuran, por los éxtasis que causan, permiten a los dioses y a los muertos tomar posesión de los vivos y comunicarles ciencia y poderes sobrenaturales. Tres gotas del líquido que contiene el caldero de Cerridwen bastan para llenar de una sabiduría extraordinaria a un enano llamado Gwion que se reencarna en el poeta Taliesín.

Se explica así el papel que desempeñan estos utensilios en las historias de personajes que son a la vez poetas, adivinos y brujos, entre los bardos del país de Gales y entre los filé de Irlanda. Según una tradición, éstos o sus discípulos deben agruparse, en número de nueve, en torno a un caldero que ellos mismos han fabricado. Cada uno pasa la punta de su lanza por el último eslabón de una de las nueve cadenas de las que está suspendida la marmita. Luego, todos juntos cantan un poema. La palabra que utilizan para designarlos significa al mismo tiempo *poeta* y *calderero*.

Su arte y su oficio se expresan en un vocablo único, el de *cerdi*, que encuentra su correspondencia en el galo *kerd*, que tiene el sentido de poesía. Parece, por otra parte, que ha existido en el país de Gales una costumbre análoga a la de los filé de Irlanda. El bardo Taliesín coloca, en efecto, su caldero en medio de un círculo formado por nueve muchachas.

Por último, estas cubas mágicas están dotadas de una virtud singular: reaniman, regeneran, hacen pasar de la muerte a la vida. Pero no es sólo el líquido que contienen el que opera tales prodigios, ellas mismas aparecen como el instrumento de estos renacimientos sobrenaturales y como el lugar en el que se producen. Para explicar que se les haya podido atribuir una propiedad tan extraña es necesario volver al vaso de Gundestrup. Recordemos que está decorado interiormente con escenas muy curiosas que representan un sacrificio descompuesto en varios actos y seguido de una especie de apoteosis. El personaje principal de este drama no es otro que el dios o el espíritu del grano que muere en el fondo del recipiente donde es triturado, pero con el fin de renacer a una existencia nueva, incomparablemente más poderosa, en el brebaje embriagador, para la elaboración del cual se ha ofrecido en oblación.

En suma, sucede en él como en el soma, al que se hace pasar por un triple prensado, lo que permite al licor divino correr desde sus tallos machacados; o como el dios-racimo Dionisos, que se deja despedazar porque la sangre que brota de sus heridas va a convertirse en vino, del que se alimentarán inmediatamente los delirantes cortejos de ménades y bacantes.

Sabemos, por testimonios de autores antiguos, que los celtas poseían calderos sacrificiales análogos al vaso de Gundestrup y que servían para la inmolación de víctimas humanas, destinadas quizás a representar al dios del grano. Unos eran sumergidos de cabeza en estas cubas y perecían por sofocación; otros eran degollados. Así es como estos germanos fuertemente influidos por los celtas que eran los cimbrios sangraban a sus prisioneros sobre un enorme recipiente. Quienes morían eran consagrados a las divinidades, pasaban a la otra vida y se iban a otro mundo a través del vaso sagrado donde se acababa la existencia que habían llevado hasta entonces.

Estas tradiciones y estas costumbres han dejado numerosas huellas en Irlanda y en el país de Gales. Nos ayudan a comprender el papel que desempeñaban entre los celtas insulares los calderos, míticos o reales, a los que hacen mención en sus leyendas. Este papel no ha desaparecido con el paganismo. Igual que el ciclo artúrico haría revivir en las novelas de caballería a los antiguos héroes galos, así debía permitir a un vaso cristiano conservar para la piedad mística de la Edad Media las cualidades esenciales de los calderos sagrados de la religión celta.

Este «santo cáliz» es el Grial. Los maravillosos hechos que Gautier Map y Robert de Boron relatan a propósito de él, inspirándose en cuentos y cantos del país de Gales, llevan la marca de sus auténticos orígenes[50].

En primer lugar, se trata de un vaso sacrificial. El Grial es el cáliz del que se sirvió Cristo para celebrar la Última Cena, o dicho de otro modo, para darse corporalmente a sus apóstoles. Es «*li vaissiaus u Jhesus sacrefioit*», y en consecuencia, aquél en el que se ofrece a sí mismo en sacrificio de un modo simbólico.

¿Pero no es igualmente aquél en el que ha sido realmente sacrificado, aunque el verdadero instrumento de su muerte haya sido la cruz? En todo caso, el Grial enviado por Pilatos a José de Arimatea interviene de nuevo de un modo extraño inmediatamente después de que el Salvador diera su último suspiro. José vio que las llagas de manos y pies aún sangraban; «*pensó que estas gotas que caían estarían mejor en su vasija que fuera*». Luego apretó el costado del crucificado alrededor de la herida dejada por la lanza del centurión «*y recogió la sangre que goteaba en su vasija*».

¿No evoca aquí la leyenda, en nuestro espíritu, ciertas viejas prácticas bárbaras de las que hemos hablado a propósito de los calderos sagrados de los celtas? Sería curioso analizar

---

[50] *Le Grand Saint Graal* se atribuye a Gautier Map, capellán de Enrique II, rey de Inglaterra, archidiácono de Oxford. *Le petit Saint Graal,* al caballero francés Robert de Boron. Estas dos obras, en su forma primitiva, datan de finales del siglo XII [Nota del autor]

en qué medida estas costumbres paganas han podido ejercer una influencia en el concepto tan material que los teólogos de la Edad Media tenían del sacrificio de la misa. El romance del Grial proyecta quizás alguna luz sobre este punto. Nos cuenta que en el momento en que el hijo de José se aprestaba a celebrar el sacramento eucarístico vio claramente que tenía entre sus dos manos un cuerpo como de un niño. Y cuando lo vio así quedó muy impresionado, entonces le dijo Nuestro Señor: te conviene desmembrar lo que tienes. El oficiante debió, por tanto, resolverse a despedazar el cuerpo divino, que para la circunstancia había reducido su talla a la de un niño.

Las virtudes nutricias del Grial no son menos evidentes que su papel sacrificial. Sacia el hambre y la sed de todos aquellos que tienen el privilegio de convertirse en sus poseedores. Tal es el caso, en primer lugar, de José de Arimatea. En el calabozo subterráneo donde permanece encerrado durante cuarenta y dos años, el Santo Cáliz sacia todas sus necesidades. Más tarde, cuando sus compañeros y él se van a tierras extrañas, el Grial apaga en muchas ocasiones su hambre y su sed. Así, en Gran Bretaña, el vaso sagrado, por su sola presencia, renueva un día el milagro de la multiplicación de los panes. En otra ocasión son viandas de todas clases las que procura a los viajeros hambrientos. Este maravilloso poder es conocido por los mismos paganos. Por eso el rey de Norgales ordena que en su prisión no reciban ningún alimento *«porque yo sé que les conviene vivir o de la grasa de su señor o de la grasa de su vasija, porque así hacen ellos oír, eso me han dicho, que no viven de otra cosa»*.

En fin, cuando José confió a uno de los hijos de Brons la custodia del Grial, anuncia que éste será siempre una fuente inagotable de abundancia y de prosperidad: *«Les valdrá tantas gracias del Santo Cáliz que ni un solo día de sus vidas sus tie-*

rras estarán tan desiertas que no sean reparadas abundantemente, y lo serán toda la vida».

No hay que decir que el Grial es también un vehículo de inspiración, puesto que es el instrumento de una comunión permanente con el mundo sobrenatural. José y sus compañeros reciben continuamente revelaciones extraordinarias. El Santo Cáliz desenmascara a los pecadores que se han deslizado entre ellos, es su consejero en los casos difíciles, les da una sabiduría que les permite resolver los problemas teológicos y que confunde a sus enemigos, los hace capaces de predecir el porvenir. Por supuesto, las gracias que otorga sólo sirven para quienes son dignos. Llegará un día en que sólo el perfecto caballero, lleno de todas aquellas bondades que el cuerpo y el alma de un hombre pueden tener, conocerá los misterios y las maravillas del Santo Grial.

El vaso de la leyenda cristiana posee aún el poder de purificar, regenerar y curar. Así es como el rey de Terre Foraine se curó de la lepra, por la simple vista del vaso santísimo y bendito.

Por último, es importante destacar que los personajes que se reúnen en torno a la mesa del Grial son seres sobrehumanos y que el recipiente sagrado de donde extraen sin cesar bebida y alimento está destinado a colocarse un día en el fondo de un castillo encantado, que, en definitiva, no es más que una especie de otro mundo. En este palacio venturoso, inaccesible al común de los mortales, será confiado a la custodia de los ángeles.

Tales son los rasgos principales que caracterizan el Santo Grial. Es suficiente decir que se parece extrañamente a los calderos mágicos de las leyendas irlandesas y galas y por esta razón a todos los utensilios sagrados donde los celtas preparan la cerveza que debía proporcionarles una embriaguez divina. El cristianismo ha intervenido únicamente para traspasar al plano moral y espiritual esa vida sobrenatural que los paganos buscaban en la bebida.

Retomando la viejas tradiciones paganas, hizo surgir el ideal renovado de un heroísmo místico, que habría de manifestarse en dos instituciones, más cercanas una de la otra de lo que pudiera imaginarse; el monaquismo, bajo la forma particular que ha revestido en el mundo celta, y la caballería.

Nos queda aún hacer algunas observaciones sobre el dios que entre los celtas se identificaba con la cerveza, como Dionisos en Grecia se identificaba con el vino. En el vaso de Gundestrup hay un personaje acurrucado, cuya cabeza está ornada con cuernos de ciervo y que tiene en la mano izquierda una torca y en la derecha una serpiente con cabeza de cordero. La misma divinidad, con atributos semejantes o con un cuerno de la abundancia, una bolsa o una cesta, figura en monumentos que han sido descubiertos en Reims, Autum, Saintes, Beaume, etc. Un altar encontrado en París nos da a la vez su imagen y su nombre. Es el dios Cernunnos, uno de los componentes de esas tríadas divinas, tan comunes en la mitología celta.

Por lo que se puede juzgar, su acción se extendía a diversos ámbitos. Era en primer lugar el dios de la bebida embriagante que provenía de su sacrificio, o más exactamente, del espíritu de los cereales con los que se obtenía ese brebaje. Representaba y reunía en sí todas las potencias de la vegetación. De él dependía la prosperidad de la tierra y la fertilidad de los humanos. En calidad de maestro de las energías fecundas que obran en las profundidades del suelo y dispensador de la embriaguez, que permite a los espíritus de los muertos tomar posesión de los vivos, este dios que moría para conocer perpetuos renacimientos era considerado como el soberano del otro mundo y como una de las formas de esta gran divinidad de los muertos que César llamaría Dispater.

Su culto debió ocupar un lugar importante en la vieja religión celta. Probablemente se reservaba a confraternidades de hombres o mujeres análogas a las que se encuentran en otras religiones del mundo indoeuropeo, y que se parecían sin duda a las bacantes y a las ménades de Tracia. ¿No habría que buscar el origen del druidismo y de ciertos colegios de sacerdotisas que existían entre los celtas, en estos grupos de inspirados o inspiradas literalmente llenos del dios al que servían? Las mujeres namnetas, que se reunían en una isla del Loira para celebrar allí ritos orgiásticos, durante los cuales una de ellas era despedazada por sus compañeras estaban, según Estrabón, poseídas por Dionisos.

Del mismo modo, la función preponderante que los druidas ejercían en los sacrificios, así como los poderes mágicos y la ciencia adivinatoria que se les atribuía, implicaban evidentemente la presencia en ellos de alguna fuerza sobrehumana. Los antiguos los consideraban hombres divinos. Incluso los autores clásicos estaban impresionados de la semejanza de sus doctrinas con la filosofía pitagórica, muy próxima al orfismo. Si verdaderamente la sabiduría sobrenatural que se les concedía se elevó a un nivel semejante, habría que suponer entre ellos y entre sus enseñanzas una evolución análoga a la de los brahmanes, desde la tosca ebriedad obtenida con el soma hasta las altas cumbres de la especulación teosófica, o aun la que iba a sustituir las divagaciones de los fervientes de Baco por la metafísica austera de las comunidades órficas. Sea lo que fuere, el druidismo y las dos instituciones que se derivan de esto, es decir, los filé de Irlanda y los bardos del país de Gales, parecen proceder del ímpetu inicial que imprimió a estos grupos de iniciados el dios que los sumergía en una embriaguez divina.

En la Galia, la conquista romana influyó también en el destino de este dios. Retrocede ante las divinidades de los vencedores que absorben las de los vencidos y ante el culto al emperador, que se impone cada vez más entre las clases dirigentes. Puede admitirse también que el consumo del vino, primero importado de fuera y luego producido por ellos mismos, contribuyó a disminuir su prestigio en los medios más acomodados. Pero no por eso dejó de ser un dios popular, el dios de los pobres. En los modestos monumentos que le consagraron se le representa como un personaje barbudo, vestido de galo y provisto de un mazo. Lleva el nombre de Sucellus, que significa quizás «el golpeador», «el que martilla». Uno de sus principales atributos es el tonel, invención celta, que reemplaza entre nuestros antepasados al caldero. Al mismo tiempo que el dios de la cerveza, llega a serlo igualmente de los toneleros. Esta asociación, bajo el mismo patrocinio divino, de la bebida embriagante y del recipiente donde se contiene, recuerda los lazos que unían en las leyendas irlandesas a los caldereros con la bebida mágica.

En Irlanda es el dios herrero Goibniu quien elabora para los Tuatha de Dannan la cerveza de la inmortalidad. ¿No ha conservado también la mitología griega el recuerdo de las relaciones que existían entre Hefesto y Dionisos? Por otra parte, igual que entre los tracios y los helenos, Dionisos se alía con el dios guerrero Ares; así, en la Galia, el dios del mazo se confunde a veces con Marte. En una inscripción votiva que se ha conservado, éste recibe el significativo título de Braciaca, «dios de la cerveza».

Por otra parte, Sucellus aparece como una divinidad del otro mundo. En uno de sus monumentos aparece con el tocado de Serapis. En otros está flanqueado por un perro lobo, es decir, el animal que entre los pueblos arios es el compañero habitual del dios de los muertos. La presencia a su lado de esta bestia mítica, atestiguando su carácter de divinidad infernal, podría confirmar también su unión con la cerveza. En efecto, el lúpulo que los galos empleaban para dar un gusto amargo a la cerveza ha recibido de los latinos el nombre extraño de *humulus lupulus*, «pequeño lobo». ¿Es ésta una de esas identificaciones misteriosas entre un animal y un vegetal, de las que el lenguaje primitivo nos da numerosos ejemplos y cuyo origen se encuentra en estas asociaciones de carácter sagrado?

Sobre un altar de Sarrebourg, Sucellus está asociado a la diosa Nantosvelta. Ésta lleva un cetro coronado por una pequeña cabaña en la que se ha creído reconocer una colmena. Si verdaderamente fuera así, Nantosvelta hubiese podido muy bien ser primitivamente la divinidad del hidromiel, es decir, del viejo brebaje embriagante que precedió a la cerveza en el mundo indoeuropeo.

En Irlanda el sucesor de Cernunnos parecía ser el dios Dadgé, que llamaban también Cera, el rey de los sid, padre de los Tuatha de Dannan, «el señor de la gran sabiduría». Entre los tesoros cuya posesión se le atribuye figuraban: un recipiente lleno de cerveza, un caldero donde cada uno podía encontrar sin cesar algo a su gusto; dos cerdos, de los que uno siempre estaba vivo y el otro cocido y a punto; y tres árboles perpetuamente cargados de frutos. Dadgé era a la vez dios de la tierra, dios de la fertilidad y dios de los muertos. Quizás estaba representado en el santuario de Tara por un ídolo llamado Cenn o Crom Cruaich, al que se llevaban ofrendas de sangre, de leche y de grano y que era objeto de un culto con caracteres orgiásticos. El hijo de Dadgé, el bello Oengus, sería un día el sucesor de su padre. Es posible que haya que ver en esta leyenda el recuerdo de una práctica ritual destinada a renovar las fuerzas del espíritu de la vegetación, sacrificando a su representante envejecido para dejar paso a un representante más joven. Las tradiciones irlandesas hacían también a Dadgé el dios de la música. Su arpa estaba dotada de un milagroso poder. Provocaba unas veces la risa y otras las lágrimas y acababa por sumergir en un delicioso sueño.

Entre los galos, el papel de la antigua divinidad dispensadora de la embriaguez parece haberse devuelto a Bran, cuya cuba mágica era capaz de realizar maravillosas regeneraciones.

¿Debemos buscar más lejos aún las huellas del dios celta de los cuernos de ciervo, del dios que muere y renace, que se entrega a sus adoradores en la cerveza? ¿No se le encontrará justamente en uno u otro de los relatos concernientes a la confraternidad heroica y mística que se agrupó en torno al Santo Grial? Mientras que José y sus compañeros atravesaban el bosque de Darmantes *«vieron salir de un pequeño bosque un ciervo más blanco que la nieve que llevaba colgada al cuello una cadena de oro».* Con él venían cuatro leones, que lo guardaban tan fieramente como la madre hace con su hijo. José explica a sus amigos este prodigio: *«El ciervo, como bien sabéis, cuando está a punto de envejecer se hace joven de nuevo, que es, de otro modo, como volver de la muerte a la vida: así vuelve Jesucristo, Señor de los señores, Señor bendito de los profetas, de la muerte a la vida... así debemos comprender a Jesucristo, por el ciervo».*

CAPÍTULO IV

LA EBRIEDAD SAGRADA ENTRE LOS GERMANOS

Las borracheras de los antiguos germanos. La libación en los pueblos escandinavos. La función sagrada del hidromiel y de la cerveza. Los orígenes del brindis. La adaptación de la libación al cristianismo. Las guildas medievales. Comunas y corporaciones.

Si los celtas, en el mundo antiguo, tenían fama de bebedores, a los germanos se les tenía por borrachos y nadie lo desmentía. César habla de sus enormes francachelas, y dice que los cuernos de los gigantescos animales de la selva herciniana, bordeados de plata, les servían de copas. Tácito afirma que para ellos no es un deshonor beber día y noche, y cuando se trata de apagar la sed no es la templanza su guía. Incitándoles un poco a la bebida, afirma, se les puede vencer por el vicio tan fácilmente como por las armas. Este testimonio es muy significativo; el historiador latino busca presentar a los bárbaros que él describe como los tipos que encarnan lo que podríamos llamar «el perfecto salvaje».

No es difícil confirmar las declaraciones de César y de Tácito con otras más tardías que nos llegan de los mismos germanos. En sus tradiciones populares se conservan los recuerdos de las enormes borracheras a las que se daban en la antigüedad, y podríamos decir que éstas no han desaparecido aún de sus costumbres. Cuando el cristianismo se implantó entre ellos, las autoridades eclesiásticas reaccionaron contra las habituales borracheras, que reinaban tanto entre el clero como entre los laicos. Bonifacio, en sus sermones, condena este pecado asociándolo a las viejas costumbres paganas, y en una carta dirigida a Zacarías, le menciona unos obispos que se abandonan a la bebida. Los primeros concilios germánicos asumieron las normas que contra tales abusos había dictado el que no fue tanto apóstol de Germanía como legado pontificio encargado de someter a la obediencia de Roma a una cristiandad aún independiente, cuyos verdaderos fundadores posiblemente fuesen los monjes de origen irlandés. Por su parte, el poder civil prohibía la embriaguez y las borracheras como hábitos nocivos procedentes del paganismo. Como veremos después, eran medidas que no llegaron nunca a implantarse en la totalidad de los pueblos germánicos.

Éstos fabricaron en la antigüedad dos clases de brebajes o mezclas embriagantes: el hidromiel y la cerveza. En el siglo IV a. C., el marino marsellés Picias pudo conocerlos durante su exploración por las costas del mar del Norte. Por el contrario, Tácito sólo menciona en Germania una bebida indígena, la que se hacía con cebada o con trigo y que una vez fermentada, decía, presentaba un cierto parecido con el vino.

Podemos, por tanto, concluir que en un tiempo difícil de determinar los germánicos tuvieron de renunciar casi completamente a la preparación del hidromiel para limitarse a la de la cerveza.

Por lo demás, las mezclas no importaban tanto como el estímulo que les atraía a la borrachera, porque atribuían al estado ebrio el valor de una verdadera revelación que afloraba del mundo sobrenatural. Aun sin referirse a lo religioso, Tácito reconoce que entre ellos era la bebida el acompañante habitual de las grandes deliberaciones, tanto de reconciliación entre enemigos como de alianzas matrimoniales, elección de jefes, pactos de paz o llamadas a la guerra. Si esto es así, dice, es porque en sus borracheras, más que en cualquier otro momento, el alma se abre a la sinceridad o se deja transportar por el entusiasmo de profundos pensamientos. La borrachera despierta todo lo que el hombre oculta en el secreto de su interior; por esto, añade Tácito, los germanos deliberan cuando no pueden fingir. Al día siguiente, una vez despejados, cuando no pueden equivocarse, deciden comenzar a actuar.

Ésta es una interpretación laica que la historia nos da de unas costumbres populares que reflejan su verdadera importancia. Sin embargo, su explicación no es suficiente. En realidad, los germanos recurren a la borrachera en los grandes acontecimientos porque les lleva a la inspiración, los posee, proporcionándoles el contacto inmediato con los espíritus y con los dioses.

Así se pueden comprender las condenas, en los más antiguos documentos emanados de las autoridades eclesiásticas, hechas a este respecto en Alemania. También se comprende por qué la borrachera está tan estrechamente asociada a las prácticas paganas. El «*Indiculus superstitionum et paganiarum*», redactado probablemente por el mismo Bonifacio, y que fue incorporado a las actas del segundo Concilio germánico, llama la atención especialmente al clero y a los misioneros, respecto a los ritos y prácticas sacrílegas llevadas a cabo sobre las tumbas. Un capitulario de Carlomagno relata que éste arrastraba consigo unos festines y unas borracheras que evidentemente respondían a la doble preocupación de ofrecer un sacrificio a los muertos y también de entrar en contacto con ellos. Mucho más sorprendente es saber que la preparación y consumición de brebajes estimulantes desempeñaban un papel fundamental en el culto que los germanos rendían a sus dioses. Un texto, que ya hemos mencionado en otra ocasión, relata que al comienzo del siglo vii, S. Colombano asistía a una ceremonia celebrada por los alamanes. Estaban reunidos alrededor de una enorme cuba llena de cerveza. El santo les preguntó qué iban a hacer; los paganos le dijeron que deseaban ofrecer un sacrificio al dios Wotan, al que otros llamaban Mercurio. Se produjo entonces un milagro: el santo, desde lejos, sopló sobre la cuba, la cual estalló derramando a borbotones la cerveza que contenía. Fue evidente, declara el ingenuo narrador, que el diablo oculto quería tomar posesión del alma de los bebedores.

Cuando los germanos empezaron a conocer el cristianismo no imaginaron que pudiera llevarles a renunciar a sus antiguas costumbres. Un curioso relato nos habla de recipientes llenos de cerveza preparados unos por cristianos y otros por paganos. Los segundos, «gentiles ritus sacrificata», se rompieron en el momento en que fue hecha sobre ellos la señal de la cruz. Evidentemente, al pasaje relatado no le falta significado. Sin embargo, los germanos invocaban a los santos con las mismas ceremonias con las que en la antigüedad invocaban a sus dioses. Fue necesaria la intervención de la Iglesia, y de la misma manera que prohibió las borracheras consagradas a los difuntos, igualmente se opuso a los sacrificios festivos, acompañados de bebida, en honor de los santos.

Desgraciadamente, la información que poseemos respecto al papel que desempeñaba la borrachera en Germania propiamente dicha es muy fragmentaria, pero puede, sin embargo, ser complementada por la que nos aportan las tradiciones escandinavas. Estas últimas nos permiten reconstruir, a partir de los fragmentos dispersos que hemos podido reunir hasta hoy, un conjunto coherente de hechos significativos.

Las tradiciones escandinavas nos muestran, respecto al culto pagano, dos elementos esenciales: el sacrificio cruento y la libación. En el primero, cuando la víctima inmolada era un animal, la compartían los dioses y los hombres o los muertos; era un modo de unión entre el mundo humano y el mundo divino. También la libación es fruto de un sacrificio. Podríamos decir que el espíritu animador de un brebaje se ofrece en oblación como medio para que los bebedores reciban a través de él la comunión y la vida sobrenatural.

En Escandinavia encontramos de nuevo los dos ritos, en los cultos públicos y privados, que prohíbe el capitulario de Carlomagno: comer y beber «*manducare et bibere*» en honor de los difuntos.

Entre los germánicos del norte, y también, sin duda, en el imperio franco, lo que importaba fundamentalmente no era comer sino beber. No se concebía una ceremonia religiosa sin la bebida. «*En la antigua Escandinavia, la libación era una dominante en la idea de fiesta*», es decir, el elemento esencial de la fiesta.

Hasta la palabra que designa la acción de beber toma la significación de celebrar la fiesta. Por eso «se beben» las grandes fiestas estacionales, que marcan el año pagano, especialmente la fiesta de *jul*, que se celebra en mitad del invierno. «Se beben» igualmente los acontecimientos que rodean el culto doméstico: los compromisos de matrimonio, las bodas, el nacimiento de un niño y los funerales de los muertos.

Conviene decir que en todos estos acontecimientos o solemnidades no se trata de beber, sino de beber mucho; es decir, emborracharse. Los viejos clanes noruegos, aunque parezca extraño, coinciden en ese punto: la libación no es verdaderamente eficaz si no se va en ella hasta el final. Su finalidad es provocar la embriaguez, consecuencia natural y necesaria de la fiesta. La borrachera crea un estado sagrado o, más bien, lo es ella misma; este estado que eleva al hombre hasta la divinidad y que lo pone en comunicación con sus semejantes, ebrios como él.

Volviendo a los escandinavos, éstos utilizaron en un principio el hidromiel, después añadieron a sus cultos la cerveza que sacaban de los cereales, y que con el tiempo llegó a ser la bebida más consumida en las francachelas habituales. Sin embargo, el hidromiel no cayó en desuso, sino que quedó en la mitología como una bebida amada de los dioses, es ese *meth,* el claro brebaje que fue preparado por Balder en el momento en que los Ases iban a conocer su trágica suerte. También con el meth satisfacía su sed prodigiosa el dios Thor. Mezclado con unos ingredientes mágicos y particularmente con la sangre de Kvasir, el más sabio de los Vanir y presumiblemente el mismo espíritu del hidromiel, el meth se transforma en el *Othrörir* que conduce al éxtasis. Cualquiera que lo beba absorberá la ciencia del mago y la inspiración poética. Gracias al meth, Odin encontraba las rimas perfectas que le aseguraban el poder y la supremacía entre los ases. Como continúa figurando en los banquetes de los dioses, los caldos no se niegan a los héroes ni a los reyes. En el lenguaje poético, los palacios son grandes mansiones para el hidromiel, y el camino que conduce a ellos es el camino del hidromiel.

Pero la cerveza también es una bebida divina. Está dotada igualmente de virtudes extraordinarias. La que ofrece la Valquiria a Sigurd está repleta de fuerza y de gloria, de encantos mágicos y de palabras poderosas, de sortilegios y predicciones de felicidad. La que Aegir elabora para los dioses en la inmensa cuba que Thor ha usurpado al gigante Hymir rejuvenece su vigor y le confiere la inmortalidad. Igual que las divinidades y los héroes, el hombre encuentra en la cerveza, como en el hidromiel, una inspiración y una vida sobrenaturales. A través de la embriaguez que le procura, lo hace divino, *gudja.* Es sin duda un extraño poder el que posee de exaltar de tal modo al ser humano que la hace merecedora de recibir junto a su nombre usual *öl,* también el de *veig,* que indican la noción de fuerza activa, de eficacia; y el de *mungat*, que significa consuelo del alma.

La importancia de su papel en la religión escandinava está atestiguada por el empleo de términos consagrados, que la asocian a las diversas ceremonias del culto público o privado. Se habla de la cerveza de esponsales, de matrimonio, de alumbramiento, de funerales, etc. Más sorprendente aún es el uso en el lenguaje corriente de la palabra *fiesta* sustituyendo a la palabra *cerveza*; organizar una fiesta es elaborar cerveza; acudir a ésta significa ir a beber cerveza. La sala en la que se reúnen los convidados se convierte en la sala de la cerveza. Los bancos sobre los que se sientan los comensales son bancos de la cerveza. La fiesta empieza cuando los asistentes la toman. La fiesta se prolonga tanto tiempo cuanto dura la provisión de cerveza preparada para la circunstancia. Durante la ceremonia, los asistentes procuran, en principio, observar entre ellos la paz de la libación, que se llama la paz de la cerveza.

De esta manera, en todas las manifestaciones de la vida religiosa de los paganos escandinavos, la preparación y el consumo de la cerveza tienen una importancia máxima.

Estos dos actos esenciales son la base de todo un conjunto de prácticas y de ritos. La elaboración de este brebaje es responsabilidad de las mujeres, en recuerdo sin duda de los tiempos en los que sólo ellas se ocupaban del cultivo de los cereales, mientras los hombres se ocupaban de la caza y la pesca. En un primer momento era necesario calentar la cebada con agua y a continuación provocar la fermentación del mosto. Una leyenda cuenta que Odin dio saliva a la reina Geirhildr para que sirviera de levadura a la cerveza que destinaba a su real esposo. Así le permitió el dios vencer a su rival. Este rasgo recuerda ciertas costumbres que hemos constatado entre los primitivos. En Islandia, durante las fiestas, era la mujer del jefe religioso la que debía preparar la bebida en el recinto del templo. En Noruega, tanto para las ceremonias públicas como para el culto privado, cada ama de casa llevaba a cabo esta tarea en su hogar. Los que tomaban parte en alguna gran solemnidad acudían con su provisión de cerveza, que vertían en la cuba común, llamada *skapker*. Todas las operaciones preliminares que eran competencia de las mujeres tenían inconfundiblemente un carácter religioso, ya que su finalidad era permitir al espíritu del grano, por su sacrificio, dar origen al brebaje embriagador; también debía ser protegido de los peligros que le amenazaban durante el momento crítico de la fermentación ya que, desprovista de defensas contra la acción perniciosa de los malos espíritus, podía no salir bien y ser ineficaz. De ahí las precauciones rituales que la envolvían, de las que se encuentran huellas en las supersticiones populares. La mujer escandinava ejercía, tanto en este ámbito como en otros, un verdadero sacerdocio. Los escaldos, con una marcada predilección por ese título, la llamaban «la diosa de la cerveza».

Cuando todo estaba a punto, el oficiante, que según las circunstancias era el rey, el jefe o el padre de la familia, llenaba un cuerno de bebida y de pie hacía sobre ella el signo del martirio de Thor. A continuación la consagraban a los dioses, a los antepasados o a los muertos a través de una fórmula de consagración a la que seguía una especie de deseo o corta plegaria. Después de haber bebido, el cuerno circulaba entre los asistentes, realizando un riguroso trayecto conforme al orden de preferencia. Cada uno, antes de beber, repetía las palabras que había pronunciado el oficiante. Se vaciaba un mayor o menor número de cuernos o copas. Según Snorre Sturlason, la primera se bebía en honor de Odin por la victoria del rey y por la prosperidad de su reino; la segunda, en honor de Niordhr y Freyr, para obtener una próspera cosecha y la paz; a continuación bebían la copa llamada *bragafull*, en memoria de los héroes y príncipes caídos en el combate y también de todos los difuntos más recientes.

Los escandinavos empleaban las palabras *full* o *minh*, de uso más tardío, para designar los cuernos o copas llenos de cerveza y las fórmulas acompañadas de votos que consagraban a las divinidades o a los antepasados. Tanto la una como la otra expresaban lo que nosotros entendemos por el término *brindis*, o más exactamente, lo que fue el brindis en su origen.

Primitivamente era un rito oral, acentuado por gestos que conferían a los dioses o a los muertos el poder misterioso contenido en el brebaje embriagador y que asignaba a esta potencia, a través del ser humano que se hacía receptáculo, una tarea precisa y una finalidad determinada. Se establecía en la bebida un lazo efectivo entre el mundo de las realidades sobrenaturales y el de las cosas terrestres. En cuanto al bebedor, se convertía en el agente transmisor de las fuerzas sagradas que debían ser puestas en acción en el mundo.

De hecho, entraba voluntariamente en un estado análogo al de la víctima de un sacrificio, puesto que a la vez servía de punto de apoyo a las energías divinas y de punto de partida para su acción posterior. Por esto no parece que hubiese en la libación, al menos tal como la concebían los antiguos escandinavos, una cantidad cualquiera de cerveza vertida en ofrenda para los dioses y los espíritus. Eran los hombres quienes al beber se ofrecían personalmente, a fin de transformarse en instrumentos de su intervención. Por eso conocemos cuál ha sido en un principio la profunda significación religiosa de las costumbres que acabamos de describir, y de una manera general, la de la consumición ritual de las bebidas embriagadoras de las drogas y de los venenos. En todas estas prácticas, los que sacrificaban eran al mismo tiempo los sacrificados. No es nuestra intención aquí analizar las sucesivas atenuaciones por las que ha pasado el brindis antes de llegar a ser un puro acto de cortesía y una simple formalidad. Sólo queríamos indicar que ha desaparecido de nuestras costumbres, y que en ciertos países, por ejemplo en Inglaterra y Alemania, se conservan aún bajo la apariencia de una especie de rito.

Esta supervivencia no es una de las menores rarezas de las costumbres de nuestro tiempo, ya que podemos preguntarnos lo que pueden querer significar frases como: «levanto mi copa por tal o cual intervención», o «bebo a la salud de tal o cual persona». Estas fórmulas no tienen propiamente hablando ningún sentido, después de que han dejado de ser una plegaria en la que se anuncia la favorable acogida por mediación del mismo bebedor. El hecho de que se las repita desprovistas de su contenido religioso es una prueba de la vitalidad que conservan entre nosotros las viejas costumbres del paganismo. Aunque ésta haya caído en el olvido, no se insiste menos en brindar, tanto en las fiestas privadas como en los banquetes oficiales. Sobre este punto, como sobre otros muchos, la humanidad moderna, sin saber por qué, continúa observando tradiciones que le vienen de este pasado lejano, en el que se pensaba que la necesidad permitía a unos seres divinos tomar posesión de los hombres y actuar por medio de éstos sobre los acontecimientos del mundo.

El brindis no es la única institución cuyo origen se remonta a las borracheras sagradas de los germanos. La libación misma subsiste en el país escandinavo mucho tiempo después de su conversión al cristianismo, como un acto a la vez ritual y legal. El papel que representaba en la vida religiosa de los pueblos norteños era tal que incluso la Iglesia y el Estado debieron acomodarse a ella. En Noruega, cuando los reyes Olaf Trygvason y Olaf Haraldsom obligaron a sus súbditos a convertirse al cristianismo, Navidad, Pascua, San Juan y San Miguel sustituyeron a las fiestas paganas de las estaciones, pero no dejaba de estar prescrito el preparar para las nuevas solemnidades una cierta cantidad de cerveza que era consagrada a Jesús, a la virgen María y a los santos, en lugar de Thor, Odin y otros ases. Asimismo, las libaciones domésticas se mantuvieron en las familias a la vez que las ceremonias que se celebraban en la Iglesia. Se continuaba bebiendo en las casas la cerveza del alumbramiento, del noviazgo, de la boda y del entierro. Estas borracheras eran sancionadas por la presencia y participación del sacerdote que bendice las bebidas, incluso el clérigo no duda en incorporar las viejas libaciones funerarias a las misas que se celebran en honor de los difuntos. De este modo se llega a consumir una cerveza denominada *saluöl*, que se bebe a la salud del alma de los difuntos.

En Suecia y en Dinamarca, donde la expansión del cristianismo fue más lenta que en Noruega, los misioneros se vieron en la obligación de aceptar el hecho de que las libaciones se asociaran a la nueva religión en las fiestas públicas y familiares. En el siglo xiv, en Suecia, la ley del rey Magnus Erickssson prescribe dos preparaciones de cerveza, para las bodas y para la muerte. Por esto vemos que la Iglesia no ha podido mostrarse en los países escandinavos tan intransigente como había pretendido en el Imperio Franco, cuando se esforzaba por impedir que las grandes solemnidades cristianas, y de una manera general, las diversas ceremonias de culto, sirviesen de pretexto para las borracheras rituales.

Merece destacarse el hecho de que estas últimas hayan pervivido en el país de los germanos del norte. A este respecto se ha dicho que si los dioses habían cambiado, las viejas formas habían permanecido. ¿Es verdad que sólo han pervivido las formas? ¿No sería más justo afirmar que es el fondo auténtico de la religión primitiva lo que se ha perpetuado a través de los años, a pesar de los cambios en las creencias? La comunión de una bebida embriagadora, en Escandinavia, no ha dejado de ser durante siglos y siglos el elemento más estable de la vida religiosa.

Hay, finalmente, una tercera institución, que deriva también de la libación pagana: son las guildas. Estas parecen haber nacido en el norte de Alemania, en la desembocadura del Rhin; se debieron constituir en el seno de las primeras aglomeraciones urbanas, donde formaban sociedades de asistencia mutua, a la vez religiosas y corporativas, ya sea de navegantes y comerciantes, ya de artesanos con el mismo oficio. Pero si tal es la forma bajo la que se desarrollaron en los distintos países germánicos, se vincularon a una institución de carácter más primitivo, cuya existencia se atestigua en los países escandinavos, concretamente en Noruega. Se trata de unas asociaciones establecidas bajo el imperio de una necesidad cualquiera, entre gentes que para crear una comunión mutua y para unirse unos a otros en una especie de conspiración, se colocan en círculo y beben uno tras otro. Así se unen, por ejemplo, los que querían defender el paganismo y su independencia contra el rey noruego Olaf Haraldson. Por tanto, la libación en las guildas y en el culto privado y público tiene la finalidad de conducir a los participantes a un mismo estado de consagración; es decir, a una identidad de vida y, en consecuencia, a una comunión de intereses y de acción.

Este rito es el que une a los miembros de la guilda. Entre los nombres que recibe en los textos latinos, los que aparecen más frecuentemente son *conjuratio* y *convivium*. De hecho, la guilda es ante todo un banquete religioso, y más exactamente, una borrachera sacramental, que lleva a los participantes a un parentesco sobrenatural, y si se quiere, a una comunión con lo divino, lo que le impone unas obligaciones claramente definidas. Se convierten en hermanos conjurados, hermanos que conviven, hermanos por la virtud del brebaje embriagante que consumen juntos tras consagrarlo a los dioses, a los héroes y a los muertos. Se comportarán como humanos unos con otros y, repitiendo en fechas fijas el acto sobre el que descansa la asociación, cuidarán de mantener siempre viva la fraternidad.

Paganas por su origen y por el mismo principio de su constitución, las guildas, tras la conversión de los pueblos germánicos, han perdurado al menos en sus borracheras rituales. Aunque se pongan bajo el patrocinio de los santos y se les encomienden las obras pías y la asistencia a los oficios, sus estatutos, siempre del mismo tipo y procedentes de una misma tradición, dan una gran importancia a la celebración regular de la libación. Conservando su carácter obligatorio y sagrado, son el medio de rejuvenecer la inspiración común, a la que obedecen los miembros del grupo. En tanto que los cuernos y las copas llenas de bebida se ofrecían en otro tiempo a los Ases y a los héroes, hoy se ofrecen a nuevos personajes divinos, que han reemplazado la función de los dioses paganos. Por ello, los estatutos de la guilda de Saint Eric prescriben beber la primera copa por el bienaventurado patrón de la sociedad; la segunda, por el Salvador; la tercera por la Virgen María.

Si entre los anglosajones, los escandinavos y otros pueblos germánicos, las guildas pueden desarrollarse sin trabas y dan lugar a corporaciones burguesas que han subsistido largo tiempo, y aún subsisten, con un ceremonial propio, en el imperio franco se encuentran con una doble oposición, la del Estado y la de la Iglesia. La autoridad civil fundamenta las medidas de rigor que toma con respecto a ellas en el carácter sedicioso que pretende atribuirles. Una disposición de

Carlos el Calvo llega a decretar que quienes formen parte estarán obligados a flagelarse mutuamente y a cortarse los cabellos mutuamente, y que en caso de desorden serán condenados a muerte. El clero condena las guildas, a causa del exceso al que son arrastrados sus miembros. En efecto, las sesiones que tienen terminan normalmente en la embriaguez, aunque en algunas de ellas se prevé un castigo especial para quienes no hayan sido capaces de llegar a su hogar.

Sin embargo, a pesar de la prohibición, estas instituciones se extendieron por los pueblos y los campos de la Galia, donde bajo su influencia aumentó la corriente más antigua de influencias celtas. Pensemos que no ha sido extraña a la formación de ciertos grupos que unían a los campesinos contra las pillerías de los señores, y a la organización de la Tregua de Dios, que según los últimos reglamentos, promulgados en 1905, fue una verdadera guilda. Se encuentra también en el origen de estas conjuraciones o comunidades juradas que preceden y preparan la emancipación municipal en los pueblos del norte de Francia, así como las comunas consulares lo hacen en las ciudades del sur. Por último, se perpetúan en las confraternidades, en las corporaciones de oficios y en el compañerismo, cuyas fiestas patronales deben celebrarse con abundantes libaciones.

Así es como se ha prolongado a través de los siglos y casi hasta nuestros días, en el seno de las masas populares, una tradición religiosa de la que se puede encontrar la fuente en los estados místicos que los antiguos indoeuropeos, como tantos otros primitivos, obtenían con el consumo de las bebidas embriagantes. A decir verdad, parece que éstos no desempeñan hoy el papel sagrado que se les atribuía entonces, pero esto no es más que la apariencia. En realidad, las razones profundas que arrastran todavía al hombre moderno hacia la bebida no han cambiado. La embriaguez sigue siendo un medio de satisfacer la eterna necesidad de franquear sus propios límites y entrar en comunión con aquello que le supera. Se ha laicizado a nuestros ojos, simplemente porque ya no está unida a las prácticas y creencias de una religión determinada, pero ha guardado su función original, que es abrir a las almas el acceso a un mundo sobrehumano. También aquí las formas han podido modificarse o incluso desaparecer, pero el fondo subsiste.

CONCLUSIÓN

En este momento en el que el examen de las huellas dejadas en nuestro mundo occidental por las antiguas costumbres de los celtas y los germanos nos lleva casi a nuestro punto de partida, que ha sido, recordémoslo, el estudio de las toxicomanías actuales, podemos poner fin a nuestro análisis e intentar sacar algunas conclusiones.

No es que hayamos enumerado todos los venenos sagrados a los que han recurrido los hombres, ni que hayamos descrito todas las ebriedades divinas en las que se sumergen. El empleo religioso de los tóxicos es un fenómeno tan natural que hemos tenido que limitarnos a ciertos ejemplos típicos. Se encontrarán fácilmente otros estudiando las costumbres de los primitivos. Del mismo modo, sería fácil mostrar que entre los indoeuropeos, aquellos de quienes hemos hablado no han sido los únicos en servirse en sus prácticas culturales de una bebida embriagante. Los latinos se entregaban a libaciones abundantes con ocasión de las fiestas que celebraban en honor de la diosa o ninfa Anna Perenna. Se bebían tantas copas como años se esperaba vivir y, naturalmente, la ceremonia terminaba en una embriaguez general. Quizás esta misteriosa Anna Perenna no era, después de todo, más que una personificación de la ambrosía de los griegos, o el amrta de los hindúes. También es posible que los ritos de los saliens, en Roma, implicaran primitivamente la preparación de una especie de cerveza en una cuba sagrada, y que las imágenes enigmáticas que decoran un cesto descubierto en Preneste, en el Lacio, no representen otra cosa que el drama mítico que transcurría para elaborar la bebida embriagante. Tal es, al menos, la interpretación que se podría dar de una escena muy extraña en la que ante Cerbero, el perro infernal, y ante todo un círculo de divinidades, una Minerva desarmada mantiene al dios Marte dentro de un gran recipiente, lleno según parece de un líquido que fermenta. Recuerda al dios sacrificado de las placas inferiores del vaso de Gundestrup y a los carnívoros y antropófagos, monstruos del otro mundo, que con las grandes divinidades celtas adornan las paredes exteriores de este mismo caldero. Hace pensar también en el dios galo de la cerveza, que en monumentos de la época romana llevan precisamente el nombre de Marte, flanqueado por un perro-lobo, compañero habitual de quien puede apoderarse de los espíritus de los vivos, porque reina también sobre los espíritus de los muertos.

En fin, es cierto que si el consumo de una bebida embriagante ha tenido un papel preponderante en el culto de los pueblos de lengua aria, interviene igualmente en otras religiones. Las poblaciones de Asia Menor, donde se mezclan elementos étnicos de diversos orígenes, debían recurrir a los vapores de la embriaguez durante sus ceremonias orgiásticas, porque evidentemente no sin razón fue esculpido el dios gigante en una roca de Ibriz, en la Capadocia meridional, llevando en una mano un sarmiento cargado de racimos, y en la otra un puñado de espigas, o el Baal de Tarso, en Cilicia, representado en las monedas con los mismos atributos. Se explica igualmente que el frenesí sangrante de los misterios orientales haya podido encontrar un poderoso ayudante en el vino. ¿No era éste la sangre de la viña, y no provenía ésta de la sangre del dios, que moría cada año, para renacer en la naturaleza fecunda, o en el animal mítico en que se había encarnado? Beber vino era en realidad hacer penetrar en sí la vida divina.

Como sus vecinos del norte, los cananeos conocían el empleo ritual de las bebidas embriagantes. Así, los habitantes de Siquen celebraban en honor de Baal Berith una fiesta ruidosa, acompañada de libaciones copiosas. Se puede suponer que el culto de los altos lugares implicaba también prácticas de este género. Cuando los israelitas se establecieron en Palestina, debieron adoptar a este respecto, como sobre muchos otros, las costumbres de sus antecesores. Se sabe que se vaciaban copas de vino en sus ceremonias públicas o familiares y que a pesar de las invectivas de los profetas y de la abstinencia voluntaria de ciertos grupos de tendencias ascéticas, eran muchos los que buscaban en la embriaguez una fuente de inspiración. El lenguaje simbólico que usa el judaísmo lleva las marcas evidentes de estas antiguas concepciones.

Los ejemplos que preceden, y los que podrían añadirse, bastan para mostrar que el consumo de una bebida embriagante no es único de las religiones de los pueblos indoeuropeos.

Es importante recordar que para intoxicarse hay otros medios además de tomar drogas o líquidos alcohólicos. Los vapores mefíticos, que en diversos lugares surgen del suelo, han desempeñado a este respecto un papel demasiado conocido para insistir en ello. Del mismo modo, el empleo tan general de perfumes en las ceremonias religiosas está destinado evidentemente a provocar entre los fieles una especie de embriaguez que puede llevar a la inconsciencia. Hasta la acción a la vez psicológica y fisiológica de ciertos colores ha sido explotada a fin de provocar estados de excitación, que pueden asimilarse con la embriaguez. Sin lugar a dudas, hay sustancias, como la sangre, que por su coloración, su olor y las reacciones instintivas que desencadenan en las regiones profundas de nuestro subconsciente son capaces de determinar perturbaciones físicas y psíquicas lo suficientemente intensas como para poner al hombre fuera de sí. En fin, no habría que olvidar una serie de prácticas que en razón de las modificaciones anormales que introducen en el organismo, corren el riesgo de producir intoxicaciones, cuya causa no está en el exterior, sino en el interior del ser humano.

Los desbordamientos sexuales que caracterizan los cultos orientales no eran de ningún modo un simple libertinaje, sino más bien un medio de llegar a una comunión sobrenatural con la divinidad. Esta singular alianza del erotismo y el fervor, cuyo lenguaje y las experiencias de los místicos ofrecen numerosos ejemplos, se explica por la estrecha conexión que existe entre la vida sexual y la vida mental, que extiende a ésta los desórdenes de aquélla. Si excesos o perversiones de este género tienen como consecuencia una exaltación mórbida, es decir, de hecho, una verdadera embriaguez en la que el hombre se siente liberado de las limitaciones que se imponen habitualmente a su espíritu, ¿no hay otros procedimientos que lleven a ese mismo resultado? Entregarse a movimientos violentos, o fijarse en una actitud constreñida, retener el aliento y falsear así el ritmo de la respiración, agotarse en ayunos o entregarse a un régimen que contraviene las exigencias de una alimentación racional, forzar tal o cual órgano a realizar un esfuerzo, concentrar su atención en un objeto cualquiera hasta el punto de prohibirse las reacciones necesarias contra las influencias de fuera e interrumpir más o menos completamente las funciones vitales; todos estos actos, que constituyen lo que podría llamarse las formas elementales de la mística, tienden en definitiva a turbar gravemente los fenómenos de combustión interna, que aseguran el equilibrio corporal, a reducir o desarrollar anormalmente las secreciones de las glándulas endocrinas, impedir la eliminación de los venenos orgánicos, en suma, a crear estados que no son otra cosa que intoxicaciones.

Así vemos cuánto se extiende el campo en el que debería proseguirse esta investigación que hemos querido llevar a cabo a propósito de las drogas y las bebidas embriagantes.

No es menos cierto que esta investigación nos ha permitido ya hacer algunas constataciones, en las que nos parece útil detenernos ahora.

El primer punto que podemos considerar como una confirmación es la extraordinaria difusión del uso religioso de los tóxicos. Las prácticas que hemos estudiado se encuentran en todas las regiones del mundo, tanto en los pueblos llamados primitivos como entre los que alcanzaron un alto grado de civilización. Estamos, pues, en presencia, no de hechos excepcionales, que podríamos descuidar, sino ante un fenómeno general, humano en el más amplio sentido de la palabra, y del que es imposible prescindir cuando se busca determinar qué es la religión y cuáles son las necesidades profundas a las que responde.

No menos impresionante es la importancia de estas mismas prácticas en la vida religiosa de quienes se entregan a ella. No se trata aquí de algo accesorio, sino más bien de actos esenciales, que ocupan un lugar de primer orden en las ceremonias en las que interviene el grupo y en las manifestaciones de la piedad individual. Los ejemplos que hemos citado bastarán para demostrarlo. Sin embargo, nos parece necesario insistir más sobre este punto. En efecto, no creemos que podamos limitarnos a registrar el papel capital que los tóxicos han desempeñado en diversos rituales. Conviene reconocer igualmente la influencia considerable que han ejercido en la elaboración de los mitos. Quién sabe si el mundo incoherente y fantástico al que nos conducen y que se pretende explicar por el carácter prelógico de la mentalidad primitiva no debe su existencia, en gran medida, a las perturbaciones que la embriaguez provoca en nuestra vida psíquica. Tal vez se descubriría allí la verdadera causa de estas asociaciones extrañas que se imponen a la imaginación de los hombres, y de estos sueños, tan a menudo absurdos, que sin embargo han preferido a la realidad. ¿No se ha dicho que la ficción, cuando es eficaz, es como una alucinación naciente? En cualquier caso, es incontestable que el empleo y los efectos de los tóxico sagrados subyacen en ciertas tradiciones mitológicas. El ejemplo más impresionante de estos mitos, a los que las virtudes de una sustancia embriagante sirven de punto de apoyo, se encuentra en la religión de los pueblos indoeuropeos. El soma, el haoma o la bebida fermentada se convierten en líquidos divinos, brebajes de inmortalidad, cuya preparación, con los riesgos de fracaso que comporta, pone en juego las fuerzas hostiles de los demonios y los dioses, y necesita, notablemente en el caso de los textos hindúes, la intervención de todas las energías cósmicas. La función fabuladora desprendida de las trabas que el sentido real podría imponerle, se libera. Imagina lo enorme, lo monstruoso, lo extraño, lo equívoco. Amasa seres perturbadores, híbridos, afanados en perjudicar, que tratan de robar el filtro maravilloso. Mezcla en éste los elementos más dispares: el jugo de las plantas y el fuego del cielo; el agua que cae de las nubes y la influencia de los astros, las riquezas de la tierra y de los espíritus de los muertos. Constituye el escenario de un drama en el que un dios debe perecer para renacer a la vida. Ve la potencia soberana que regenera los cuerpos y que inspira a las almas el fluido vivificante que penetra todas las cosas. Pretende sacar de ahí, para el presente y para el futuro, visiones de gloria y de dicha sin fin... todas estas creencias, de una mitomanía desenfrenada, ¿son tan distintas de las que llenan el cerebro del hombre intoxicado?

Lo que hay que destacar en estas costumbres, que han sido objeto de este trabajo, es su persistencia. Han permanecido mientras el culto del que primitivamente formaban parte ha desaparecido. Estaríamos en un error concluyendo que, al prolongarse más allá de las creencias que parecían sostener, han perdido todo carácter religioso. Incluso entre nosotros, las libaciones son menos profanas de lo que podría suponerse. Creemos que ya lo hemos demostrado, pero será fácil aportar otras pruebas. La oposición que se manifiesta desde hace largo tiempo entre la Iglesia y las diversas asociaciones cuyas reuniones se acompañan con banquetes y bebidas se explican quizás menos por motivos políticos, sociales o doctrinales, cuanto por el confuso sentimiento de una especie de competencia. No sin razón, la población de ciertas regiones vitícolas es particularmente refractaria a la acción del clero, o que los cabarets se alzaron antaño y se alzan hoy contra los santuarios. Sin duda, se comprenderían mejor las causas profundas de estos antagonismos, que tratan de justificarse como querellas de partidos, si se viera el conflicto de dos métodos, dos místicas, que por procedimientos muy diferentes tratan de satisfacer la necesidad que tiene el hombre de evadirse, de salir fuera de sí mismo.

Las prácticas de la intoxicación no solamente han continuado manteniéndose como estaban, sino que han ejercido también una acción duradera sobre las manifestaciones de la vida religiosa, que parecen en principio totalmente desligadas de ella. El lenguaje en el que se expresa el fervor de las almas está con frecuencia, incluso hoy, impregnado de su recuerdo. Estudiando el vocabulario empleado por los místicos, se estaría casi tentado a creer que sin tener consciencia de ello, no han tenido otro fin que despertar en sí, por métodos nuevos, las viejas experiencias de la embriaguez sagrada.

¿No podría descubrirse igualmente en estas mismas experiencias el origen de ciertas nociones concernientes al papel y a los efectos de los sacramentos? Recordemos aquí la extraña iglesia del Peyote, en la que las rodajas del divino cactus han sustituido a las hostias. A decir verdad, se trate de actos individuales o ceremonias colectivas, el uso de venenos y drogas está destinado a procurar la comunión real e inmediata con los espíritus o los dioses, que están verdaderamente presentes en las sustancias tóxicas. Los estados físicos que determinan atestiguan la intervención directa de estos seres misteriosos, que toman posesión de los hombres a fin de comunicarles una vía sobrenatural. Parece que desde el siglo II, y quizás incluso antes, se ha atribuido una eficacia igualmente mecánica y maravillosa a la Eucaristía. Ignacio de Antioquia no vacila en calificarla de remedio de inmortalidad, un antídoto para no morir, para vivir siempre en Jesucristo.

Estas expresiones singulares evocan en nuestro espíritu, no la cena del Señor, sino más bien cualquier néctar o ambrosía, que el obispo no hubiera podido olvidar. Es una reminiscencia de este género, que inspiró a Justino Mártir, entre otras eminentemente discutibles, la que establece en varias ocasiones una asociación entre Jesús y Dionisos, el dios despedazado, el hijo de Zeus y Sémele, el inventor de la viña, en quien los demonios se ingeniaron en prefigurar al Salvador, para seducir mejor a los paganos.

Ya conocemos la consecuencia de este realismo sacramental, del que discernimos aquí las primeras manifestaciones, y cómo debía conducir a la deificación de las especies donde reside corporalmente la víctima divina ofrecida en sacrificio, y a la proclamación de su virtud, a la vez instrumental y efectiva.

Tales conceptos, que se afirman primero en la piedad popular y que terminan por imponerse a la teología escolástica, no hubieran encontrado probablemente un suelo tan favorable a su desarrollo sin las huellas dejadas en el mundo cristiano por las tradiciones religiosas de nuestros lejanos antepasados, los indoeuropeos.

Además de estas primeras conclusiones, que nos permiten completar nuestro trabajo en algunos puntos concretos, hay algunos otros de carácter más general que quisiéramos ahora tratar de deducir del conjunto de hechos que hemos examinado.

Detengámonos primero en estas intoxicaciones voluntarias, de las que hemos citado tantos ejemplos. Los hemos constatado en nuestra humanidad civilizada, donde el papel que desempeñan es tal que sería imposible describir el estado moral, social, económico y político de nuestros contemporáneos sin tenerlos en cuenta. Las hemos encontrado entre los pueblos llamados primitivos, en el seno de los cuales su importancia no es pequeña, puesto que se imponen a la vez al grupo y al individuo, cuyo ritmo de vida marcan. Las hemos seguido a través de la historia de las poblaciones arias que les deben incontestablemente algunas de sus instituciones más solidamente establecidas.

Es temerario ver en un hecho de semejante amplitud uno de los principales elementos del problema que pone ante nosotros la cuestión de saber cuál es la verdadera naturaleza del hombre. ¿Por qué éste se obstina en consumir sustancias que perturban sus funciones viscerales y cerebrales? ¿Por qué introduce voluntariamente en su organismo venenos que amenazan con matarlo y que, mientras, determinan en él una movilización general de todas las fuerzas y un aumento de la actividad análogo al que provoca un gran peligro? Es que el instinto de conservación no es el único al que obedece. La tendencia del ser a perseverar en el ser, que rige el mundo animal, deja paso en él a otra tendencia más imperiosa todavía, la que le impulsa a franquear los límites que parecían habérsele asignado y a buscar en sí mismo más allá de lo que es. Lo propio del hombre es estar en perpetuo trabajo de superación de sí mismo. Este rasgo, que le caracteriza, explica todo cuanto intenta a fin de acrecentar su poder, de extender sus conocimientos, de alcanzar la belleza, de hacer penetrar en él una vida más rica y más intensa, que él presiente es la misma vida divina. Lo que le muestra que no se ha equivocado tratando de elevarse sobre sí mismo es el gozo que tiene cada vez que es consciente de haberlo conseguido. El gozo es inseparable de un sentimiento de desarrollo y de progreso. No existe verdaderamente más que cuando podemos anotar un tanto como una victoria, una conquista. Es la recompensa del riesgo corrido, la confirmación interior del valor y el éxito del esfuerzo realizado.

El uso de los tóxicos, con las consecuencias fisiológicas y psicológicas que resultan de ello, ha sido para el hombre un medio de conseguir, si no la realidad, al menos la ilusión de esta trascendencia y del gozo que la acompaña. Es decir, que es preciso considerar las prácticas que hemos estudiado como desviaciones del impulso interno que se imponen a nuestra especie y que en la medida en que se ejerce normalmente se encuentra en el origen de todas las invenciones, de todos los descubrimientos, de todas las creaciones artísticas, de todos los entusiasmos religiosos.

Aunque las intoxicaciones a las que se entrega el ser humano sean una causa evidente de decadencia para él, no testimonian menos, aunque a su modo, la necesidad de evasión hacia una vida superior que le es particular. Quizás han contribuido a anclar más fuertemente en él la fe en la posibilidad de obtener la trascendencia que sueña y la ambición de llegar ahí por otros procedimientos. Vale la pena, en efecto, hacer notar que el empleo de venenos y brebajes embriagantes ha coincidido con la aparición, en el ámbito de la técnica, de refinamientos y de ciertas novedades que se acompañan a veces de un verdadero desarrollo o actividad intelectual y que ha estado relacionado con extraordinarios desarrollos estéticos y religiosos. Todo esto parece indicar un impulso inicial único, al que el hombre ha obedecido tanto drogándose como esforzándose por mejorar su condición material, ampliar su espíritu, embellecer su existencia e iluminar sus destinos.

El hecho, que se puede observar con frecuencia, de las estrechas relaciones entre las prácticas de intoxicación y las diversas manifestaciones de la vida artística, merece retener nuestra atención. Entre los primitivos, especialmente, estas relaciones son impresionantes. ¿No es con ocasión de las grandes ebriedades en las que se sumergen, cuando retumban esos gritos ritmados, esas alabanzas dirigidas a los jefes y esos cantos alternados, que son como los primeros balbuceos de la poesía lírica, de la epopeya y el drama? Nos conviene recordar que la preparación y el consumo de sustancias que conducen a la ebriedad se acompañan casi siempre de música instrumental, danzas, juegos mímicos o mascaradas, y que los hombres que participan en estas ceremonias se pintan el cuerpo o le dan a las ropas un esplendor especial. ¿No es justo, en fin, hacer notar que los objetos de los que se sirven en estas circunstancias, se distinguen en general de los de uso corriente, por su forma y su decoración? La civilización, al progresar, no ha roto todos los vínculos que la atan al empleo de los tóxicos y a las innovaciones más o menos importantes en el terreno del arte. Parece que este último depende estrechamente de la existencia de ciertos estados especiales que, si se atuviesen exclusivamente a las condiciones normales en las que deben ejercerse las funciones normales del organismo, podrían considerarse como mórbidos; sin embargo, precisamente porque son causa de estabilidad en la vida pública no obstaculizan el libre juego de las aspiraciones cuyo papel es llevar al hombre más allá de sí mismo. En realidad, si el arte se acerca a la embriaguez y se ha encontrado realmente asociado a ella, es porque escapa como ella a las limitaciones y exigencias del instinto de conservación y que, también como ella, va a buscar en el sueño una exaltación del alma que la libere de la esclavitud material y dé cauce a sus energías creadoras.

Cualquiera que sea la influencia que el uso de los tóxicos pudiera ejercer sobre el desarrollo del arte, en el terreno religioso es donde se afirma en principio, y más que en ningún lugar, la importancia capital de esta extraña práctica, que parece un desafío lanzado a la vez a la higiene y al buen sentido. Para que se hayan adjudicado aquí el lugar que ocupan en la vida de la humanidad, es preciso que respondan a los deseos fundamentales que han hecho nacer la religión y a los que debe satisfacer. Esta necesidad no es más que la manifestación más impresionante, y sin duda también la más decisiva para el destino de nuestra especie, de la tendencia general a la trascendencia que se impone a los seres humanos. Se encuentra en el origen de todos los impulsos que pueden calificarse propiamente de místicos, en el más amplio sentido de la palabra. Los hechos que hemos citado bastan para demostrar la potencia extraordinaria y su carácter permanente. ¿No tenemos derecho a pensar que es el elemento esencial de la religión, puesto que procede de él y asegura la persistencia y los desvelos, a pesar de todos los cambios que no cesan de intervenir en los ritos, las creencias y las instituciones? Así, la larga serie de intoxicaciones voluntarias que hemos enumerado partiendo de los tiempos presentes, para remontarnos, a través de las costumbres de los pueblos primitivos, hasta el lejano pasado de nuestra raza, nos permite entrever en la fuente del inmenso río donde los hombres, desde que existen, han tratado de saciar su alma, un instinto que es inherente a la naturaleza misma y que les impide encerrarse en los límites de la animalidad. Si para realizarlo no han dudado en jugarse la vida tomando venenos y drogas, es que este instinto les atrae más que ningún otro, es que es el instinto humano por excelencia, el que le da toda la dignidad y autoriza todas sus esperanzas.

Es verdad que las prácticas de las que ha sido objeto este estudio no pueden más que alejar al hombre del fin que debiera alcanzar, ya que lo degradan en lugar de engrandecerlo. Pero mientras tanto le dan una exaltación pasajera, que le atrae tan fuertemente, que para gozar se expone sin vacilar a peligros ciertos. ¿No convendría tener en cuenta en todos los que se intoxican el impulso que les arrastra y los riesgos que aceptan? Quizás hay en ellos más vitalidad de alma que en algunos que se jactan de ignorar sus inquietudes y se limitan a condenarlos sin preocuparse de comprenderlos. En cuanto a los medios de sacar de su extravío a estos seres que el deseo de liberarse de sí mismos entrega a los venenos y a las drogas, ¿no convendría dirigir hacia la satisfacción mística de un orden superior las ambiciones que los atormentan? Un médico ha podido decir que el único remedio radical para la dipsomanía era la «religión-manía». Este singular concepto se encuentra confirmado por las curaciones de los bebedores que obtienen las sociedades de templanza que recurren a métodos puramente religiosos para sacar a sus adeptos de la esclavitud de la bebida. ¿Por qué no intentar extender a otras toxicomanías un tratamiento curativo que, como en el caso del alcoholismo, se revele operante y que debe probablemente una buena parte del éxito que tiene al hecho de que los que la aplican quedan deliberadamente en el terreno en el que los toxicómanos se sitúan a su gusto? Igualmente se ha podido constatar la acción específica que un despertar colectivo de fervor cristiano habría ejercido sobre el flagelo social de la borrachera, provocando una disminución considerable de la venta y el consumo de líquidos alcohólicos.

Mientras que las medidas legales son con frecuencia incapaces de mantener a raya el mal, como lo prueba el fracaso de la prohibición en Estados Unidos, y de tantas otras reglamentaciones destinadas a impedir el tráfico del opio y la cocaína, ¿no convendría preguntarse si el medio más seguro de preservar a nuestros semejantes de los venenos que toman sería no arrancarles la fe y los ideales?

En todo caso, lo que no puede ponerse en duda es la profunda turbación que causa el uso tan extendido de bebidas embriagantes, estupefacientes y narcóticos en nuestra civilización. El hombre moderno, igual que sus antepasados, no escapa a la ley permanente y fundamental de su ser, que le impone el buscarse más allá de lo que es. Es innegable que nuestros contemporáneos, cuando quieren saciar la sed de evasión que experimentan, se vuelven cada vez más, por una extraña aberración, hacia los viejos procedimientos místicos de los que los primitivos jamás han cesado de servirse. La utilización de tóxicos es uno. Sería fácil citar otros que renueven hoy la agitación frenética o las prácticas de autosugestión familiares a las poblaciones más antiguas y mostrar el papel que desempeñan, en el momento actual, entre los blancos como entre los salvajes, los estados de grupo, donde el individuo pierde la consciencia de sí mismo y se embriaga de la potencia colectiva dentro de la que está sumergido.

Las reuniones populares que se organizan con una puesta en escena más o menos deslumbrante y durante las cuales, alrededor de ciertos emblemas que fascinan la atención, los mismos gestos reproducidos por todos, los mismos cantos, o los mismos gritos, unánimemente repetidos, acaban por determinar en la masa de asistentes una especie de trance estático o una excitación llevada hasta el delirio, ¿difieren mucho por su naturaleza y sus consecuencias de las grandes fiestas religiosas de los indígenas de África y América, de los corrobori australianos, o los pilou-pilou cenacas?

Si semejantes medios de sacar al hombre fuera de sí pueden darle la ilusión de que se trasciende, también tienen como resultado el llevarle a un nivel notablemente inferior al suyo, donde parece haberle llevado el desarrollo de nuestra cultura occidental donde debería mantenerlo. Nadie negará que un estado de semi-hipnotismo impida el libre juego de las facultades mentales y que un individuo que sufre el contagio de la masa se convierte en juguete de impulsos brutales y de ilusiones absurdas que permanecen para él extrañas, incluso inconcebibles si está entregado únicamente a sus inspiraciones. Todos saben que quien se entrega al alcohol o a las drogas degenera física, intelectual y moralmente.

Así, yendo de día en día a estas formas inferiores de la mística, que son fatalmente una causa de regresión, la humanidad civilizada trabaja inconscientemente en su propio declive. Los progresos que realiza en el terreno técnico no podrían compensar la decadencia de las almas, en las que consiente, cuando no ayuda. ¿No corren más bien el riesgo de precipitar su caída puesto que dan a unos seres en vías de regresión en su vida interior unas posibilidades acrecentadas sin cesar de disminuir aún más su valor personal y hacerse artesanos de la ruina general?

Sin duda, ahí hay que buscar el verdadero meollo de un drama que pone en juego el porvenir de nuestra civilización y la existencia misma de nuestra raza.

Aquéllos cuyos ojos se han abierto al peligro que nos amenaza comprenderán que para conjurarlo no hay más que una vuelta a la auténtica espiritualidad cristiana, que puede ser eficaz. Bien quisiéramos creerlo, al menos esperarlo. Pero la experiencia de nuestro tiempo basta para demostrar que si al hombre no se le propone un ideal sobrenatural que exalte su personalidad y le lleve a las auténticas conquistas morales, se le induce a arrojarse sobre el vicio de los tóxicos y de todas las borracheras individuales o colectivas para tratar de saciar su deseo instintivo de evadirse de sí, pero degradándose.

BIBLIOGRAFÍA[51]

Acosta, J. *Histoire naturelle et morale des Indes tant Orientales qu'Occidentales*. Trad. française. Paris, 1616.

Allier, R. *La psychologie de la conversion chez les peuples non civilisés*. Paris, 1925.

Ambriere, F. *La vie secrète des grands magasins*. Paris, 1930.

Baluze. *Capitularia regum francorum*. Paris, 1677.

Baruzi, Jean. *Saint Jean de la Croix et le problème de l'expérience mystique*. Paris, 1924.

Baudelaire, Charles. *Petits poèmes en prose. Les paradis artificiels*.

Baudin, L. *L'empire socialiste des Inka*. Paris, 1928.

Bazaillas, A. *Musique et inconscience. Introduction à la psychologie de l'inconscient*. Paris, 1908.

Bellessort, A. *Athènes et son théâtre*. Paris, 1934.

Béraud, H. *Ce que j'ai vu à Moscou*. Paris, 1926.

Bergaigne, A. *La religion védique d'après les hymnes du Rig-Veda*. Paris, 1878.

Bergson, H. *L'énergie spirituelle*. Paris, 1925.

---

[51] Reproducimos aquí una lista alfabética de todas las referencias bibliográficas que cita el autor a lo largo de la obra a modo de notas al pie y también en una bibliografía final. Se han eliminado estas referencias de las notas al pie ya que consideramos que, al ser algunas bastante incompletas y, la gran mayoría, hoy sin traducción e inencontrables para el público general español, habrían entorpecido la fluidez en la lectura del texto sin aportar, en cambio, una ayuda significativa [Nota del editor]

Bergson, H. *Les deux sources de la morale et de la religion.* Paris, 1932.

Beuchat, H. *Manuel d'archéologie américaine.* Paris, 1912.

Birket Smith, K. *Drinking tube and tobacco pipe in Nort America.* Ethnol. Studien. Leipzig, 1929.

Bogoras, W. G. *Elements of the culture of the circumpolar zone.* American Anthropologist, 1929.

Boissiere, J. *Fumerus d'opium.*

Bosc de Veze. *Traité théorique et pratique du haschich.* Paris, 1907.

Boulanger, A. *Orphée. Rapports de l'Orphisme et du Christianisme.* Paris, 1925.

Cahen, Maurice. *Etudes sur le vocabulaire religieux du vieux-scandinave: la libation.* Paris, 1921.

Carrey, E. *Le Pérou. Tableau descriptif, historique et analytique des êtres et des choses de ce pays.* Paris, 1875.

Cocteau, J. *Lettre à Jacques Maritain.*

Cocteau, J. *Opium. Journal d'une désintoxication.*

Codrington. *The melanesians.* Oxford, 1891.

Conférence pour la limitation de la fabrication des stupéfiants. Secrétariat de la Societé des Nations, 1931.

Cumont. Textes et monuments figurés relatifs aux mystères de Mithra.

D'Arbois de Jubainville. *Le cycle mythologique irlandais et la mythologie celtique.* Paris, 1884.

D'Arbois de Jubainville. *Les bardes en Irlande.* Rev. Hist., 1878.

Daremberg et Saglio. *Dictionn. des antiquités grecques et romaines.*

Darmesteter, J. *Le zend avesta.* Paris, 1892.

Déchelette, J. *Manuel d'archéologie préhistorique, celtique et gallo-romaine.* Paris, 1927.

Depierris, Dr. H. A. *Le tabac.* Paris, 1876.

Dermenghem, E. *L'églogue du vin (Al Khamriya).* Poème mystique de Omar Ibn Al Faridh et son commentaire par Abdalghâni-An Nabolosî. Traduits de l'arabe avec la collaboration d'Abdelmalek Faraj et précédés d'une étude sur le çoufisme et la poésie mystique musulmane. Paris, 1931.

Descamps, P. *État social des peuples sauvages.* Paris, 1930.

Deschamps, Dr. Andrée. *Éther, Cocaïne, Hachich, peyotl et démence précoce. Essai d'exploration pharmacodynamique du psychisme des déments précoces.* Paris, 1932.

Diguet, Léon. *Contribution à l'étude ethnographique des races primitives du Mexique. La sierra du nayarit et ses indigènes.* Nouvelles archives des missions scientifiques, T. IX. Paris, 1899.

Dorsenne, J. *La noire idole.*

Dumézil, G. *Le festin d'immortalité.* Paris, 1924.

Eisenmenger, J. A. *Entdecktes Judenthum.* Königsberg, 1711.

Essertier, Daniel. *Les formes inférieures de l'explication.* Paris, 1927.

Ey, Dr. Henry. *Hallucinations et délire.* Paris, 1934.

Farnell, L. R. *The cult of the greek states.* Oxford, 1907.

Félice, Ph. De. *L'autre monde. Mythes et légendes. Le purgatoire de saint Patrice.* Paris, 1906.

Foucart, P. *Le culte de Dionysos en Attique.* Paris, 1904.

Francisque-Michel et E. Fournier. *Le livre d'Or des métiers.* Histoire des hôtelleries, cabarets, courtilles et des anciennes communautés et confréries d'hôteliers, de taverniers, de marchands de vin, etc. Paris, 1859.

Frazer, J. C. *The golden bough.* Londres, 1907.

Freud, S. *Die Traumdeutung.* Vienne, 1900.

Garcilasso de la Vega (Inca). *Histoire des Incas, rois du Pérou.* Paris, 1744.

Gautier, E. F. *Moeurs et coutumes des musulmans.* Paris, 1931.

Goguel, Maurice. *L'Eucharistie, des origines à Justin martyr*. Paris, 1910.

Grass, Karl-Konrad. *Die russischen Sekten*. Leipzig, 1907.

Gruppe, O. *Griechische mythologie und religionsgeschichte*. Munich, 1903.

Hariot, Th. *Description merveilleuse et cependant véritable des moeurs et coutumes des sauvages de la Virginie*. Trad. L. Ningler. Paris, 1927.

Harrison, Jane-Ellen. *Prolegomena to the study of greek religion*. Cambridge, 1908.

Hillebrandt, A. *Vedische mythologie*. Breslau, 1911.

Hubert, Henri. *Nantosvelta, déesse à la ruche*. Mélanges Cagnat. Paris, 1912.

Hubert, Henri. *Notes d'archéologie et de philologie celtiques*. Rev. Celtique, 1913.

Hubert, Henri. *Les celtes et l'expansion celtique jusqu'à l'époque de La Tène*. Paris.

Hubert, Henri. *Les celtes depuis l'époque de La Tène et la civilisation celtique*. Paris, 1932.

Hucher, Eugène. *Le Saint Graal ou le Joseph d'Arimathie*. Le Mans, 1875.

James, Edwin. *Account of an expedition from Pittsburgh to the Rocky mountains*. Londres, 1823.

James, William. *L'expérience religieuse*. Trad. Frank Abauzit. Paris, 1908.

Janet, Dr. Pierre. *De l'angoisse à l'extase*. Paris, 1928.

Junod, H. A. *Les ba-ronga*. Neuchâtel, 1898.

Junod, H. A. *The life of a south-african tribe*. Neuchâtel, 1912.

Karsten, Dr. R. *Beiträge zur Sittengeschichte der südamerikanischen indianer. Berauschende und narkotische getränke unter den indianern südamerikas*. Abo, 1920.

Kauffmann, Fr. Balder. *Mythus und sage nach ihren dichterischen und religiösen elementen untersucht*. Strasbourg, 1902.

Kirch, H. *Le compagnonnage en France*. Paris, 1901.

Kreglinger, R. *Études sur l'origine et le développement de la vie religieuse*. Bruxelles, 1919.

Kretschmer, E. *Manuel théorique et pratique de psychologie médicale*. Trad. S. Jankélévitch. Paris, 1927.

Laufer, B ; Hambly, W. D. ; Linton, R. *Tobacco and its use in Africa. Field museum of natural history*. Chicago, 1930.

Leander, J. *Traité du tabac ou panacée universelle*. Trad. Barthél. Vincent. Lyon, 1626.

Leenhardt, M. *Notes d'ethnologie néo-calédonienne*. Paris, 1930.

Le Guillant, Dr. L. *La toxicomanie barbiturique*. Paris, 1930.

Léry, J. De. *Histoire d'un voyage faict en la terre du Brésil*. Ed. Gaffarel. Paris, 1880.

Leuba, J. H. *Psychologie du mysticisme religieux*. Trad. Lucien Herr. Paris, 1925.

Lévy-Bruhl, L. *Les fonctions mentales dans les sociétés inférieures*. Paris, 1910.

Lévy-Bruhl, L. *La mentalité primitive*. Paris, 1933.

Lewin, Dr. L. *Die gifte in der Weltgschichte*. Berlin, 1920.

Lewin, Dr. L. *Les paradis artificiels*. Trad. F. Gidon. Paris, 1928.

Lods, Adolphe. *Israël, des origines au milieu du VIIIe siècle*. Paris, 1930.

Lumholtz, C. *El Mexico desconocido*. Trad. Espag. Balbino Davalos. New York, 1904.

McCulloch, J. A. *The religion of the ancient celts*. Edimbourg, 1911.

Magnien, V. *Les mystères d'Éleusis*. Paris, 1929.

Maïer, H. W. *La cocaïne: histoire, pathologie, clinique, thérapeutique, défense sociale*. Trad. S. Jankélévitch. Paris, 1928.

Makrizy, Takiyy-Eddin. *Description historique et topographique de l'Égypte et du Caire. Sylvestre de Sacy. Chrestomathie arabe*. Paris, 1826.

Montmorand, M. De. *Psychologie des mystiques catholiques orthodoxes*. Paris, 1920.

Moreau de Tours. *Du hachich et de l'aliénation mentale. Études psychologiques*. Paris, 1845.

Mortillet, G. *Et A. De. Musée préhistorique*.

Nadaillac, de. *Les pipes et le tabac. Matériaux pour l'histoire primitive et naturelle de l'homme*. Paris, 1885.

Nicholson, R. A. *The mystics of Islam*. Londres, 1914.

Nordenskjold, E. *Forschungen und Abenteuer in Süd-Amerika*. Stuttgart, 1924.

Nutt, Alfred. *Legends of the Holy Grail. Popular studies in mythology, romance and folklore*. Londres, 1902.

Obermaier, Dr. H. *Der mensch der Vorzeit*. Berlin, Munich, Vienne, 1912.

Oldenberg, H. *La religion du Véda*. Trad. Victor Henry. Paris, 1903.

Oldenberg, H. *Le Bouddha. Sa vie, sa doctrine, sa communauté*. Trad. A. Foucher. Paris, 1921.

Pascal, Dr. C. *Le dynamisme de la démence précoce*. Presse médicale, août 1932.

Perdrizet, P. *Cultes et mythes du Pangée*. Annales de l'Est, 1910.

Perrot et Chipiez. *Histoire de l'Art dans l'Antiquité*. Paris, 1887.

Perrot, E. ; Vogt, E. *Poisons de flèches et poisons d'épreuve*. Paris, 1913.

Picard, Ch. *Les origines du polythéisme hellénique*. Paris, 1930.

Pictet, A. *Les origines indo-européennes ou les Aryas primitifs. Essai de paléontologie linguistique*. Paris, 1878.

Quincey, T. De. *Confessions of an english opium-eater*.

Ramsay, W. M. *The cities and bishoprics of Phrygia*. Oxford, 1895.

Ramsay, W. M. *Pauline and other studies in early christian history*. Londres, 1906.

Reclus, É. *Nouvelle géographie universelle*. Paris, 1888.

Reinburg, Dr. P. *Contribution a l'étude des boissons toxiques des indiens du nord-ouest de l'Amazone : l'aya huasca, le yajé, le huanto*. Journal de la Société des Américanistes de Paris, T. XIII, 1921.

Riker, J. *Harlem, city of New York. Its origin and early annals*. New York, 1881.

Rivers, W. H. R. *The History of melanesian society*. Cambridge, 1914.

Rogues de Fursac, J. *Un mouvement mystique contemporain. Le réveil religieux du Pays de Galles*. Paris, 1907.

Rohde, E. *Psyche. Seelencult und Unsteiblichkeitsglaube der Griechen*. Fribourg, 1898.

Roscoe, J. *The Baganda*. Londres, 1911.

Rouhier, A. *La plante qui fait les yeux émerveillés*. Le peyotl. Paris, 1927.

Rouhier, A. *Lesplantes divinatoires*. Paris, 1927.

Sahagun, B. De. *Histoire générale des choses de la Nouvelle Espagne*. Trad. D. Jourdanet et R. Siméon. Paris, 1880.

Sainte Thérèse. *Les oeuvres de sainte Thérèse. Trad. Arnauld d'Andilly*. Paris, 1670.

San Juan de la Cruz. *El cántico espiritual*. Madrid, 1924.

Schloezer, B. De. *Chronique musicale. Défense de l'Occident*. N. R. F., 1932.

Skottsberg, C. *Notes on the indian necropolis of Arica*. Göteborg, 1924.

Soothill, W. E. *Les trois religions de la Chine: Confuciisme, Bouddhisme, Taoïsme*. Trad. G. Lepage. Paris, 1934.

Spencer, B. *Wanderings in wild Australia*. Londres, 1928.

Spencer, B.; Gillen, F. J. *The natives tribes of central Australia*. Londres, 1899.

Spencer, B.; Gillen, F. J. *The Arunta, a study of a Stone Age people*. Londres, 1924.

Tanret, Dr. G. *Le katt*. Presse médicale, mars 1933.

Thierry, Augustin. *Récits des temps mérovingiens*.

Titayna. *La caravane des morts*. Paris, 1930.

Triboulet, Mathieu et Mignot. *Traité de l'alcoolisme*. Paris, 1905.

Vincent, H. *Canaan d'après l'exploration récente*. Paris, 1907.

Viscardi, J. *Le chien de Montargis. Étude de folklore juridique*. Paris, 1932.

Washington Irving. *Histoire de la vie et des voyages de Christophe Colomb*. Trad. A. Defaucompret. Paris, 1828.

Windel, R. *Zur christhichen Erbauungsliteratur der vorreformatorischen Zeit*.

Windel, R. *Mystische gottsucher der nachreformatorischen Zeit*. Halle, 1925.

Wissig, O. *Iroschotten und Bonifatius in Deutschland*. Gütersloh, 1932.

Zwemer, S. M. *The moslem doctrine of God*. Edimbourg et Londres, 1905.